毛沢東 その光と影

岩間一雄 著

未來社

毛沢東　その光と影★目次

毛沢東　その光と影

装幀——岸顯樹郎

はじめに

二〇〇五年度の私の講義「アジア政治思想史」は、「毛沢東の思想」がテーマだった。受講者のなかに何人かの中国人留学生もいた。わたしは、各授業の終わりに毎回質問や感想を書いてもらうことにしているのだが、それを読んでみると、いずれも「毛沢東の思想」というテーマへの関心が受講の動機だったようだ。

留学生のひとりは、いまでは、中国で毛沢東は「聖人」であると書いていた。また、日本人のある学生は、彼の中国人留学生の友人が毛沢東をかなり激しい呪詛の言葉で語ったとも伝えている。ちなみにその留学生の出身が、もと地主であったとのことをも付け加えていた。

現在の中国のなかで毛沢東の像が二つに分裂していることは想像に難くない。その一方のものが毛を歴代「聖人」のひとりの位置に祭り上げていることは、やはり、とくに若い世代のなかでは、毛がすでに歴史上の人物となりつつあることを窺わせる。また、反対に毛への反感も、旧地主階級と文革期の犠牲者との二つの世代から発生していることも間違いないだろう。

私自身にとっては、毛沢東は、まだまだ歴史上の人物ではない。中学生のころ、「ケザワヒガシ」と人が読んでいるのにたいして、「いや。『もうたくとう』だよ」といったのが、私が毛沢東を意識した最初であるが、むろんそのとき、ラジオでその名前を聞いたというだけで、毛沢東が何者なのか、私にはなんの理解もなかった。

大学の教養時代、入ったサークルのテキストが『実践論』だった。それが、思想的におくてだった私にとってのマルクス入門だった。イデオロギー性の濃厚な、ソ連版のテキストに辟易していた私たちにとって、それが相当程度中和剤的な役割を果たしたことも否定できない。ソ連的な「秘密党」にたいして毛沢東の党には、「大衆党」の親しさが感じられたのである。

それ以来、毛沢東と『実践論』にたいしては、強い親近感を抱きつづけたし、のちスノーの『中国の赤い星』を読んで、私の毛沢東熱はきわめて昂進した（もっともそれは、政治的なレベルのものであって、のち私が中国政治思想史を研究テーマとして大学院に進学した動機ではなかった。少なくとも私は、そのとき、毛沢東を研究テーマとすることはまったく意識していなかった）。

人民のなかの毒草を見つけるためだとして発動された「百花斉放・百家争鳴」や「人民公社」建設など、私が学部、大学院へと進むころ、中国では「社会主義化」が進んでいった。それらは、いずれも、国内でも私の周辺でも、少なからぬ論議を呼んでいた。やがて文革。

私は、自分のテーマを明代に決めていたので、それらの話題に専門家としてかかわった意識は一度もない。ただいずれの場合にも、私は毛沢東の判断の正しさを推定していた。『実践論』以来の「予断」が、私のなかには強く居座っていた。

『ワイルド・スワン』（ユン・チアン著、講談社）や『毛沢東の私生活』（李志綏著、文藝春秋）などを読んだあとでも、私の「予断」は変わらなかった。むしろ、それらのなかに政治的な宣伝臭をかぎ取り、毛の権威へのケチつけとして反撥した。

文革の事例に接したのちにも、ほぼ同じような反応がつづいたが、さすがに私のなかにも吹っ切れないものが残った。公式見解が功績と誤りとを正式に表明したのちにも、毛沢東のなかの両面は、私のなかで情緒的に同居していた。一九九三年に書いた「天朝田畝制度の世界」のなかでさえ、私は、毛沢東の大躍進以来文革にいたる判断にたいして好意的な姿勢を崩さず内在的理解を試みている。

しかし同時に、それが、私のなかの情緒的な二面を論理的に整序する思想史的接近の始まりでもあった。毛のなかの功績と誤りとのあいだの思想史的な連関を解明すること、それが私のテーマとなった。李鋭の青年毛沢東研究や、『毛沢東早期文稿』（一九八八）などが恰好の資料を提供してくれた。それら若き日の毛の文章を読み進むなかで、私は、毛のなかで陽明学的要素が朱子学的要素とともにきわめて大きいことに気がついた。私の明代研究は、普通はそこからはなかなか始めにくいのであるが、毛沢東研究の不可欠の前提であった。そのことに私はようやくにして気づいた。

私自身の朱子学、陽明学理解と毛のそれとのあいだに、ある原則的な差異のあることに私は気づいた。それがやはり後から考えてみると、ひとつの突破口だった。やがて私は、毛のある限界と矛盾とを直視することになる。それは、当然自分のなかにある毛にたいする「予断」を直視することでもあった。

今もなお、毛沢東にたいする熱烈な思い入れは少なからず存在する。そうした目からすれば、私の毛沢東研究もまた、政治的なレベルで、毛沢東と中国革命とにたいする政治的な「ケチつけ」のひとつとして受け取られる可能性がある。私自身は、毛の現実と欠点とを直視するとき始めて、情緒的な讃美でなく正当な教訓を引き出すことができると考え、真に毛を学ぶための手続きとして毛沢東批判を実行しているつもりであるが、そう受けとめられるかどうか。

ちなみに、留学生たちの私の毛沢東論にたいする感想は、おおむね好評だったようだ。功績と誤りとをたんに並列するのでなく、両者のあいだの連関を解明した私の毛沢東像と、そこから学ぶべき点についての指摘とは、彼らにとって結構新鮮であり、また気持ちにぴったり合うものだったようだ。あの反日デモの盛んな時期であったのに、接する日本人の親切さや日本での留学生活の充実などを書きつづる文章のなかにも、そのことが間接的に示されていたように思われる。

私が陽明学というテーマ設定をしたのは、故守本順一郎先生のアドバイスによっている。先生は、大学院入学にさいして、私の思想的遍歴をひとわたり聞いたあとで、それでは陽明学をやってみるかというアドバイスだった。先生は、すでにこのとき、私の『実践論』体験の自己対象化のための歴史的理論的な前提を思い浮かべておられたのだろうか。

ともあれ、陽明学研究から始まった私の中国政治思想史研究は、この毛沢東研究によっていちおうの区切りをつけることとなる。

＊＊＊

以上は、二〇〇五年八月に書かれたものである。私はその時点で、この本の準備をほぼ終えていた。その後いろいろあって、私の本の出版は手間どった。そのあいだに私はユン・チアンの『マオ』（講談社）を手にした。先に書いたように、私は『ワイルド・スワン』以来、彼女の読者である。

私は、何人かの人からこの本についてどう思うか尋ねられた。「延安の光と闇」にたいする松沢弘陽教授の礼状にも、そうした質問が記されていた。私は気が進まなかったけれども、『マオ』を手にした。気が進まなかったというのは、読む前からその内容が予測されたからである。

その内容は、すでに『ワイルド・スワン』に予告されている。

ほとんどの国民には毛沢東の政策が正しかったのか失敗だったのか判断しようがなかった。共産党政治のもとで達成された成果のうち、どこまでが毛沢東の功績でどこまでが他の指導者の功績だったかも、区別のしようがなかった。（上巻・三六三頁）

献身的な共産党員として身命を賭して戦ってきた父親が、文革のさなか、農村の実情を自ら体験して実情を毛沢東に送ったがために捉えられ、拷問によって発狂、同じく献身的な母親も不当な処遇を受ける。

そして、「父よりも母よりも毛主席が好きです」とした著者自身、毛の死を聞いてとらわれた途方もない幸福感を隠すために、嗚咽する友だちの肩に顔を埋めながら考えるのである。

毛沢東は「思想家」と言われている。毛の「思想」の本質は、いったい何だったのだろう？

毛沢東思想の中心にあったのは、はてしない闘争を必要とする（あるいは希求する）論理だったと思う。人と人との闘争こそが歴史を前進させる力であり、歴史を創造するにはたえず大量の「階級敵人」を製造しつづけなければならない――毛沢東思想の根幹は、これだったと思う。これだけ多くの人を苦しめ死に至らしめた思想家が、ほかにいただろうか。私は、中国の民衆が味わってきた恐怖と苦痛の深さを思った。あれは、何のためだったのか。

毛沢東の思想は、あるいは人格の延長だったのかもしれない。私の見るところ、毛沢東は生来争いを好む性格で、しかも争いを大きくあおる才能にたけていた。嫉妬や怨恨といった人間の醜悪な本性をじつにたくみに把握し、自分の目的に合わせて利用する術を心得ていた。毛沢東は、人民がたがいに憎みあうようしむけることによって国を統治した。ほかの独裁政権下では専門の弾圧組織がやるようなことを、憎みあう人民にやらせた。憎しみという感情をうまくあやつって、人民そのものを独裁の究極的な武器に仕立てたのである。だから、毛沢東の中国にはKGBのような弾圧組織が存在しなかった。必要なかったのだ。毛沢東は、人間のもっとも醜い本性を引き出して大きく育てた。そうやって、倫理も正義もない憎悪だけの社会を作りあげた。しかし、一般の民衆ひとりひとりにどこまで責任を問えるのかとなると、私にはよくわからなかった。（下巻・三五九頁）

こうした毛沢東像を抱いたユン・チアンは、イギリスへ渡り、以後十年、五百人以上の人びととのインタビューを重ねて、邦訳上下千頁を超える大作に仕上げられたのが『マオ――誰も知らなかった毛沢東』である。予想通り、全巻ことごとくがユン・チアン的毛沢東像の提示に捧げられている。しかも、そこに提示された毛沢東像は、保身のためには手段を選ばない権力欲の権化であり、サディスティックな嗜虐趣味の持ち主であるといったレベルにまでバージョン・アップされ、その記述は、膨大な証言類によって武装されているのだ。

ユン・チアンの数奇な経歴や、その父母が味わった苦難からすれば、こうしたストーリーは、理解可能なばかりか、その苦難を癒すうえでいくぶんかは有効だっただろうと私は想像する。しかし、そこに描かれているのは、苦難をつぶさに体験した元紅衛兵が恨みをこめて思い返した毛の姿である。呪詛の眼差しが、その圧倒的な迫力と相まって、意図的にではないかもしれないが、毛の実際の姿を大きく歪めてしまっている（「序章　二つの毛沢東神話」、「附論」参照）。

ルサンチマンを「ドキュメント・フィクション」として描出することと、歴史的現実として「毛沢東」をどのように把握するか、そこからどのような意味——プラスであれマイナスであれ——を引き出すかということとは、いうまでもなくまったく別の事柄である。歴史的現実としての毛沢東の思想の検討は、地味でほとんど退屈とさえ思われる面倒な作業である。そこには、浮腫や餓死者や凄惨な拷問や子宮からの大量出血といった息詰まる場面はない。しかしそれは、私たちが、自らに課せられた学問的課題として、実施しなければならない作業である。本書は、そうした作業のなかのほんのささやかな一頁である。

本書の引用文中の〔　〕は引用者による注を示し、「……」は引用者による中略を示す。なお、一部引用文中の訳文を変更した。

序章　二つの毛沢東神話

はじめに

前期の毛沢東の功績は大きく、後期の毛沢東には誤りがある――こうした評価は、ほぼ固まったように見える。毛沢東にたいするこの評価は、今日の中国の公式見解である。[★1] 公式見解を別としても、抗日戦以降中国革命にいたる毛沢東の輝かしい姿と、大躍進以降文革期において頂点に達する異常とも見える毛沢東の姿とのあいだにあるあまりに大きな懸隔は、誰の目から見てもひとつの謎である。

公式見解は、晩年の毛沢東を「誤り」と断ずることで、そののちの中国が、文革期から一線を画した新しい路線を選び取ることを可能にしている。そして、功績大きい前期と誤りを犯した後期というかたちで、一般の毛沢東理解にたいしてもそれを追認する結果になっているといえるだろう。

しかしながら、この毛沢東理解は、きわめて明快であるだけに、さまざまの疑問を呼び起こす。中国においても、「中国革命の全過程から晩年の毛沢東や文化大革命を機械的に切り離して評価し得るかという疑念[★2]」が生まれることになる。それは中国に限ったことではない。私自身のなかにも、この謎は、いまもなお大きな謎としてわだかまっている。なぜあの毛沢東がこのような誤りを犯したのだろうか、と。

この疑問を解くためには、毛自身の生涯に内在する他はないのだが、周辺的な作業のひとつに、前期毛沢東像——それは主としてエドガー・スノーの『中国の赤い星』によって形成されたものである——が、はたして現実の毛沢東の姿であったのかどうか、また、私自身の受け取り方のなかに、ある種の読み込みがなかったかどうか、などについて検討するという作業がある。また、スノー自身による改訂版作成の努力や、スノーのあとを継ごうとするハン・スーインの仕事についても、それらが、いずれも毛沢東を前期後期と分けるのでなく、むしろ一貫した統一像において、毛を描き出そうとつとめるものであることから、やはりひとわたり見ておく必要があると思う。

1　エドガー・スノーの毛沢東

『中国の赤い星』

私が学生時代読んだ『中国の赤い星』は、宇佐美誠次郎訳（筑摩書房、一九五二年）である。宇佐美訳は、一九三九年の改訂版を底本としている。翻訳作業中に著者スノーから一九四四年に出版された新版（三九年版の第一一部「旭日の影」が削除され「エピローグ、一九四四年」が追加されている）が貸与され、第一一部の訳出をしないでほしいという希望に従って、第一一部を省略し、新版のエピローグをもってその補充に当てたという。以下宇佐美訳を便宜的に四四年版と呼ぶ。

スノーはその後一九六八年に新しい改訂版──以下改訂版と呼ぶ──を出版している。本文については、若干の手なおしの他は、「主な旅行覚え書、会見の記録、毛沢東のものも含めた伝記の類など、殆ど大部分はもとのまま」[★3]であるという。もっとも、あとで見るように、短いけれども内容的な意味にかかわる加筆も一、二あるが、やはり重要なのは、「年表や跋文、新しい脚註、幾つかの未公開文書、章ごとの註釈」[★4]および中国革命を彩る多数の人物の略伝である。わけても、章ごとの註釈・年表・略伝が、内容的に決定的である。

このように、スノーは、四四年版の毛沢東像にたいして、自ら一定の手なおしを試みる。スノー自身にとっても、四四年版の毛沢東像には一定の手なおしが必要なのである。その手なおしが、どこまで本質的な手なおしであるかどうか、また、それがどこまで成功しているかどうかは、本論の検討課題である。いずれにせよ、こうした経過はかつてスノーによって与えられた毛沢東像をそのままにして、初期毛沢東と後期毛沢東の関係を問うことはもはや不可能であることを、物語っている。


さて、『中国の赤い星』（四四年版）は、どのような毛沢東像を提示しているか。

まず、毛沢東が登場する二〇年代ないし三〇年代中国の状況は、凄まじいまでの飢饉による飢餓状況と贅沢に遊び暮らしている地主・軍閥・国民党との対比という仕方で凝縮的に示される。一方には、飢饉で死んだ数百万の人びとがあり、なおも死につつある数千の人びとがある。

肋骨一本一本が露わなまでに痩せこけ、下着まで売り払ってしまったので、「しぼんだオリーブの種[★5]」のような睾丸をぶら下げてよろよろと歩き回っている男。売られたり死んでしまったりでめったにいないが、たまにいるとすれば、「死を待って隅の方に引きこもり、黒い扁平な尻が突き出して、乳房はつぶれた袋のようにたれ下がっている[★6]」女……。

他方、都市には金持・金貸し・地主たちがいて暴利をむさぼり、防衛軍がかれらを守っている。「そこでは官吏が妓女たちと踊ったり、遊びたわむれたりしていた[★7]」。都市には「穀物や食物があり、しかも数ヶ月分もあった」にもかかわらず、また「北京や天津やその他のところには、義賑会によって（大部分は外国からの寄附によって）集められた数千トンの小麦や粟が[★8]」あったにもかかわらず、それは飢饉地帯へはついに送られなかった。軍閥や国民党が「競争者に鹵獲されるのをおそれて」「車輛を送ろうとしないからである[★9]」。

一方に肥え太った地主がおり、他方に、飢えた農民がいる。軍閥も国民党も、この地主と結びついて、腐敗堕落をきわめている。そして、中国社会には、「失業・アヘン・売淫・小児奴隷・強制結婚[★10]」などありとあらゆる悲惨と社会悪とが蔓延している。その中国にたいする日本軍の侵略が始まった。状態は悪化する一方である。だが、軍閥も国民党も農民支配に明け暮れて、侵略軍と戦おうとしない。

毛沢東が登場するのは、そのような恐るべき状況のさなかにおいてである。スノーは、そうした中国の惨状を目の当たりにして、膨大な中国民衆は、なすところもなく諦めの日々を送っていると考え、「なぜかれらは謀反しないのであろうか[★11]」と自問した。そしてしばらくのあいだ「何ものも中国人を闘わせることはできないものと考えていた[12]」が、やがてそれが間違いであったことに気づいたという。

私は誤っていた。中国の農民は消極的ではない。かれらは臆病ではない。かれらに方法と組織と指導と有効な綱領と希望と——そして武器——が与えられるなら、かれらは闘う意志がある。中国における共産主義の発展がそのことを証明した。従って……共産主義が、とくに西北において人気のあることは、驚くに当らないことである[13]。

ここでは、西北——当時中国共産党が直接の影響力をもっていた地域——に関して語られているが、中国全体についてもそう考えても差し支えないだろう。スノーは、本書のいたるところで、農民が闘う意識に目覚めていく実例を指摘する。「われわれの肉を喰う地主を打倒せよ!」「われわれの血をすする軍国主義者を打倒せよ!」「中国を日本へ売る漢奸を打倒せよ!」「全抗日軍連合戦線歓迎!」「中国革命万歳!」「中国紅軍万歳!」といったスローガンを、スノーは、紅区ではあるがまだ紅軍兵士の保護のもとでない地域でも目にする[14]。

長い眠りのなかにいて、悲惨な運命にただ盲従しているだけの者と考えた中国人民のなかには、いたるところに、権利のために闘い、正義・平等・自由・人間の尊厳のために闘おうとする思想的な覚醒が発生している[15]。スノーはつぎのようなエピソードを紹介している。

かれらははじめのうちは私を不愉快そうに眺めていたが、数分後に私は、やっとそのうちの一人になれなれしく笑うようにさせた。その成功に自信を得て、私はかれがそばを通った時に呼びかけた。

「喂（ウェイ）、冷たい水を持ってきておくれ！」

少年はあっさり私を無視した。数分のうちに私はもう一人にかけあったが、結果は同様だった。

ついで私は交通部長の李克農がレンズの厚い眼鏡のかげで、眼で私に笑いかけているのを発見した。かれは私の袖をひっぱった。「貴方は連中を『小鬼』または同志と呼ぶべきで、喂と呼んではいけませんよ！ ここでは誰でも同志です。この子供たちは少年先鋒隊です。連中がここにいるのは、連中が革命家で私たちを助ける義勇隊だからなのです。連中は召使ではありません。将来の紅軍戦士です」と教えてくれた。

丁度その時、冷たい水が届けられた。

「有難う、同志！」と私は弁解がましくいった。

少年先鋒隊は私をおじ気なく見やった。「どういたしまして、こんなことで同志に感謝しなくてもいいですよ」とかれはいった。

けれどもこれらの少年はすばらしいと私は思った。私は今まで中国の少年たちのあいだに、こんな個人的威厳を見たことがなかった。この最初のできごとは、その後少年先鋒隊が私に与えることになった多くの驚異の発端にすぎなかった。★16

こうした感動的なエピソードは、中国革命が確実に個の尊厳の覚醒をもたらしたことを証明している。そしてそれを呼び起こした者こそ、共産主義思想であり、中国共産党の活動であった。その指導者が毛沢東であることはいうまでもない。スノーは、毛からその半生の経歴を聞き出すことに成功した。毛の半生についていちおう信頼のおける数少ない資料のひとつこそ、スノーが毛自身から聞き出した物語だけである。その内容は、今日ではよく知られているところであるので、ここでは繰り返さない。

ただ、スノーによる毛沢東の印象描写を二、三紹介しておこう。

「やせたリンカーンのような人物、非常に機敏な知的な顔[17]」をした「運命のある力[18]」「本質的な生命力[19]」を感じさせる人物。「農民の切迫した要求を、結合し、表現する[20]」力倆をもった人物。そのほか、「ユーモア」「粗野な大笑い」「中国農民の質朴と、自然さ」「鋭い機智、世俗的な詭弁」「中国古典の一かどの学者」「りっぱな演説家」「異常な記憶力」「人なみはずれた集中力」「有能な文筆家」「うまざる読書家」「哲学と歴史の深い研究家」「習慣や風采にはかまわぬ」「義務的事務には驚くほど細心」「疲れを知らぬ精力家」「天才的な政治的、軍事的戦略家[21]」などの形容詞が並ぶ。

さらに、「毛は妻といっしょに、何もない貧弱な、壁は地図でおおわれた二部屋の窖房に住んでいた。……かれらが自慢にしていたおもな贅沢品は一張の蚊帳であった。……かれのもっていた物は毛布と、二着の綿服をふくんだ若干の身のまわり品にすぎなかった。かれは紅軍の要人でもあり主席でもあったが、かれの上着の襟には普通の兵士の徽章である、二つの赤い横筋があるだけだった。……紅色劇場で……かれは群衆のまん中に目立たぬように坐り、たいへんおもしろがった」[★22]。

これらの指摘は毛にたいするスノーの偽らざる印象であろうし、それを祖国の偉人リンカーンになぞらえるあたり、また、その無私で兵士のなかに目立たぬように行動する毛の民主的、非権力的姿勢の描写のなかに、アメリカ人スノーの強い思い入れが、つまり、最大級の賛美が込められているのだ。

スノーの毛にたいする高い評価は、そうした人物論のレベルだけではない。その革命路線とその実施方法についても、彼は高い評価を下している。西北において共産党が大衆から支持された直接の理由として次の四つを指摘する。土地の再配分、高利の廃止、租税搾取の絶滅、および特権階級の排除である。[★23] 毛沢東と中国共産党は、地主制の圧迫下にあった中国農民の、文字通りの解放者であった。だからこそ「西北に赤い星が現われたとき、数千の人びとがそれを希望と自由のシンボルとして出迎えるために立ち上がった」[★24]のである。

こうした土地改革を軸とした中国社会改革は、たんに土地制度の改革だけではない。長い眠りから覚めた中国人の文化にたいしても新しい展開をもたらした。スノーの指摘によれば、アヘンの完全な禁止、官吏の腐敗の絶滅、乞食・失業・纏足・間引きの処罰、小児奴隷・売淫の消滅、一妻多夫と一夫多妻の禁止。さらに姑の暴逆や、妻や妾としての婦人の売買や、「童養媳」〔他人の娘を幼少のときもらいうけ、成長してから自分の息子の嫁にすること〕の習慣が禁止された。要するに旧中国を特徴づけたもろもろの害悪が基本的に一掃されたのであった。

この大きな社会改革は地主制打倒をめざす巨大な革命運動であった。そこには当然血なまぐさい事件が発生する可能性が高いのであるが、スノーはその点について、殺人などの処刑が例外的であったことを特筆している。

スノーがいよいよ紅区へ向けて旅立つ列車のなかに、渋茶をすする白髯の立派な老人と青年とが登場する。青年は土匪と紅軍とを区別すべきだといい、その理由として、紅軍は土地の再配分を行なっていることを挙げる。ただし、かれらは多くの人を殺しすぎるから悪人であると結論づける。そのとき、それまで黙って話を聞いていた老人が、悠々と落ち着いた態度で「殺不够」〔殺し足りない〕といったというのだ。★25 かりに殺人があったとしても、それは中国人の支持をえているのだ、という一種の予防的な弁護論から、この長い物語は始められている。

スノーはひとつの処刑の実例を紹介している。それは、彭徳懐麾下の第一五軍団（司令徐海東）の本部があった予旺堡での見聞である。予旺堡は、壮大な城壁をめぐらせた回教の古い県城であった。徐と行動をともにするあいだ、スノーが無遠慮に質問しまくったのにたいして語って聞かせてくれた身の毛もよだつような国民党の残虐——青年の血で彩られた丘や谷間、生きたまま切りさいなまれた心臓、遠近併せて六六人になる徐一族の殺戮など——につづけて、スノーは紅軍の側について「非戦闘員を殺したのはたった二人きりだった」それも「ひとりは紅軍の手によって殺されたのでな」かったと報じている。★26

中国の「赤い星」、中国の希望の星となった中国共産党において、スノーの記述においても内部対立が存在しなかったわけではない。古くは陳独秀との対立であり、その次に記されるのは李立三との対立である。陳や李の革命路線が毛沢東の活動を承認しなかったがために中国革命が多大の損失を被ったことが、簡潔に、また明確に記されている。しかしながら、それに引きつづく内部の対立とその経緯については、スノーは何も書いていない。毛がいわゆるモスクワ二八人グループを抑えて彼のヘゲモニーを確立する遵義会議についても、一言も触れていない。それによって生み出された決定的な転換の経過についても、次のように淡々と触れられるだけである。

江西・広東・広西および湖南の諸省をへて行軍するあいだに、莫大な量の物資を輸送しようとしたこと、行軍のルートとして矢が進むような直線路がつねに選ばれたため紅軍の動静がすぐ見破られたことなどによって、紅軍の人員は約三分の一に減ってしまった。これらの誤ちを反省して、紅軍は貴州省で新しい戦術を採用することになった。直線ルートを採らず、一連の分散的な行動を行なった。もっとも軽い軍需品のおもなものだけを運ぶことになった輜重部隊は、夜間に行軍するようになった、と。[★27]

莫大な量の物資を運び、一直線に進軍することに固執して紅軍に多大の損害を与えた李徳（軍事顧問委員会コミンテルン代表オットー・ブラウン）についても、スノーの記述はきわめて弁護的である。李徳は、「いかに判断を誤ったとはいえ」「西洋人中最上の有能な軍事上の権威」であり、「個人的な勇気と自己をかえりみぬ英雄的精神は」「口だけの革命家を完全に圧倒する」[★28]というのである。

また、長征途中、四川にとどまるか陝西へ向かうかの張克燾との深刻な対立・分裂についても、むしろ偶然の結果として説明され、そのさい、「党内の対立という要因があったが、それについてはここで論ずる必要はない」[★29]というのである。なぜ論じる必要がないかは明らかではないが、スノーは、ともあれその点に立ち入りたくないのである。不一致や対立でなく、李徳を含めてモスクワ派二八人とのほほえましい交流を、スノーは次のように描いている。

保安に、ポーカーが流行するまでは、ソヴィエト地区の道徳に不良な影響を与えるほどではなかった。ところが、私たちのテニス四人組は、ポーカーをやり出した。李徳の小屋と外交部にある私の罪ぶかい私室とを交互に使って夜ポーカーをはじめたのである。この罪ぶかい泥沼の中に、私たちは博古や李克農や凱豊や、洛甫やそのほかの尊敬すべき市民を引ずりこんだ。ついには片腕の蔡が博古主席から一晩に一二万元もまき上げる始末になった。そして博古が支払う唯一の方法は国庫を横領するよりほかに方法がないように見えた。私たちは、博古が国庫から一二万元支出して蔡に支払い、蔡はその金でまだ存在していないソヴィエト空軍のために飛行機を買入れることに衆議一決した。これはみんな試合中の冗談だったが、残念ながら蔡の買った飛行機というのも冗談にすぎなかった。★30

スノーは、そのほかにも、李徳から貴重品だったココアなどを借りて、菓子を焼いて失敗した話だとか、「江西からいっしょにつれてきた中国人の細君」★31に李徳がパンの焼き方を教えていた話だとか、いくつかのエピソードを伝えている（ハリソン・E・ソールズベリーの伝える、李徳の「戦場妻」の物語は、かなり違った色彩をもっている。最高幹部は、李徳が女を要求するのを苦々しく思っていたが、胡耀邦のもとで働いていた蕭月華をあてがい急場をしのいだ。二人は言葉が通じず、よく口論した。彼女は、李徳をコミンテルンと革命の代表として認めていた、といわれている。延安で、ブラウンの手ほどきでパンの焼き方をならい、男児を生んだ。最後に蕭月華が離婚の訴えを起こし、認められた。月々六〇〇元の扶養料を要求したが、受け取ったかどうか記録がない。一九八三年死亡。胡耀邦は、彼女の遺言を容れて、棺を中国国旗と中国共産党旗で覆った……)。★32 スノーの紹介するエピソードは、いずれも根拠地の牧歌的ともいうべき雰囲気を伝えている。そこにあるのは、いろいろな意見の対立にもかかわらず中国革命の理想に向かう同志的な結合の世界である。『中国の赤い星』のもうひとつのテーマは、中国革命に参加し、生死をともにして闘ったいく人かの「好漢」――水滸伝を彷彿させる――たちのプロフィールである。彼が、ここに報告した毛沢東の半生が、今日私たちが手にしうる、毛沢東の伝記の根本資料のひとつとなっていることは、先に述べた。この本のなかには、そのほかに、彭徳懐、朱徳、陳毅、林彪、徐海など、正義を愛し、抑圧を憎み、民主的で、自由闊達な色彩によって彩られた中国革命の英雄たちの姿がいきいきと伝えられている。かれらは、しばしばロビン・フッドにたとえられる。たしかに、『中国の赤い星』に描かれている中国西北地方の大地は、スノーの筆になると、さながらシャーウッドの森を彷彿させる。

スノーは、しばしば民衆に問いかける。あなたは紅軍が好きかと。すると口々に、次のような答えが返ってくるという。「紅軍は私に読むことと、書くことを教えてくれました」「ここで私はラジオの取りあつかいと、ライフル銃のちゃんとした撃ち方を学びました。紅軍は貧乏人を助けます」「紅軍は私たちに親切で、私たちはなぐられたことはありません」「ここでは誰もが同じです。貧乏人が、地主と国民党との奴隷にされている白区とはちがいます。ここでは誰もが貧乏人を助け、中国を救うために闘います。紅軍は地主と白匪と闘い、紅軍は抗日です。どうしてこんな軍隊を好きになれないことがあるでしょうか[★33]」と。

紅軍と共産党とは、こうして白匪と日本人、地主と資本家と闘う者として、人びと、とくに若い世代に圧倒的な支持をえているのであった。あたかも、中国の大衆は水であり、中国共産党は魚である。民衆の圧倒的支持に支えられた中国共産党は、文字通り水をえた魚なのである。水をえない日本軍も国民党軍も、その強大な軍事力にもかかわらず、紅軍と毛沢東の前に敗退し、その兵器その他の補給者に転落するほかない。紅軍と共産党とは、白匪と日本人、地主と資本家との戦い、すなわち民主主義革命に従事し、膨大な中国民衆は、中国共産党にとっての広範な支持基盤となる。

やがて、ソ連の援助のもとに、急速な社会主義化に向かうことは予定されているが、それはなお将来のことと考えられていた。「これらの任務〔民主化の任務〕を完成したのちに、はじめて社会主義への転化が可能になる、と共産主義者は考えているのである[★34]」。

中国共産党は、中国民衆を地主豪紳から解放する政策を相当の間実施しつづけるというこの註釈によって、中国の赤い星は、ますます緑の森のロビン・フッドに見えてくるのだ。

読者の協同

以上のスノーの報告は、その多くが現在にも生きている貴重なデータである。しかしながら、それはやはり、紅軍と毛沢東のある一面、光と影のうち、とりわけ光の部分だけがクローズアップされたものといわねばならない。その光に満ちたイメージをもって、それが毛沢東のすべてだと即断するならば、それ以後の毛沢東の姿は、堕落ないし逸脱として、私たちに不可解なものと映ずるほかない。光り輝く部分の裏面にどのような影の部分が隠されているのか、その全体を描き出すのでなければ、この映像はミスリーディングであり、ひとつの神話であるほかない。また、スノーの描き方自体のなかに毛沢東の思わざる美化があったが、それと同時に、読者のなかにも美化へのある衝動があったことも否定できない。

ちくま学芸文庫に収められた改訂版翻訳の解説者加々美光行はこの本を、「文化大革命が開始して間もない一九六六年」「ベトナム戦争が激化をたどる中」初めて手にした。当時大学四年生の彼には、「ベトナムを侵略するアメリカが、中国を侵略する日本に、またグエン・カオキの南ベトナム政府が、蔣介石の南京国民政府に、それぞれ二重写しになって見えたものだ」[★35]という。

アメリカとグエンへの批判と南ベトナム解放戦線への共感、それがそのまま日本軍と国民党への批判と毛沢東への共感となり、両々相まって、南ベトナム解放戦線と毛沢東への評価はますます高くなる。読者の側にある、日本軍と国民党・アメリカやグエンにたいする義憤や怒りは、おのずから、これをこっぴどくやっつける毛沢東や南ベトナム解放戦線にたいする拍手喝采となるであろうし、そうした雰囲気が毛にせよ南ベトナム解放戦線にせよ、それを美化する方向に働くのである。これも、スノーと読者が協同して、毛沢東神話を作り出していくひとつのケースである。

もっと早い時期、第二次大戦の記憶がまだなまなましいころにこれが読まれた場合には、それとはやや異なった仕方であるが、やはり同じようにスノーと読者との協同作業として、毛沢東の神話化が進められた場合がある。中国文学者竹内好もそうした実例のひとつである。竹内は次のように謂う。

日本のマルクス主義者の文章に慣れた目には、毛沢東の文章はいかにも生き生きして見える。かれの文章にはかれの人格がにじみ出ている。論理の厳密さを保ちながら、発想法はまったく個性的だ。しかもその個性は、中国の民衆感情を代弁するうえに立っての個性である。★36

共産主義は独裁政治だといわれるが、ソヴェトは知らず、中国に関するかぎり、このような独裁は見られません。★37

このように、日本のマルクス主義にたいする厳しさと中国共産党にたいする甘い評価とが対照的である。

毛沢東の個人崇拝についての次の指摘も、やはり首を傾げざるをえない。竹内は、スノーの毛沢東個人崇拝不存在論を紹介すると同時に、当時の中国に、すでに「毛澤東同志——今日の中国人民の英明偉大なる領袖、指導者、救済主、われらの毛主席」といった「英雄崇拝の儀礼」と見られる表現が出現していることを示した後、「中国の官僚機構の根強さ」「保守的な民族性」「権力の掌握以後はダラクの運命を免れない」「クレムリン的権力支配の構造に同化されつつある」などの観測の「どの説にも賛成しない」。「スノーの観察がまちがっていると思わない。また、今日の事態が、一九三六年当時から本質的に変わったとも思わない」と言い張る。そのうえで、「『蘇維埃（ソヴェト先生）』を救世主の名と信じている困苦した大衆のためには、若干の儀礼を残しておくのもやむをえないことなのである」[★38]と結論づける。

個人崇拝があるのかないのかの検討については、ひどく独断的にないと断言しつつ、民衆のレベルが低いからある程度は必要だろうとして、事実上前言を翻して、個人崇拝の存在を認めたうえで、「困苦した大衆」の要求にたいしてひどく物わかりよく妥協している。竹内や彼が尊崇する魯迅がもっとも唾棄する類の「大衆追随」を、竹内は自分自身で実行している。竹内はそこまで毛沢東を賛美するのである。

竹内がそこまで毛沢東をもち上げるのは、当時の知識人状況がかかわっている。当時の知識人にたいしてソ連やマルクス主義の権威はきわめて強い影響力をもっていた。知識人のなかには、その強烈な「権威」に辟易していた向きもあった。だから、その圧倒的権威にたいして水を差すことは、その部分からおおいに歓迎されたのである。つまり、スノーによる光り輝く毛沢東の姿は、ソ連やマルクス主義の権威にたいする一種の毒消しだった。それを歓迎する雰囲気が読者の側にもあったのである。

なお、竹内による中国賛美と日本批判について、武田泰淳は、『風媒花』のなかの何人かの登場人物に「軍地はそうやって思想的な優越点に立とうとしているのだ」といわせている。軍地というのは、この小説のなかに出てくる人物のひとりで、戦争中上官に反抗して陸軍刑務所で過ごしたという経歴の持ち主であり、その作品中の言動からして竹内をモデルとして造形された人物だといっていいだろう。

軍地君はシナは偉い、シナは正しい、と言うね。日本は駄目だ、日本は正しくないと言うだろう。それがかれの潔癖、かれの誠実さだと世間は見てる。だが僕などに言わせると、彼はそうやって日本人をおどかしつけてるだけじゃないか。★39

軍地さんは厭ねえ。何かというと、日本文学にケチをつけて。あのひと、御自分は日本人なんでしょ。★40

武田自身の分身と思われる峯は、それにたいしていつも弁護論を展開しているのではあるが、あまり説得的でない。作者の武田自身が、半ばまで、こうした批判を共有しているからだと思われる。ともあれ、そのようにして、スノーの描く毛沢東と中国共産党の光の部分が、あたかもそれがそのすべてであるかのように、日本では定着していったように思われる。私のなかの毛沢東像にもそうした要素があった。

アップデートの努力

さて、はじめに述べたように、一九六八年の改訂版において、スノーは、自らこうした光の面の一面拡大をいくぶん手なおししようとする。どこをどのように改訂したかについての一般的な説明は、すでに紹介したとおりである。それが実際の叙述においては、どのような内容的変更を生み出しているかを、以下に見てみよう。

まず、第一に気づくのは、当時の革命の過程において、処刑等がほとんどなかったかに思わせる叙述が、改められている。改訂版になって、毛の有名な「革命とは客を招待することではない」という言葉がはじめて引用されている。

「『革命は、客を招いてごちそうすることではない』と毛沢東は述べた。〝アカ〟のテロ方式が地主やその他の階級敵に対して広範に用いられたことは――彼らは逮捕され、土地を没収され、〝大衆裁判〟によって糾弾され、そしてしばしば処刑された――共産主義者自身の報告でも確認されているように、疑いもなく事実であった[★41]」として、広範な階級敵にたいする処刑の事実がはっきりと指摘されている。しかし、白色テロのすさまじい叙述とのバランスからして、この一文が挿入されたことで、中国革命の輝かしさがおおいに曇ったかというとそうではない。四四年版で、ぼやけていた部分が明言されたというまでで、中国の赤い星のイメージが一変するといったものではない。むしろそのリアリティが増したとさえいえるだろう。

また、ここには、四四年版にはなかった「犠牲にする階級の選択が異なるというだけ[★42]」で、犠牲者を生み出す点では、国民党も共産党も同じだという特徴的な表現が出現する。紅軍への無条件的な肩入れがやや控えられたかに見えるけれども、国民党の一方的報道とのバランスを取るうえでは、共産党側の実態を正確に報道する必要があるのだという論点を入れることで、スノーは、むしろここでは四四年版よりも一歩踏み込んで、国民党批判と紅軍弁護を行なっているともとれる。

ついで目に付く点は、党内闘争についての言及である。本文自体の加筆修正はほとんどない。新たに付加された年表や略伝のなかに、遵義会議などが登場する。そこにはつぎのような叙述が現われる。

毛の影響下にあった中国の農村ソヴェトや紅軍に所属する〝共産党戦闘員〟と、モスクワ仕込みの〝教条主義者〟〝理論主義者〟との対立はますます深まっていった。一九三五年一月に、毛が遵義で政治局総書記の博古および当時ソヴェト政府〝人民委員会〟主席であった洛甫を批判して、政治局の主導権を勝ちとったのである。……しかし一九三六年、わたしが毛と会見したとき、彼はきびしい党内闘争の話をし、博古、洛甫、鄧発、王明、彭徳懐、そして張国燾ですら〝革命的な幹部〟であり〝並以上の才能、勇気、忠誠心をもった人々だ〟と語っている★43（付録参照）。

付録というのは、改訂版に採録された「毛沢東との会見」★44という一九三六年のインタヴュー記事である。四四年版には、紙面の制約で掲載できなかったものだという。党内闘争の事実を収録する六八年の改訂版にわざわざそれを収録したのは、この文脈からすると、毛がその時点で彭徳懐・張国燾にたいする「忠誠心をもった」「革命的幹部」という評価を下したことを紹介するためであろう。スノーは「きびしい党内闘争」にもかかわらず、そこに流れているものは強い同志的連帯の絆であったと、改訂版の時点でも主張しようとしているのである。

だが、三六年の時点で、毛がこれらの幹部の名前を挙げ、張克熹まで含めて、その革命性と忠誠心とを明言するとすれば、それは、同志的連帯もさることながら、西側のジャーナリストにたいしての外向きの発言であり、その裏側には反対派にたいする毛の張りつめた緊張感や、さらには警戒心すらが隠されていたと見るべきではないだろうか。だが、スノーは当時も、改訂版執筆時も、そこに額面通り毛の同志的連帯感を見ているのである。

文革の過程における紅衛兵などによる幹部糾弾を観察したのちに書かれたこの略伝のなかに、李立三の項の末尾に「李は毛の〝寛大さ〟の象徴であった。彼は文革では目立った役は果さなかったが、修正主義者として攻撃されることなく、また過去の誤りを掘り出されて非難されることもなかった」★45という指摘がある。李にたいする迫害があまりなかったことについて、手放しでいうのではないけれども、スノーは、そこにある救いを見ている。しかしながら、党史上すでにきわめて大きなマイナスの評価が確定しており、権力から遠い場で、失意と屈辱の日を送っている人物にまで攻撃をかける意味はもはや存在しないのであるから、そこに〝寛大さ〟の象徴を見るなどというのは、ほとんど無意味である。スノー自身も、〝〟を付けることで、手放しには言っているのではないとしているかに思われる。だが、李があまり攻撃されなかった事実を事実として書き記すスノーには、かつての同志たちが繰り広げる文革の「きわめて陰惨な仲間殺し」から目を背けたい思いがあったのではないか。あの保安にみなぎっていた（とスノーの目に映じた）革命的情熱と同志的連帯とは、白昼の幻だったのだろうか……。

いずれにしても、シャーウッドの緑の森の上にかかる赤い星のイメージと、文革期のイメージとはあまりに距離が大きい。年表や略伝を付すことで、アップデートが試みられているけれども、そこに盛り込まれた情報は、四四年版の面影をほとんどそのまま残している本文とのあいだに、それを繕おうとする努力にもかかわらず、多かれ少なかれギャップを生みおとす他ない。それは、それ自体として、四四年版『中国の赤い星』がひとつの神話であることの告白である。

2　ハン・スーインの毛沢東

『朝の氾濫』(一九七二年)

ハン・スーインは、松岡洋子に手紙を書いた。松岡は、スノーの改訂版の翻訳者であり、また、ハンの『朝の氾濫』(*the Morning Deluge*、邦訳『毛沢東』)――以下『氾濫』と略称する――の日本語訳者である。一九七二年二月、原著の出版より約九ヶ月前のことである。その手紙のなかで、ハンはスノーの死を悼み、「彼の仕事を受け継いでいかなければ……[★46]」とその抱負を語っている。

『氾濫』は、朝鮮戦争までで終わっており、その続篇 ***Wind in the Tower***――以下『風』と略称する――が、一九七六年に出版され、さらに一九八〇年には、それまで『翻身』以来書き継いできた自伝的現代史の続篇として ***My House has Two Doors***――以下『扉』と略称する――が出版された。『氾濫』が出版される一九七二年は、七一年の林彪の死、七二年のニクソン訪問という、文革の息継点ないし転回点に当たっている。当時としては文革が一段落し終結に向かうとも考えられたかもしれない時点である。その時点に立って、西側世界に向けて、文革とはなんであったのか、それを発動した毛沢東とはなんであったのか、を紹介しようとする意図がそこにはあったであろう。それを、スノーの仕事を引き継ぐ形でしようというのである。

続篇『風』もほぼ同じ意図にもとづいて書かれている。一九七六年という出版の年は、周恩来、毛沢東が亡くなり、さらに四人組が捕えられる年である。林彪の死や、ニクソンの訪中までは詳述されているが、原稿を書き上げた時点では、ハンは、まだ周・毛の訃報に接していないようである。むろん、四人組逮捕は予測されていない。そして『扉』が出版される一九八〇年は、あの前半功績・後半誤りの公式見解が出されるじつに一年前のことであった。

スノーのあとを継ぐというのは、スノーがその新版に年表や略伝を付してアップデートしようとしながら十分果たせなかった作業を引き継ごうということであろう。それは、文革にいたって頂点に達する党内闘争を正面に据えて、毛沢東伝を書きなおすという作業を行なおうということなのであろう。『氾濫』『風』『扉』いずれも、まさしくその作業に捧げられているといってよい。三著の組み立てや毛にたいするスタンスなどは、そののちの文革の展開を見る以前と以後との若干の違いはあるけれども、基本的に同じである。むろん、文革期を中心に据える『扉』では、破綻の度合いが格段に大きい。

『氾濫』『風』『扉』は、スノーとは大きく異なって、党内闘争を真正面から取り上げる。「無能で敵意をもった官僚機構——陳『指導部』の恥ずべき残党」★47などといったむき出しの表現が、ハンの姿勢を示している。陳独秀、李立三、王明、劉少奇、彭徳懐、林彪などとの路線闘争の叙述が、三書を貫く太い線である。

ただこうした叙述の姿勢から、これらの作品をたんにイデオロギー過剰な政治的著作と見るとしたら、それは間違っているだろう。たとえば、李立三とのかかわりについての次のような指摘は、政治的文書を乗り越えて登場人物の内面に迫ろうという、いかにも文学者らしい意図を表明している。

彼らが毛に示した反抗は、マルクス主義的分析では「階級的立場」によって説明できるかもしれない。しかし、イデオロギーとは無縁の者にとっては、この説明はあまりに単純すぎるようである。というのは、一つ一つのエピソードを一幕のギリシャ悲劇に仕立てるような執念や、感情、つまりそこにある愛、忠誠、競争、怒り、野望などの要素については、この説明は何も伝えてくれないからである。……いつの日か精密で骨の折れる研究は、われわれになぜ李立三があれほど毛沢東をきらったのか、なぜ初めて顔を合わせたときから彼らの友情が育たなかったのかを教えてくれるだろう。★48

毛沢東は、その反対派との対照において、つまり反対派の誤り、反対派のモスクワ盲従、反対派の人民無視、修正主義的偏向等々との対照において、その偉大さ、その正当性が、スノーの場合より格段に強く格段に戦闘的に強調されている。読者のなかに、反対派にたいする怒りに近い感覚と、正しいのに迫害されそれに耐える毛への同情が自然に湧きあがってくるという叙述になっている。

陳、李、王（モスクワ派）三者は、ハンによれば、極左であり、教条主義である。都市における労働者の戦いを中心とし[49]、農民闘争となれば地主抹殺主義をとり、統一戦線となれば、武装解除して蔣介石の弾圧を放置し、党内闘争に関してはソ連流の粛正を横行させる[50]。戦術に関しては、「分派主義者」——ハンは毛の反対派にたいする敵意を隠そうとしない——はあまりに現実離れした状況認識から正規戦・陣地戦を本来のものとして採用し、それにもとづいて毛にたいして不当な攻撃を繰り返した[51]。

一九二二年の蔣介石が共産党弾圧に乗り出すあの「身の毛もよだつ春のあいだ」、農民協会は、共産党指導部に自衛のための武器を求めたが、受け取ったものは非難ときびしい叱責であった。農民たちは殺害され、村を追われ、幹部や活動家の労働者は、拷問を受け、射殺された。だが、共産党の指導部は労働者のピケと農民協会との武装解除を命じ、地主にたいする反抗を厳罰をもって禁じた。蔣につづいて、中国全土で軍閥は大虐殺を開始した。「農民は殺され、拷問され、手足を切断され、くし刺しにされ、婦人は焼き殺された（何千人もの婦人が、乳房を切り取られ、くし刺しにされ、バラバラに切断され、口にすることもできないような方法で拷問を加えられて死んだのである）。それは悪夢のような地獄絵であった[52]」。だが、陳独秀は頑固に、中央委員会の名において、「秩序の回復」を呼びかけ、農民や労働者にその武器を引き渡すよう命じた。……

何十年も経ってから、この時期について語ったときも、彼〔毛〕は眼に涙を浮かべていた。彼ほどには献身的でない人物なら、このような「指導」を押し付けた「共産主義」を諦めるか、全く愛想を尽かすかしてしまったことであろう。だが毛は、あくまでも頑張った。……毛は、農民に武装解除の命令を出すことを拒否した。このため彼は「ゆきすぎ」を扇動したとして非難されたのである。★53

それらの一連の誤った指導は、いずれも中国人民と中国共産党員にたいして、多大の犠牲を強いることになったことをハンは強調する。これにたいして、毛のとる戦略戦術は、体系的に異なる。それは、外から教条としてもち込まれた中国革命の方法ではなく、中国内部の論理にもとづく革命方法であった。すなわち、都市の労働者の闘争ではなくて、農村の地主制打破をめざす農民革命路線であり、農民闘争を中心とし、階級としての地主制の否定をめざしはしたが、個々の地主の処刑には、慎重に、悪質なものだけを選び、統一戦線に関しても、自らの運動の主体性を放棄するのでなく、あくまでも農民の武装保持を主張し、党内闘争に関しては、対立者の自己崩壊を待つ姿勢を保ち、戦術に関しては、遊撃戦を採用するというものであった。その方法によって、毛沢東は、中国革命を成功に導くことができた――これがハンの毛沢東理解の基本線である。

ハンは、極端なテロを避ける毛を「あらゆるブルジョアジー、富農、中農を殺せ」と叫ぶ瞿秋白と対比する。井岡山で毛の行なった政策は、大地主にしか影響を与えない「穏健」なものであった。毛はいつも一番の悪者以外の生命は助けるように気を配っていた。毛は早くから、経済的・政治的手段で階級を一掃することと、人間を物理的に一掃することとを明確に区別し、後者をつねにきらっていた。彼はこうして革命に、スターリンのもっていない人間性の次元を加えた。……

しかし、こうした毛の方法は党内において理解されることなく、無視され拒否された。「上海の中国共産党指導部の見方によると、毛はすべて間違ったことをやっており、山のとりでで孤立したゲリラ隊を指導して、徹底的に焼き殺しもしない中途半端なやりかたによって、『右翼的』傾向を示していた」。湖南の省委員会、江西省の委員会、瞿秋白に代わって党総書記となった李立三らは、毛にたいして「ライフル運動」「保守主義」「農民意識」「地方主義」「ゲリラ主義」「匪賊とルンペン・プロレタリアートとの同盟」などの言葉を投げつけた。

結局、二八人のボルシェビキのひとり、張聞天が毛の後任になり、党総書記の座にもついたが、毛は一言の不満ももらさず、党の結束を乱すような行動はいっさいとらなかった。ハンによれば、「すべきことはただひとつ……待つことです」というのが、毛の一貫した姿勢であったという。毛の方法が、正当に理解され、中国共産党の基本方法として定着されるのは、周知のように、長征途上の遵義会議においてであるが、それまでに中国人民と中国共産党が支払った代償は、信じがたいほど膨大である。そのような過酷な代償を強いた党内闘争について、毛は次のように考えたという。

毛はレーニンと同じく、党内闘争は、階級闘争の弁証法的表現であって、それが党内に反映していると常に考えてきた。従って、党内が「平和」であることは望ましくないことである。またどのようにそう試みたとしても、完全に一枚岩の共産党というものはこれまで一度も存在したことはない。このような一様性は、批判も自己批判も、思想教育もなかったことを意味し、従って進歩もなかったということである。思想闘争は進歩の一側面である。

中国共産党が終始この点で活気があるために、団結は思想闘争と批判、自己批判によってしか達成でき得ない。従って反対派に対処する毛のやり方は、ロシアのやり方とは根本的に違う。★54

また、多くの犠牲のなかで、誤りが明らかにされていく指導部について、毛がとる独特の対応について、ハンは次のように指摘する。

毛が個人的な怒りを抱いたり、個人的な報復をしなかったのは、彼が慈悲深いからではない。彼は時間と歴史が自分の正しさを証明してくれると信じていたし、……ある人びと——とくに知識人が彼に対して抱いていたような恨みの感情は、彼にはおそらく理解できなかったに違いない。毛の敵は、一人また一人と失脚していったが、それは毛の手にかかったからではなく、彼ら自身の至らなさのためであった。かといって毛が彼らを失脚させようと努めなかったわけではない。毛をあらゆることを我慢する、忍耐強くておとなしい人物として描くことは、完全な誤りである。……しかし、彼がほとんどいつも人並みはずれて正しかったということを、彼らは許すことができなかったのだ。毛自身は、いったん勝利しさえすれば、もはや非情である必要はなかった。毛は彼の敵対者の威信と名声をつぶし、彼らの実態を暴露し、彼らを笑いものにする、それに観衆たちの嘲笑があれば十分であった。毛は自分の敵を殺す必要など全く感じなかった。名声も奪われ、影の薄くなった彼らを生かしておくことの方が、はるかに満足のいくことだった。あさはかな李立三は、傲慢な野心の臨床例である。この野心を抱いて彼は入党し、そのために失脚した。ほかにもこのような人間は数多くいる。★55

以上のような叙述によって、ハンは毛沢東の政治家としての卓越、人間的な大きさなどを、そのライヴァルたちのあまりな卑小さとの対比のなかで、描き出す。自分の目で見、自分で考えるのでなく、外の権威に依拠する愚かなリーダーが、外の権威に依拠して、正しい路線、正しい戦術、正しい作風をつねに提起しつづけるものの意味を理解しえず、しかも、その正しい意見の持ち主を、時には正しいがゆえに無視し拒否し迫害し、そのために無惨なおびただしい犠牲を生み出す。おびただしい犠牲ののちに、正しい路線、正しい戦術などは、ようやくにして認知されるにいたる。正しい意見の持ち主は、その日が来るまで、ひたすら待ちつづけ、ようやくにして多数の認知をえて、権力を手中に収めても、自分を不当に扱ったライヴァルたちを自分の手で処断せず、時の流れがおのずから明らかにする評価のままに委ねる——これが、ハンの描き出す毛沢東のひとつの顔である。

『塔の中の風』（一九七六年）、『二つの扉』（一九八〇年）——もうひとつの顔

以上は、ハンの描き出すひとつの毛沢東の顔である。だが、権力樹立ののち、毛沢東は、次第に異なった相貌を呈し始める。しかし、ハンは、権力樹立までの毛と次第に相貌を異にし始める毛とを区別することなく、ともに中国革命の栄光のリーダーとして描き出そうとする。ハンの言うとこ

ろを、『風』の叙述をも参照しながら、以下に大づかみに眺めてみよう。

権力を掌握した時点で、毛は、ただちに社会主義革命に着手しようとして、大躍進路線を打ち出した。他方、劉少奇は、なお民主主義革命の課題を時間をかけて達成しようとした。ここに両者の路線上の対立があった。「社会主義化が必至の状況になると、農民革命が必要なときに社会主義革命を主張した劉は、『ゆっくりやろう』と言った[★56]」。

一九六二年中国共産党第八期十中全会において、毛は階級闘争の重視を呼びかけ、大躍進の精神への復帰を強調した。それにもかかわらず、劉はいぜんとして、民主主義革命の課題を追求した。その十中全会と「時を同じうして、奇妙にも、劉が一九六一年以来公布している農業に関する六〇個の規制を手なおしした政治的指示が制定され人民公社に送られた。それはいくつかの修正があるものの、いぜんとして、報償罰則システムと自留地とを……認めるものであった[★57]」。

毛の眼からすれば、それは、せっかく共産党が権力を手中に収めたのに、そうした課題を追求しているならば、そこには新たにブルジョワ階級が発生し、ブルジョワ階級が、共産党の手から権力を奪取する危険性が生まれる。「修正主義が今やソ連で発生している。それは『変色』してしまっている。だれも気づかぬうちに平和的に変わってしまっている。『もしも、われわれの息子の世代が、修正主義を信奉するならば、それはいぜんとして社会主義と呼ばれるであろうが、実際には資本主義である。とすればわれわれの孫たちは、大衆的不満のゆえに、その親たちを投げ捨てる暴動を必ずや日程にのぼせるだろう。階級闘争は、毎年、毎月、毎日論じられねばならないのだ[★58]』」。

この方向を追求する路線は、国際的にも広がり始めている修正主義路線である。とくにスターリン批判後のフルシチョフの追求する路線は、他ならぬ修正主義路線の代表である。劉少奇や彭徳懐などが追求するのは、ソ連に追随する修正主義である。それは毛の追求する革命の目標にとって、きわめて有害な路線である。修正主義の特徴は、個人の私的利害や物質的刺激を重視する。物質的刺激を与えることによって、生産力を上げようとする。修正主義の特徴は、軍事面においては、戦争を遂行する人間の意欲を二の次にして、武器の性能を重視する唯武器思想である。それも修正主義の大きな特徴である。

　こうした考え方に従うならば、農業生産の面では、中農以上が成績を上げ、これに報償が与えられる結果、下層中農以下は、中国革命を達成しながら、その成果に与ることができない。また唯武器主義やそれに通ずる成績重視主義からすれば、試験でいい成績を取ったものが選ばれ、それが社会の指導的な部分を占めることになる。ところが試験でいい成績を取るものといえば、これまた、旧社会の知識人など条件に恵まれた階層の子弟であろう。ここでもプロレタリアは、革命の成果から排除されることになる。

　だから、私的利益を追求するように物質的刺激を与えるような路線でなく、社会全体、公共の利益を追求するような社会主義文化を確立しなければならない。試験制度も改めて、利己心を捨て社会全体に奉仕する思想の持ち主[★59]が社会の指導部として、抜擢されねばならない。大躍進を追求する毛の目標とするところは、およそそのようなものであった。

　だが、毛のこの考えに賛成しない彭徳懐は、ソ連の影響で、唯武器主義に走り、また、大躍進路線にブレーキをかけようと画策した。劉少奇は、その党と国家との実権を握る立場を利用して、毛の提言を無視した。[60]劉の場合にはその根が深く、抗日戦期、白色地域で活動したとき、繰り返し国民党に屈服し、自ら共産党を捨てた人物である。だから、毛の路線にたいする一貫した反対の態度（農民革命が必要なときに社会主義革命を主張し、社会主義革命が可能になったとき、農民革命を主張する）は、偶然ではない。

だが、毛は、もはや党を動かすことはできなかった。「党は組織的に毛に反対するように動かされていたので、彼はもはや党組織を利用することができなかった」。[61]だから、彼はこの有害な路線を取り除くために、人民解放軍の軍事力を掌握する必要があった。また、右に述べたような無私の社会主義精神を樹立するためには、中国の旧い封建主義やブルジョワ的な修正主義を一掃する必要があった。「党は揺り動かされなければならない。大風が吹かねばならない。てっぺんから枯死した木の幹を倒すまで吹かねばならない。木が、その腐った葉を一枚残らず振り落とすまで揺り動かされねばならない」。[62]前者の目的を達成するために、毛は林彪と結び、[63]後者の目的を達成するため、江青ら（のちの四人組）と結んだ。

また、大躍進路線と修正主義批判は、修正主義者を権力の座から排除するという仕方では、真に大衆的なものにならない。修正主義路線を採るものの害悪を、全大衆の前に明らかにし、その過程で、大衆を教育し、大衆を目覚めさせる必要がある。[64]そうした大衆教育の目的から、紅衛兵らの活動を支持し、大衆集会・デモ行進などの大衆闘争を奨励した。[65]

しかも、それらのもつ弊害について、毛は知らなかったわけではない。[66]たとえば、林彪の権力欲や、それと結びついた毛沢東個人崇拝の助長など、毛は早くから気遣っていた。[67]しかしながら、当面劉少奇の修正主義路線を否定するためには、軍の力が必要であるので、抗日戦のさい、蔣介石と結んだように、いまは林彪とやむなく結ぶのだと、毛は考えた。「日本の中国侵略に反対する統一戦線を……蔣介石と組むことのできた人間は、中国のフルシチョフを打倒するために林彪を利用し、しかる後、それは無価値であることが判明したと宣言することができるのだ」[★68]。

江青ら四人組の害毒については、どうであったか。ハンは、『風』（一九七六）においては、まだ、江青自身についても四人組についても、肯定的に描いている。しかし、『扉』（一九八〇）においては、江青と四人組にたいする激しい批判が噴出する。その在中外国人対策、外国人と連絡のある中国人迫害、周恩来攻撃など、文革期を彩るグロテスクな動きのすべてを、四人組の盲動に帰着させている。

ともあれ、毛は社会主義を建設しようとする譲ることのできない目標に向けて終生全力を挙げた。その目標実現のために結んだ相手の欠陥のゆえに、多くの弊害をも結果したけれども、それにもかかわらず、中国社会の解放と社会主義建設のために不朽の功績を挙げた――。

革命後、とくに大躍進以降の毛沢東に関するハンの見方を、一言で要約するならば、およそこうしたことになるであろう。ハンは、このようにして、ともかく毛の生涯を光り輝く偉大な革命のリーダーとして描きだそうとしている。

だが、現在の時点からすれば、以上のようなハンの見解には、支持されがたい論点が多い。たとえば、一九五九年の廬山会議における彭徳懐批判である。ハンは、彭について、ソ連の軍事力とソ連式戦略思想への傾斜、フルシチョフの毛沢東にたいする「小ブルジョワ的急進主義」という批判の受容など、当時の中ソ関係のなかでソ連寄りであったと指摘し、廬山会議に先立って毛を批判するための資料をあらかじめ調査・準備し、会議においては、活発なロビイングによって、毛批判を組織し、毛批判の文書を出席者に流した、とする。

張聞天とともに彭が準備したデータの内容について、ハンは触れようとしないが、その内容は、大躍進のもたらした中国社会への破壊的影響、たとえば土鉱法のもたらした弊害などについてのものであり、現在では彭その他の指摘は、きわめて当然の警告であったとされている。逆に、なおもそれを強行しようとした毛の誤り——中国国民の生活を破壊するという意味で——についても、いまでは誰の目にも明らかである。その誤りは、じつは毛が正しく彭が間違っているとするハン自身の文章からも見ようによっては透けて見えるのである。

廬山会議に先立って、毛が初めて故郷の韶山を訪れるのは有名な話であり、そのさい村人とともに写した写真が残されている。私が見た写真には、椅子に座った毛沢東に向かい合って立つ裸足の少年の姿が写っている。ハンは、「一枚の写真に、彼〔毛〕と彼の親戚が写っている。農民たちは、畑で働いているときと同じように全員が裸足である」★[69]と書く。ハンの見た写真では、大人の農民もまた裸足なのだ。毛自身もそのとき書いた詩のなかで抽象的にであるが確認している。「別れし日の夢（まぼろし）おぼろ、逝きし川（つきひ）を咒（のろ）う。故（むかし）の園（むら）よ三二年前」★[70]。しかし、それは全体の基調ではない。全体の基調をなすのは、ハンが引いているように★[71]「喜びて看る稲と菽との千重の浪」★[72]である。さらにハンは、「七律・廬山に登る」の末尾の句「陶令はどこへ去きしを知らずや桃花源の裏（なか）に田を耕してある可し」にたいして、「桃花源を詠った陶淵明が、いまやそうなろうとしている中国を見にいっているのだ」[★73]として、毛が現在の中国を陶淵明のいう桃花源になぞらえているのだと解釈する。
しかも、毛はそうした判断のうえに立って、ソ連との論争に決着をつけようとしていることも、この詩のなかで明言している。だが、革命後一〇年経っても、すべての農民が裸足で畑を耕しているというのに、それが桃源郷だというのは、あまりにもギャップがはなはだしい。毛が見た豊かな実りなるものも、じつは、地域の党組織が、毛の意を迎えようとして行なった演出であって、実態は、その日の食料にも事欠くほどの無惨な状況であったという説もある。ともあれ、裸足の農民と桃源郷との大きなギャップをハンも見ているのであり、毛自身も見ているのである。

ここでは、毛はかつての政敵が犯したのと同じ誤り、「自分の目で見ない」という誤りを犯している可能性が高い。また、かつての政敵が犯した同じ誤り、事実を直視しないという誤りを犯している可能性も高い。真実を突きつけようとする彭をそれゆえに退けようとする。大衆の語るところに耳を傾け、大衆の要求のなかから革命の路線を紡ぎだした前期の毛沢東とは、大きく異なっている。大衆に声に耳を傾けるならば、すくなくとも大躍進のテンポをスロー・ダウンするのが当然であるが、毛は、それを社会主義革命を損なう修正主義、資本主義の復活をめざす走資派だとするのである。

また、彭が批判文書を流した件についても、彭はもともと毛と個人的に話し合おうとしたのだが、毛の都合で会えずやむなく毛への私信として彼の見解を書き綴ったところ、毛が、それを彭の意見書として流したのだという。『彭徳懐自述』は、縷々その旨を力説している。[★75]毛のやりかたは、初期毛が採ったとされる方式とは決定的に異なるといわざるをえない。毛が不当に批判されたのだとしようとすれば、どうしても事実を歪曲せざるをえないのだ。ハンの執筆当時は、そうした解釈が普通だったのであろうが、ハンはそれに無批判に従って、毛の正当性と革命的情熱を語っている。

彭徳懐批判は、しかしながら次いで本格化する劉少奇批判と「文化大革命」とにたいするほんの前触れにすぎない。ハンの叙述のなかでも、劉少奇の罪状についての指摘は、彭徳懐の場合と比べて比較にならないほど多い。しかし、ハンの劉少奇に関する指摘も受け入れがたいものが多い。「一九六六年プロレタリア文化大革命の初期に劉が各大学に派遣した工作隊もひどいテロを行なった。中国革命の過程で繰り返し毛の作風を発見するように、革命のなかに劉の刻印、足跡をもみるのである[★76]」などをはじめとして、劉批判はいたるところに記されている。だが決定的なのは、党籍離脱宣誓事件である。劉は、国民党の手先と紛らわしい存在の入党を認め、それを自己の勢力固めに使ったというのである。

ここで「党籍離脱宣誓」と称される事件につきあたる……。「党籍離脱宣誓」事件が初めて公然化したのは一九六七年四月一日であったが、ことが起こったのは一九三六年であった。劉少奇は国民党に逮捕されていた党員たちに自身を救うために共産主義放棄を宣言するよう助言したらしい。このようにして釈放されたなかに彭真、劉瀾濤、安子文、薄一波などがいた。彼らやその他の人びとは劉の支持層を党内につくるために、つまり毛の「プロレタリア司令部」に反対する劉自身の「ブルジョア司令部」と今日では称されているものを党内に築くために劉に利用されたのであった。[77]

そして、ハンによれば、先にもいくらか触れられたところであるが、一九六八年一〇月一八日、特別委員会の報告書が、劉少奇の度重なる国民党への降伏を数え上げ、彼が自らの党組織を裏切り、自らを党から「永久に」追放した事実を上げて彼を非難したという。[78]後悔し、告白し、自己批判を行なう党幹部にたいする寛容と再包摂こそ、毛のやりかたであった。王明などその適例である。そして、毛は最後(一九六六年)まで、劉をかばおうとつとめたのだが、この事実が明らかになった以上、毛としては決断せざるをえなかったのだ、とハンは結ぶ。

もしも劉が報告書が主張するように、共産主義者を装った国民党のスパイであったとしたら、また、共産主義を捨てると誓って裏切ったのだとしたら、そのときは追放は避けがたい。毛は党内に変節者が存在することはありえない、と指摘した。[79]

だが、今日では、劉は名誉回復されている。彼が転向者であり、国民党のスパイであったという報告が、康生の拷問によって強制された偽証にもとづくフレーム・アップであったことも、[80]今日では広く知られている。毛は、康生の偽証に欺かれたのか、それとも、じつは、フレーム・アップを示唆、歓迎、その他をしたのか。その証明は不可能であろうが、寛容と再包摂の線で、毛がぎりぎりまで頑張ったというハンの説も信じがたい。

偶像破壊

以上見たように、スノーもハンも、毛沢東を彩る内外の凄惨な闘争を正面から描いたか否かの違いはあるが、いずれも毛沢東の生涯を、光り輝く偉大な革命の指導者として描き出すことであった。ここには、毛を前半生と後半生と分けて捉えるという発想が存在しない。だが両者の作品のなかには、前半生の毛と後半生の毛とのあいだの違いが、事実上、姿を現わしている。スノーにおいては、本文と、改訂版において書き加えられた註釈、年表、略伝とのあいだのギャップである。

ハンにおいては、前半生の毛を特徴づけた、大衆の意見に耳を傾け大衆の要求のなかから路線を紡ぎ出すという大衆路線[★81]、同志への寛容と再包摂という姿勢、相手の誤りを自然の流れのなかで明らかにしていくといった手法などとは、明らかに異なる路線や姿勢や手法が認められた。大衆の声に耳を傾け、大衆に即して路線を決定するならば、大衆は、まさに党にたいする強い支持基盤となるであろうから、大衆と党との関係は、水と魚との関係であり、党は水をえて自由自在に活躍できる。

だが、地主と国民党を追い出したあとの「大衆」は、たしかにひとつではない。一はわかれて二となったのである。中農以上と下層中農以下とのあいだには、農業生産力を上昇させていく点で大きな差異がある。そのとき、毛は、「固く下層中農貧農」と結ぶように主張する。毛は大衆を二つに分けて捉えるのである。だが、こうした区別は地主と地主支配下の農民とを区別するのとはまったく違う。

地主は、農民の搾取者であった。中農以上は、なかには、生産から離れて投機などに走るものも出てきたかもしれないが、先にも触れたように農業生産力の先端を担う存在である。[82] その声を聞かず、下層中農に固く依拠するという姿勢は、地主を孤立させた場合とは比べようもない抵抗を呼ぶであろう。毛は、この点において、前期と根本的に違うのである。また、この姿勢にたいする抵抗や批判が、あの長い文革の陰惨な対立の根底にあるものである。[83] また、それが毛の同志への対応や政敵にたいする手法を大きく異ならせたのであろう。

ハンは、同じ大衆路線といっても、前期のそれと後期のそれとでは、内容・意味とが大きく違うことを明確には理解しない。下層中農貧農に固く依拠するという大衆路線であることを事実としては指摘するのだけれども、それが、前期の毛を取り巻く政治力学と後期の毛を取り巻く政治力学とを決定的に異ならせることにならざるをえないことを理解しないのである。

むろん、彭徳懐や劉少奇が、全大衆の声をバランスよく聞いたかどうかは別の問題である。また、もっぱら中農以上の声を代弁したのかどうかも、精細な研究を要するところである。いずれにしても、毛が意識的に耳を傾けなかった大衆の声は、さまざまな回路を通って政治のるつぼの中に投入されるであろう。それは、毛のカリスマをもってしても、思いのままに制御することがむずかしいモメンタムであった。

ハンは、そこを評価せず、毛を無条件に支持し、賛美した。前半の毛の光が、後半の毛にまで、反射したというべきであろう。しかしながら、その反射は、後半の毛の、前半にたいする大きな違いを浮かび上がらせる光線でもあった。ハンは陰惨な党内外の闘争のなかで、終始光に満ちた存在として毛を描き出すのには失敗したというべきであろう。それは、当時の政治的な言説、歪曲やフレーム・アップをそのまま鵜呑みにするという致命的な欠陥をともなうのである。

ハンの場合、彼女が、中国人の父とベルギー人の母とをもち、外国に主たる活躍の場をもち、革命中国の、西側への窓口であったという事情も、その作品にある影を落とした可能性もある。とくに、四人組による在中外国人や外国と連絡のある中国人にたいする排外的な敵視政策が行なわれたさい、ハンは自分の文筆活動が、彼女にかかわりのある人にたいしてどんな迷惑を及ぼすか、たえず気にしないわけにいかなかった。

「中国の継続革命は、それに関するどのような著書よりも先にいく★84」とはハン自身の言葉であるが、ハンの『氾濫』から『風』を経て『扉』にいたる三著を見るとき、とりわけその感が強い。彼女のけっして遅くない執筆のスピードをはるかに上回って、毛に関する偶像破壊は進行していく。私は、毛を光の中で描ききろうとするハンの作品をもって、スノーに並ぶいまひとつの神話と考えたのだが、ハンの場合は、未完もしくは未遂の神話であるというほかない。

だが、最後の『扉』は、あの前半功績・後半誤りの党公式見解が出される一年前の作品でありながら、毛にたいする批判的な視点が、あれほどに強い毛賛美にもかかわらず、おのずからにじみ出ている点は興味深い。『扉』という作品は、全篇、江青と四人組にたいする呪詛に満ち満ちた作品である。「毛沢東はなぜあのような女を妻にしおくことができるのだろうか★85」といったむきつけな叙述さえ、中国の民衆の気持ちに藉口してではあるが、出てくる。そうした叙述のなかに、突如として次のような一節が噴出する。

私は誤解から結婚した。宝と私とがいっしょに中国の役に立てるだろうという誤解である。その後私は「封建制」というものが何を意味するかを知った。私はそのなかで生きたのだ。七年間というもの、私はこの非論理性、封建精神の狂気、その自虐的な怒り、その象徴による理屈づけなどを我慢した。七年間、宝は私の「改造」を試みた。国民党は「思想改造」を実施した。宝の思想改造は、物理的な鞭打ちであった。結婚のとき私が処女でなかったという理由で、私に適切な人倫と貞節とを教え込もうというのである。彼は、私の女としての存在の中深くに永遠に消えることのない傷を残した。私はもう完全に回復することはないだろう。だが、今日、私はどんなに彼に感謝していることか、どんなに感謝していることか。彼の訓練のおかげで、私は、中国の曖昧で矛盾したすべての諸相をくまなく理解することができるようになったからである。それは、毛の妻江青を理解することを可能にした。彼女のパラノイア、彼女の飽くなき復讐心を理解するのを可能にした。それはまたいつの日か、いつの日か、中国の人びとは自分の運命を自分自身の手で変えるだろうという私の確信と希望を強めてくれた。★86

ハンは自分の夫との関係で、中国封建社会の底知れぬ暗部を理解し、それによって江青の異常な復讐心を理解したといっている。ハンは、自分をむち打つ夫を毛に重ねている。自分と夫との闘争を手がかりに、毛と江青とのあいだにある夫と妻、男と女との暗闘を想起し、夫権者としての毛の妻江青にたいする圧制を見、そこにこそ江青の行動——少なくとも最晩年の毛にたいする江青の処遇についてはは確実にそういえる——を動機づける最深部を見ている可能性も否定できない。文革のあの陰惨苛烈な情景は、相当程度、江青を通して拡大された毛自身の自画像なのかもしれないのだ。

ともあれ、ハンは、四人組の圧迫に耐えた人びとに、それが可能だったのは、「私たちは信念をもっていました。私たちはそれが長くはつづかないことを知っていました。なぜなら、私たちは党を信頼していました。——そして中国の人民を」[★87]といわせている。こうした文句の場合、必ず「毛主席への信頼」が語られるはずであるのに、毛は出てこない。出てくるのは「人民」である。

もちろんここでも、ハンは、晩年における毛の老耄と四人組の跳梁に触れつつも、「毛はなお中国の偉大な解放者である。彼なくしては、今日の再生はありえなかった。……『毛沢東ばなれ』はありえないがゆえに、今後ともないだろう。中国史における毛の位置は、比類のないものである」[★88]と述べている。だが、以上のような叙述は、事実上ハンのなかで、「毛沢東ばなれ」が徐々に進み出していることを示している。

毛の生涯を光のなかで、統一的に捉えようとした試みが、結局破綻するとすれば、前半功績・後半誤りのテーゼは、もっとももなものと思われるかもしれない。だが、その見方は、毛にたいする批判的評価を後半生にだけ限定し、前期の功績についてはこれを確保し、毛の権威を守る結果をも生んでいる。だが、後半生の毛の行動は、前半生の毛についても、ある疑いを生み出させずにはおかないだろう。後半生が、前半生からの逸脱ではなく、後半生が、前半生においては隠れていただけだという可能性である。

先に、後半生の毛の大衆路線に触れた。毛はここで、大衆を中農以上と下層中農以下とに分ける視点を打ち出している。そうした視点を打ち出すについては、中国全土を掌握した中国共産党の権力状況があることは疑いない。中農以上の抵抗があったとしても、中国共産党が一致して当たれば、押さえつけることができるという判断がそれを可能にしているのだ。とすれば、前半期、毛が農民革命路線を保持したのは、それ以外に選択の可能性がなかったからにすぎないという可能性もある。文字通り毛は「強いられて」農民革命路線を採ったのであって、もし条件が別なら、彼は別の選択をしたかもしれないという疑いである。

おわりに

前半生の毛については、その輝かしい光がいまもなお輝いている。だが、それは結果的にそうだっただけなのかもしれない。輝かしい結果がその重大な欠陥を覆い隠しているのかもしれない。スノーやハンがやった作業は、前半生の光を後半生にまで、拡大する試みであった。とすれば、比喩的に言うのだけれど、後半生の陰惨な闇を、前半生にまで拡大投影する試みも可能なはずである。私も、ハンと同じように、毛なくして中国革命がありえたとは思えない。それだけに、脱神話、偶像破壊は徹底的に行なわれねばならない。もちろん破壊のための破壊ではない。

理想に向けての再出発のためには、そこに潜む欠陥の徹底的な点検を避けて通ることができないのだから。優れたものの成果を受け継ぐためには、そこに隠れた問題の解明こそ不可欠なのだから。

本書は、毛沢東の思想の最良の部分を受け継ぐために捧げられた、ささやかな試みである。

附論

以上に見た二篇は、毛沢東美化の神話である。現時点では、毛沢東を過度に「貶める」神話についても触れないわけにはいかない。スノーは「革命とは客を招いてご馳走することでもなければ、刺繡をすることでもない」という語を引用することで、そこに暗いマイナス面がなかったわけではないと示唆する程度に留めている。ハン・スーインは、そこにマイナス面があるのは確かだが、それは、毛がやむなく手を組んだ相手によるものであり、毛自身はつねに正しく善意に満ちあふれていたとし、その肯定的評価は文革期から最晩年にまで及ぶ。中国共産党の、「前半功績多く、後半誤り多し」が、中をとったものであることは言うまでもない。

ユン・チアン『マオ——誰も知らなかった毛沢東』(講談社)は、後半生文革期にいたって頂点に達する毛の「誤り」をその前半生の幼年期にまで遡らせるものといってよい。「厳しい肉体労働を嫌」(上・二五頁)い、父親を「『噴気式』(ジェット式)にしてやるべきだ」(上・二五頁)と考え、一三歳、野良仕事から逃れるため四歳年上の女性と結婚し(上・二六頁)、飢餓に苦しむ人びとに心を痛めたという記録はなく(上・三〇頁)、農民の苦境を救うという理想は、毛沢東のなかには「育たなかった」(上・三〇頁)というのがユン・チアンの描く少年毛の姿である。

そのほかにも、毛の人柄にたいしてマイナスイメージを与えるような指摘は、いくつも見いだされる。たとえば、「個人的利益をもたらすもの以外いっさい何も信じなかった」(上・三六頁)、「リーダーとしての天分はなかったらしい」（上・三九頁）、「知識人〔に〕……強い恨みを抱いた」（上・四一頁）、「母親の臨終に際してさえ、……もっとも優先さるべき人間は、母親ではなく自分自身だった」（上・四四頁）、「女性の面倒を見ることを嫌がり、女性にたいして責任を負うことを嫌った」（上・四四頁）、「毛沢東の浮気はあいかわらずつづき、結婚直後にも新しく二人の女性との関係が始まっていた」（上・五五頁）などなどである。

生まれつきではないが、「権力の味」（上・六四頁）が毛沢東を変えたという指摘もある。もともとは礼儀正しかったのだが、劉少奇が師と仰いだ賀民範を、賀民範が「不聴話（いうことをきかない）なので船山から追い出した」といった言い方のなかに毛沢東の「酷薄な本性」（上・六四頁）が見えており、そうした傲慢な態度をとるようになったのは、権力の味を知ったからだというのである。以後毛は、「異議を口にしない人間」「政治に無関係な人間」とだけつきあうようになっていったともいう。「最後には、いつも毛主席の意見どおりになった……上海の党とはちがうやり方である」（劉少奇）（上・六六頁）という指摘も、毛がかなり早期から、権力を好み独裁を好んだとする指摘である。

そしていまひとつ注目すべき指摘は、有名な湖南省の視察に関して、毛がこの視察旅行によって「自分の態度が完全に変わった」としたことについてユン・チアンは次のように指摘する。「真相は、毛沢東が自分自身のなかにあった残忍な暴力への嗜好に気づいたということだ」（上・八二頁）と。また、「毛沢東は残忍な行為を多く見聞きし、それに魅せられた。一九二七年三月の視察報告のなかで、『かつてない痛快さを覚える』と書いている。残虐行為を『すばらしい！　すばらしい！』と描写する毛沢東の筆の勢いには、気持ちの高まりが感じられる」（上・八四頁）。

ユン・チアン『マオ』とは、こうした利己的で、女好きで、権力を愛する嗜虐趣味の人間が、他人を犠牲にして権力を掌握し、中国の大国化をめざして多数の人民を死に追いやるまで酷使したというのが中国革命なるものの実体であり、それこそが毛沢東の真実だとする作品である。中国革命史のなかの、さまざまな諸相は、すべてこうした毛という人物の人間性にかかわらせて説明されている。『マオ』に関して、「個人の資質に還元しすぎ」といった批評もあるが、一理あると思う。

また、「学術的著作ではなく」「ドキュメント・フィクションだ」との評もあるが、それもこの著作の性格をついているように思われる。さまざまな事件について、著者は、しばしば「毛には、そんなつもりはなかった」「つもりであった」といった主観内容についての断定を繰り返している。証言や、状況証拠が添えられる場合もあるけれども、実際にどうだったかは、議論の余地がつねにある。「湖南農民調査報告」についての毛の指摘にしても、農民が立ち上がって悪徳地主を攻撃することを快としているまでであって、そこに残忍な嗜虐趣味まで読み取ることには、異論もありうるだろう。

ユン・チアンが毛の主観内容を解釈する場合、別の解釈可能性があるのに、つねに自己中心的な権力欲に燃えた嗜虐者として固定的断定的に解釈するとすれば、それは史実にたいする恣意的な解釈——「ドキュメント・フィクション」にすぎないという評価は、むしろ当然のものだと思う。

そうした作品にたいして、歴史学的なレベルで問題を出すのは見当違いだとのそしりもありうるが、ひとつだけ私の気づいた点を指摘したい。それは、パウルゼンの『倫理学大系』にたいする毛の批注にかかわるものである。ユン・チアンは「この論文には毛沢東の人格の中心的要素が表われており、それはその後六〇年の人生において終始変わることなく毛沢東の統治を特徴づけることになった」（上・三五頁）とする。右にあげた利己主義的毛のイメージはじつにここから引き出されている。煩を厭わず関連箇所を引用する。

　毛沢東の倫理観の核心はただひとつ、「我」があらゆるものに優先する、という概念だ。「道徳の価値は他人の利害を行為の動機と為すことにあると考える人もいるが、吾はそのようには思わない……吾人（ごじん）（われら）は……心ゆくまで満足を得たいと欲し、そうすることでおのずから最も有益な道徳律をもつに至る。もちろんこの世界には人間がおり物事があるが、それらはすべて我のために存在するのである。」（上・三五―三六頁）

　ここに引かれた限り、毛の文章はほぼ正確に紹介されている。そしてこれだけ読むならば、たしかに毛は徹底して利己主義者、自己中心主義者ということになる。しかし問題は、この文章がどのような文脈のなかで現われるかという点である。この引用の直前、毛は次のように述べている（本書第二章「『倫理学原理』批注」参照）。

　精神の利用とは情と意との利用である。自分が親愛する人のことを私の情は忘れることができない。自分の意がこの人を助けようと思えば、自分の力を奮ってこの人を助ける。状況が激烈ならば、自分が死んでも親愛する人を死なせることはできない。そんなふうにしてはじめて自分の情は満足し、自分の意は達成感を感じる。古今の孝子烈婦忠臣俠友、純情者、愛国者、愛世界者、愛主義者は、みなこのようにして自分の精神を利用したのである。（『毛沢東早期文稿』一四七頁）

こうした文章の流れのなかで見てみると、毛はたしかに自分の利害を行為の動機としているのであるが、それは人を犠牲にしても自分が利益を得るというのでなく、愛する人のために自分が命を捧げるのは、愛する人の利益を願ってというのでなく、そうしなければ自分が満足できない、そうしたときはじめて心は達成感に満足するのだ、だから人の犠牲になるのは人のためでなく自分のためなのだ、といっているのである。いわば徹底した利他にのみ満足できるという「利己主義」なのである。毛は、これを、ショウペンハウアーの徹底した個人主義に対置しているのである。

こうした文脈から切りはなしてみれば、毛は、他人の利害を顧みずひたすら自己の利益を追求する利己主義者、自己中心主義者となってしまうだろう。ユン・チアンの文献処理は、別の解釈を必然化する部分を削除して、自分に好都合な解釈を導き出すという方法である。ここには、ほとんど意図的な資料操作があるようにさえ思われる。ユン・チアンの資料操作の方法がこのようなものであるとすると、一〇年以上五〇〇〇人以上の人びととのインタビューや、膨大な外交文書による裏づけなるものも、自説に好都合な恣意的な断章取義の可能性を否定しきれない。すくなくとも、「六〇年の人生において終始変わることなく毛沢東統治を特徴づける」ほどに重要な性格規定が、こうした処理のうえに為されたのだとすると、ユン・チアンのマオもまた、もうひとつの新しい神話

——逆方向からする——というにすぎないのかもしれない。ここでも、時勢と読者の協同が、この神話の普及におおいに力を貸すではあろうが。

第一章　楊昌済——東西文明の「融合」と衝突

1　問題

エドガー・スノーの『中国の赤い星』の読者のなかには、楊昌済という名前を微かに記憶している人がいるかもしれない。彼は、湖南第一師範において毛沢東を教えた人物である。よく引かれる文章であるが、毛沢東は師楊昌済を次のように回顧している。

私に一番強い印象を与えた先生は、楊昌済で、イギリス帰りの留学生でしたが、のちに私はかれの生活と密接に関係するようになりました。かれは倫理学を教え、理想主義者で、道徳性の高い人物でした。かれは自分の倫理学を非常に強く信じ、学生に正しい道徳的な、有徳な、社会に有用な人物となれという希望をふきこもうとしました。かれの影響のもとに私は蔡元培の訳した倫理の本〔パウルゼン著『倫理学原理』〕を読み、「心之力」と題した論文を書く気になりました。私は当時理想主義者で、私の論文は楊昌済教授の理想主義的観点からかれに非常にほめられました。かれは百点をくれました。★1

日本でこの楊昌済研究が始まるのは、一九八〇年代に始まる中国での毛沢東とその周辺についての研究の開始と相前後してであり、近藤邦康氏の三篇の論文、第一「楊昌済と毛沢東」[★2]（一九八一年発表）、第二「楊昌済の『下からの変法』の思想」[★3]（一九八六年発表――執筆の時期は第三論文に先立つ）、第三「長沙時代の毛沢東」[★4]（一九八五年）が、その嚆矢であり、かつ本格的な研究である。第一論文は、先駆的なものであるが、内容的にも資料的にも模索段階的要素を残している。第二論文、第三論文は、同じ時期に連続して執筆されたものと見られ、内容的にも一体的である。三論文間のそうしたニュアンスの違いをも念頭に置きつつ近藤氏の研究成果のなかに楊昌済研究の問題点を探ってみたい。

近藤氏によれば、楊昌済の思想には、一方に「西洋哲学の吸収」があり、他方に「儒家思想の継承」がある。日本・イギリス・ドイツに留学した楊昌済には、西欧哲学史・倫理学史について本格的な素養があるといってよい。楊は、それらをみごとに消化し、これを簡明な中国語で展開している。なかでも注目すべきものは、彼の翻訳書である『西洋倫理学史』のエッセンスとして一九一九年、雑誌「民鐸」に公表された「西洋倫理学史の摘録」である。そこに選択された「精要」は、ルソーの法律論、カントの人格論、コントの人道論、シュライエルマハーの宗教論である。近藤氏は、そのなかでも、とくにルソーとカントに注目し、「西洋近代の精髄ともいうべきカントの意志自律・人格尊厳の説とルソーの社会契約説を本格的に吸収しようとしたことは、注目すべきであろう」[★5]とされる。

このように、楊昌済には明らかに本格的な「西洋哲学の吸収」が認められる。と同時に、楊には、儒教思想継承の強固な態度が存在する。当時の思想状況を見れば、一方で、一九一三年から一五年にかけて康有為らの孔教運動が発生し、他方これにたいして、一五年以降「新青年」誌上などにおける激烈な孔子批判が展開されようとする時期である。陳独秀は、孔子の思想が封建的なものであって民主主義とは相容れないと主張し、呉虞は儒教の害毒を洪水猛獣に例え、魯迅は儒教を「人が人を食う」思想だとする。

儒教思想と近代思想との激突が、いまや始まろうとしている。そして近代西欧思想に照らして、儒教の「封建性」が余すところなく剔抉されようとしている。このとき楊は、一方で西洋近代思想の本格的吸収を果たしつつ、しかも他方で、儒教思想の継承を図る。それはいかにして可能なのだろうか。

近藤氏は、この点を次のように展開される。そのひとつが、「儒家思想を人本主義または人格的唯心論と見★6」ようとする試みであり、その二つが、儒教によって愛国心を涵養しそのうえに西洋文明を吸収すべきだとする考えであり、その三つが、儒教の政治的側面を切り落として、教育の面だけを生かそうとする試みである。その四つ目が三綱の説のように「過度の圧制」にわたる弊害を除去しようとする試みである（第一論文における「家族主義の人道主義への転回」という議論も、これと相通ずるものであろう。ちなみに、弊害の第一として、三妻四妾の肯定のような女性の人権無視をはじめとして、「寡婦の人身売買、嫂と小姑との争い、嫁と姑との争い★7」などを挙げ、こうした女性の苦痛を除去すべきだとしている。弊害の第二として、家族主義における相互扶助が、族人の依頼心を増し、国民の自立心を失わせることであり、「族学、公共財産、族人間の貸借、族人の小作、土地先買権★8」などすべてを除去すべきだとしている、など)。

これらの試みが、西洋近代思想と儒教思想とを調和させようとする努力であることはいうまでもない。だが、そうした試みにもかかわらず、その「融合」は必ずしも整合的に果たされていない。儒教、とくに宋学を人本主義・人格的唯心論とみなしてカント哲学との共通性を見ようとする試みにしても、「カントの先験的知性が経験・感性を主宰するのと比較すると、形式・構造は同じであるが、実質的内容は正反対である★9」「カントの先験的範疇(因果律など)は、当時の数学と自然科学(ニュートンの物理学)から来ているが、宋明理学の先験的規範(理、道など)は、当時の社会秩序(封建的規範)から来ている★10」とされるように、たんに一面での共通性に留まる。

その他の試みにしても、こうしたいわば両者のあいだにある原理的な差異を乗り越えさせるようなものではありえない。西洋近代思想の平等論的視角と儒教の上下論的視角との衝突はどうしても解消されないのである。近藤氏も、この点を承認されて、次のように言われる。

戊戌変法時期、康有為は、「聖人(配慮する主体)――人民(配慮される客体)」の大枠だけを残して、上下秩序を手段として相対化し、儒教を「天下の義」、「宗族の義」から「国民の義」に移行させようとした。楊昌済の発想には康と共通するところがある。儒教を政治・秩序から切り離して教育・道徳に純化しようとした楊は、「君子(教育する主体)――小人(教育される客体)」の大枠を残したといえよう。★11

と。

たしかに、政治・秩序といった領域から切り離された教育・道徳の分野に限ってではあるが、ここには、君子小人という大枠——上下的大枠が現存している。ルソーの教育論において、教育主体は、その対象をも含めて人間一般である。人間のなかに、上下枠を設定するという発想はそこにはない。

こうした上下的視角を固着した儒家思想と平等的視角に立つ西欧近代思想との「融合」が、楊において追求されたのはどのような事情によるのか、また、それは楊にとってついに矛盾として意識されることなく終始したのであろうか。近藤氏は、「楊において、西洋哲学とくにカントと儒教とくに宋明理学との融合は、『独立の国家』を担う『独立の人格』の形成をめぐって、かなりの深度に達した[12]」と結論づけられるのであるが、はたしてそのように言うことができるであろうか。以下は、その点についての予備的な考察である。

2 楊昌済と東西融合論

楊昌済（一八七二—一九二〇）、字はもと華生、のち懐中と改める。板倉先生とも呼ばれる。湖南省長沙東郷（板倉）の人。父母ともに読書人の家柄であり、例貢生〔科挙試験受験資格者で、地方官僚として職務に従事するもの（貢生）。それに準ずるもの〕であった父から教育を受けた。楊の生年は、曾国藩の没年であり、時は「理学復興時代」であった。楊は曾国藩から強い影響を受けている。一八八九年長沙県学試に合格して邑庠生〔「県学」の学生、科挙試験受験資格者〕となり、私塾で教えながら勉強をつづけた。

時代は、日清戦争の敗北後戊戌政変へと向けて急展開していた。長沙は、譚嗣同・唐常才らが設立した南学会があり、変法運動の一大拠点であった。他方、在来の岳麓書院は、変法運動にたいして批判的であった。一八九八年戊戌の年に、長沙に出た楊は、岳麓書院で科挙の勉強をつづけるとともに、変法運動の中心である南学会にも入会し、譚嗣同らの指導をも受けた。時代の激流のなかに自ら身を投じたともいえる。だが、この年九月二一日の政変により、譚嗣同らは処刑され、康有為らは亡命した。

変法運動壊滅後、楊は、科挙を断念し、農村に引きこもって私塾の教師をつづけた。その間五年、王船山を読み、英語を自習した。一九〇三年湖南省派遣の留学生として日本に向かった。日本では、弘文学院を経て、東京高等師範学校に入学、一九〇九年には、スコットランドのアバディーン大学哲学系で、哲学・倫理学・心理学を学び、文学士の学位を取得。ドイツで九ヶ月教育制度を視察したのち、一九一三年楊は一〇年ぶりに中国の土を踏む。

その一〇年のあいだに、中国は大きく変貌していた。一九一一年の辛亥革命により、清朝は瓦解し、中華民国が誕生。楊は、新生中華民国に帰国するのである。帰国の年の一九一三年から一八年までの五年間、楊は、湖南第一師範で教鞭を執る。まさにその五年間、毛沢東は湖南第一師範に在学する。そののち、楊は蔡元培に招かれて北京大学に赴任するが、彼に残された余命はわずか二年であった。病を得て、本格的活動の前にその短い生涯を終えるのである。

楊の基本的な学問観は西洋文明と中国文明との「融合」である。以上の簡単な経歴からも知られるように、楊は康有為・譚嗣同ら変法派の流れを汲むもので、東西文明の融合こそがその基本的目標であるといっていい。しかも、彼の場合には、康の「物質救国論」と「大意は相等しい」としつつも、物質科学を偏重するのでなく、むしろ哲学者こそ社会進化の原動力であるとして、哲学思想の研究の重要性が、強調されている。★13

そのうえで、楊は東西両文明の融合を説く。しかも彼の説くところによれば、両者が同列に置かれて融合がめざされるのでなく、現在の新時代の目で東洋固有の文明が捉えなおされたうえで、西洋文明と接合すべきだという。

我が国の固有の文明は、経、史、子など道理を網羅して奥深く広い。大地に遍在する宝の蔵のようだ。何万年採掘しても掘り尽くすことはない。このような宝をまえにしながら、おおいに光明を発揮することができないのは、それを学ぶ方法に通じていないからなのだ。いま、新時代の眼光をもって、我が国の旧学を研究するならば、そこから明らかになることは、前代の人たちが夢想だにしなかったようなことだと思われる。私たちは、この万国交通の時代に際会し、親しく東西両文明の接触やまさに出現しようとしている「混融化合」を目の当たりにしている。それがどのような結果を生み出すかは、今日予知することはできないが。この千載一遇の機会にあって、世界人類の前途のために、一大貢献すべく努力しなければならないのだ。[14]

では、楊の考える中国文明の核心たるべきものはなんであろうか。また、楊の考える今日の西洋文明の核心たるべきものは、なんであろうか。以下、まず楊にとっての中国文明の核心を見、ついで、その西洋文明の核心を見ることにしよう。

3　楊昌済と陸王学

楊の生涯を語る文章は、ほぼ例外なくその学が程朱学であったとする。たとえば、『楊昌済文集』の付録にあるいくつかの文章がそれである。「朱子の書を読んで、慨然として必ず聖人たろうとする志があった」「懐中は程朱の説を守った[15]」「先生はもっとも朱子を服膺した」「懐中は程朱の説を守った[16]」（曹典球）など。

また、近藤氏も、「昌済は、宋明理学、王船山、古文を好んだ[17]」。「その学問は、宋明理学に根ざしながら、『経世致用』の学へ重点を移していった[18]」。宋明理学を学び、「世間の俗悪を拒絶[19]」したとされる。近藤氏の場合は、宋「明」理学とされて、たんに朱子、程朱に限定されず、「明」学が言及される点で、また、重点が経世致用の学へ移されたとする点で、中国での指摘とやや異なる。程朱から出発したとする点では一致している。

楊が程朱から出発したことは、楊自身の証言から確認される。「余はもと孔子の説を服膺した」「余はもと宋学より入門」「余は程朱より入門」などがそれである。だが、楊が自らの学問的出発が程朱であるとするのは、次のような文脈のなかにおいてである。

余はもとより孔子の道を服膺した、が、もっぱら孔子を宗として百家を罷黜するという愚を為したくない。また、仏老を攘斥し、耶回を駁撃するという狭隘な態度を取りたくない。余はもと宋学より入門したが、しかもまた漢学家の考証の功績を認める。余もと程朱より入門したが、しかもまた陸王の卓絶を認める。これが則ち余の各派にたいして取る態度であることを、海内人士にたいして表明するものである。★20

この一文は、楊の他学派にたいする姿勢を表明するものである。楊は孔子の道を服膺するものであり、程朱の学が、彼の学の出発にあったこと、しかし、他学派等を徒に排斥するのでなく、その意味を認め取るべきところを取ろうとしていること、すなわち、諸学派にたいする開放的姿勢の表明がなされているということができる。諸子百家や仏老、キリスト教・回教についても、排斥排撃しないという姿勢であり、漢学考証学についても一定の功績を認めるという。過去の思想対立にたいする楊の立場は、基本的には次のようなものであったと見てよい。

そして宋学派の中にまた程朱派と陸王派の分があり、漢学派の中にまた古文学派と近文学派の分がある。おのおの一幟を樹て、相互に攻撃している。いまはまさに東西両洋の文明を合わせて一炉のなかで融合すべき時であるから、こうした門戸の争は、もはや問題とならないのだ。★21

吾は承学の士ひとり一人が心を抒びやかにもち、思想界の冗寂を打破し、万派争流が、終に大海に帰すことを願う。★22

このように万派の対立がひとつの大海にとけ込むことを期待しているのであるが、そのなかに出現する「陸王の卓絶」という表現は、やはり注目に値する。楊には、陽明学にたいして特別の意味づけがあると見るべきではないだろうか。

さらに、程朱におけるあの激烈なまでの仏教批判を想起するならば、仏老を排斥しようとは思わないという開放的姿勢は、じつは、彼が思想史的出発点とした程朱の立場からその点では乖離し、むしろ三教一致へ向かう陽明学に、この点でも接近していると見ることができるのではないか。

こうした楊における陽明学への傾斜については、これまでの研究において、必ずしも十分な注意が払われてこなかったように思われる。近藤氏は、宋「明」学として、明学にもいちおうの注意を払い、また、楊が大教育家として「程・朱・陸・王」みな同じだとしている点を紹介されるが、それ以上に立ち入った考察はなされていない。

楊の陽明学への直接的言及として、次のようなものが挙げられるであろう。

朱晦庵の学はベーコンに近似し、王陽明の学はデカルトに近似する。一は則ち事物に理を求め、一は則ち心に理を求める。[★23]

後世の道学家、周濂渓・程明道・朱晦庵・陸象山・王陽明のごときは、皆政事の才がある。[★24]

朱子が曰う、「仁とは心の徳であり、外に在るのではない。放ちて求めなければ遠くへ行ってしまう。反対にこれを求めれば、則ちただちに此に在るのだ。どうして遠いことがあろうか」。これと孟子の言う人性皆善や、「人は皆堯舜となることができる」などの意味は、相等しい。陸象山が言う「六経皆我注脚」、王陽明が言う「満街是聖人」は、まさにこの意味である。仁義礼智は外から我を飾るものではない。我がこれを固有しているのである。[★25]

船山はときどき象山陽明を批判する。しかし、致知之功夫を論ずるときには、陸王の説と合致している。また、注意しなければならない点である。[★26]

王陽明の学説の要点は、第一心即理、第二知行合一、第三致良知。良知の性質に四あり。一、良知は先天的存在であるが後天的に発現する、二、良知は万人に普遍のものである、三、良知は理であり、道であり、しかもそのもっとも簡明なものである、四、良知は、宇宙万物に普遍のものである。[★27]

最初のものは、朱子をベーコンに対比し、陽明をデカルトに対比している。その内容上の当否は別として、楊が、陽明を朱子と同列もしくはより上位にあるものと見ていることがわかる。二つ目は、楊がとくに評価する道学家として、周濂渓、程明道、朱晦庵、陸象山、王陽明を並列することで、朱子と陸王とが同列に見られていることがわかる。三つ目は、朱子、陸象山、王陽明とが同列に扱われている。とくに譚嗣同が誤りである（「王船山は、天理はすなわち人欲の中にあり、といった。……これは、……町中の人すべて聖人だという王陽明の混同のあやまりとは異なっている」）[★28]とする「満街聖人」を肯定的に引くことで、陽明への強い思い入れが示されている。四つ目は、彼が私淑する王船山が陸王に批判的であるのにたいして、船山の説く致知の工夫は、内容上陸王と一致していることに注意すべきだとしている。船山の陸王への態度にたいして、内容上反対し、陸王を（船山同様に）肯定的に捉えようとしていることがわかる。五つ目は、陽明学説の要点が良知にあり、良知は万人に普遍的なものであり、宇宙万物に普遍的であることを肯定的に示している。これらの文章は、いずれも、楊の陽明学への傾斜を示すものであると見ることができる。

次のものは、陽明学への直接的な言及はないけれども、陽明学の前提の上に立つときに初めて可能となる特徴的な表現である。

「宇宙内のことはみな我が性内のことである。すなわち自我は大である」[★29]。「それただ自覚のみ。自覚に何か益があるだろうか。すでに自覚したのちには、これに従って実行しないわけにいかない。

一分を自覚すれば、一分を実行する。進歩を自覚すれば進歩を実行する。自覚と実行はすなわち一活動の二方面である。それが精神の知覚のうえに現われることからいえば、これを自覚という。それが身体の運動として現われることからいえば、これを実行という。即知即行、知行合一、必ずこのようにして後これを自覚ということができる」[★30]。

「天地は吾の天地である」といった特徴的な表現は、まさしく陸王学のものだといってよいであろう。「知行合一」が陽明学の著名な口号であることはいうまでもない。

以上によって、楊が程朱から学に入門したが、のち陸王学の卓絶に目覚め、それに特別の重点を置いていることが確認できたと思う。もちろん、程朱が陸王に取って代わったというのでなく、程朱と陸王とが楊のなかで二つの軸芯として定置された。すなわち、外的な事物に関しては程朱が、内的な心の問題に関しては陸王が、楊にとっての基本視角として定置されたというのである。

とすれば、楊が陸王学を内的な心に関する基本視角としたということの意味は、すでに明らかにしているように、血縁的意識を濃化した封建的個我の意識[★31]をもって、自らの「心」を把握したということにほかならない。血縁的意識を濃化した封建的個我の意識とは、王陽明によって樹立された家族愛の覚醒を通しての自我意識と、自我実現のための全体（万物一体）へ向けての無我的行動である。まさに陽明学の思想的特質そのものである。

むろん思想史的に見て、個別的なるものの拡大のすべてが、陽明とその学派によって代表されたというわけではけっしてない。朱子学の全体と個は、理気論のレベルでいえば、全体＝理、個別＝気であり、いわゆる気の哲学の系譜は、ほぼ一貫して気を強調し、個別の意味を拡大させていったということができる。また、楊自身が考証学を評価していることはいま見たとおりである。ただし、その作業は、たとえば考証学における煩瑣な営みと結合して果たされたのであって、中国社会の運命を切り開く現実的な強い力をもつにはいたらなかったのである。

これにたいして、清朝末、中国が新しい歴史の試練のなかに投入されて、人びとが儒教のなかに思想的エネルギーを求めるとき、その模索のなかで陽明学のもつ凄まじいまでの思想的なインパクトを再発見する。変法派の康有為もそうしたひとりであったといえるであろうし[★32]、譚嗣同もそうであった。楊昌済もその系譜を引いているのである。

それは万物を一体と見るとともに、万物を一体たらしめようという燃えるような使命感であった。

4 楊昌済と近代西欧思想

楊昌済にとって近代西欧思想とは、中国が国民の根本思想を改革するための模範であった。そして楊が中国近代思想としてもっとも注目するのは、先に見たように彼の翻訳書『西洋倫理学史』のエッセンスとして公表された「西洋倫理学史の摘録」である。そこに選択された「精要」は、ルソーの法律論、カントの人格論、コントの人道論、シュライエルマハーの宗教論である。その内容を、楊はどのように理解するのであろうか。

まず、楊によって捉えられたルソーは、次のようなものであった。

ルソーは、社会は契約によってなるとする。この契約の目的は、法律を以て人と人との相互関係を規定するにある。この契約は、人間の固有の平等・自由を破壊するものではなく、じつに肉体の不平等によって生ずる不平等にたいして道徳上および法律上の平等を樹立しようとするものである。だから、われわれはたとい肉体上あるいは精神上どのように不平等であっても、契約あるがゆえに権利・義務において平等の結果を得ることができる。ただ、この契約を実行しようとすれば、各個人の行動は、制限を加えられる、すなわち、法律の命令に従わざるをえない。が、法律の命令に従うということは、じつは、自分自身の命令に従うことであって、けっして自己の自由を失うことではない。★33

ルソーの社会契約説は、いうまでもなく、各個人が自分のもつすべて、すなわち財産や、必要とあれば生命をさえ全体に譲渡し、そのことによって強い力を蓄えた全体が各構成員を保護するという契約であり、この契約によって成立する全体こそじつに国家である。この国家は、各個人の譲渡によって初めて成立するのであり、市民相互の平等の契約によって設立されるのであるから、国家の主権は、当然人民に属する。★34 したがって、君主といえども一種の行政官であるにすぎない。楊もこの点を強調する。

国家には必ず主権がある。そしてこの主権は、人民自身の政治上の権利であり、明らかに自由意志契約にもとづく。[35]

カントは、どのように捉えられているか。

「人格は絶対的価値を有する」。すなわち「その事物から生まれる利益」「その事物が与える快楽」などは相対的価値を有するにすぎず、絶対的価値を有する人格は、「それ自身が目的であり、他の物の方便でない」。「自己の人格も他人の人格も、人格そのものを目的として扱わねばならない」。「ひとり一人が自己の人格を尊重し、また他人の人格を尊重してこそ、初めて真の平等、真の自由がありうる。人格を重んじ幸福を重んじなくてこそ、道徳の威厳がある。これこそ倫理学上の正大の学説である[36]」。

コントについては、どうか。

コントによれば、人間は孤立して存在するものでなく、「社会の各成員は、団結して一個の有機的組織を為し、各人に適切な職分を配当し、分業して社会の機能を果たす」。「人類が相互に交渉して結成する一大精神生活」こそが、コントのいう人道、人道教（人類教 religion d'humanité）であり、この人道教の内容は、「古来の人道の連続」であり、「古来英雄豪傑の精神は、いま現在われわれの精神の中に生きている[37]」のである。

ついで楊は、シュライエルマハーの宗教論を紹介する。

「宗教の本質は、直覚であり、無限絶対の存在は、感情の中に直接に啓示される。人を宗教者たらしめるものは、じつに感情である」。「宗教の感情は、絶対への依存感情である」この「超越的実在への〈絶対依存感情〉のなかで、個人の差別は消え、「宗教者は、特殊差別の中に平等の普遍性を見る」、さらに自己と他物とを同体とし、「進んで自己と絶対無限者との一致を覚る」「絶対に依存するとは有限を無限とさせることだ」[★38]。

以上のように、楊によって捉えられた西洋近代思想の内容は、法律的に見て自由平等の権利をもった個人が道徳的な人格的主体として、自他の幸福を実現すべき道徳的義務を追求し、有機的な職分社会のなかで人類の歴史の所産である人類教にもとづいて共同生活を営むというものであり、それら個々人の精神の根底には超越的実在への絶対依存感情があり、それによって個の絶対的な平等性と普遍性とが実現されるというものだということができるであろう。

以上のような西洋思想の紹介は、きわめて特徴的な紹介である。楊は、いずれも旧説であって最近のものではないが、そこには不滅の真理があるから紹介したのだといい、その中間において、「法律は一民族の法律である。人格は一個人の有する人格である。そして、人道は無数の民族、無数の個人をその中に包含する。人格を重んじるものは、必ず人道を重んじ、国家を愛するものは必ず世界を愛し、さらに進んで宗教がある」[★39]とし、個我と宇宙との一体を説くシュライエルマハーの紹介に筆を進めている。

この西洋思想が、個の権利的人格的主体としての肯定とその協同的調和、一体性を軸芯とするものであることはいうまでもないが、こうした西洋思想の整理のなかで、経済学的な西洋思想が欠落するところに楊の最大の特徴が示されている。

変法派のリーダー康有為は、近時の西洋の状況を次のように描き出す。西洋において工業の争いは近年もっとも激しく、「小工」、「一独人」はもはや「大厰の機器」によって駆逐され、これを具える「大資本」が支配し、貧富の離絶はきわめて甚しく、そこに「工人聯党」が生じて経営者と争うという状況が「騰躍」するにいたっている。また商業の途は競争が激烈で「優勝劣敗を以て天則の自然とし」、商業を営む場合、競争を以て大とするという風潮があるが、それは結局、貧富の差を強めて、富者を驕慢にし、貧者を卑屈にしてしまっている。それは、人性、人格をスポイルする。近時の欧米社会は、そのような弊害の中にあるというのである。★40

変法派の流れを汲む楊にも「その短を捨てその長を取る」★41ことを重要とする視点が共有されており、欧米近代資本主義社会の生み出す弊害は、まさにその「短」として退けられる。欧米近代資本主義の思想的源泉と目されるアダム・スミスの経済学が一顧だにされず、反面、自他の幸福を追求するカントの人格主義などがその「長」として注目されるのは、きわめて当然の経過なのであろう。

5　東西衝突

楊は、康有為・譚嗣同ら変法派の流れを汲む思想家として、それぞれの短を捨て長を採って、東西思想を融合させることをめざしている。そして、楊にとっての東洋文明＝東洋思想とは、宋明理学であった。分けても、陽明学的な封建的個人主義がかれの諸活動（研究と教育）の思想的源泉をなしていた。他方、楊にとっても西洋文明＝西洋思想は、経済学的な自由競争の世界ではなくて、法学的・倫理学的・社会学的・宗教学的な自由平等の個人主義であったということができる。

東洋思想の核とされる陽明学的な個人主義とは、自己と宇宙との一体、自他の一体を意識と行動において能動的に追求する万物一体感であり、西洋思想の最終的基盤は、超越的実在への〈絶対依存感情〉にあり、それによって人びとは、宇宙と自己、自己と他との一体を把握するとされる。楊においても、東洋と西洋とはこのように融合させられようとしている。[★42]

人道の思想は、すでにきわめて広大であり、宗教の思想はまた高く深いものがある。シュライエルマハーの宗教論は、じつによく宗教の本質に直に触れる。邵堯夫の詩に曰く「廓然たる心境は大いなる天倫、この規模を尽くせばすべての人あり、我が性はすなわち天、天はすなわち我、微処において経論を起てることなかれ」。東西古今の賢哲は、おのおの心に会するところがあり、これを読めば人の心を広がらせる。シュライエルマハーの依存感情は、けっして自己の意を萎縮させるものではない。ルソーの法律への服従は、けっして屈服ではない。その意はまさに同じである。張横渠曰く、「我を以て物を視ればすなわち我は大なり、道を以て物我を体とせばすなわち道は大なり。故に君子の大は道において大なり、我において大なるものは、狂を免れざるべきのみ。道は物身故によく大なり、物身にして身に累ぐこと能はざれば、すなわちその卑きを軽んず」と。横渠のいわゆる道とは、シュライエルマハーのいわゆる絶対と相似ている。我を立てなければすなわち基本がなく、我に執着すればまたこれを広げることができない。この主張はまた人格論者の知らねばならないところである。[★43]

以上のように、楊によれば、個と全体との調和的な一体性を説くものとして、東洋思想と西洋思想とは軌を一にするものであった。だが、このようなかたちでの東西思想の融合が、はたして図られるものであろうか。はじめに指摘したように、たんに形式的にいっても、宋明学的な上下的視点と西欧近代の平等思想とが融合しうるだろうか。シュライエルマハーにあっても個人は絶対に依存するのであって、他の人間に依存するわけではまったくない。

楊のこうした融合論の根拠として、彼の日本留学とそこでの東西融和の実例の体験がある。彼が、留学先として日本を選んだ理由も、ひとつには、日本の明治維新に範を取る変法派の影響があるだろう。彼は、日本で弘文学院を経て東京高等師範学校に学び、校長嘉納治五郎の薫陶を受ける。嘉納の教育論、その基礎にある嘉納の思想はどこにあるのか。

嘉納は、兵庫県武庫郡（現在神戸市灘区）の造酒屋の出身である。父は、和漢仏に通じた日吉神社の神官の次男で漢学に通じていた。望まれて嘉納家に養子として入り、のち幕府と明治政府の海軍文官として活躍する。治五郎は、明治六年一四歳で、育英義塾（教頭オランダ人、助教授ドイツ人で、すべての学課は英語で教えられた）に入る。それ以前は、箕作秋坪の塾に通ったのを除けば、もっぱら「母の庭訓と父の実行」[★44]によって、彼の幼少年期の教育は実施された。その内容は、論語講義が、父親が嘉納家に望まれて養子となる機縁となったことからも推測されるように、儒教を基調とするものであったと思われる。

少年時代青年時代の嘉納がもっぱら柔術に関心を寄せ、やがてその近代化に成功し柔道を生むにいたることは周知のところである。だが、彼が大学を卒業し、政治学、理財学、数学、英文学、国文学、インド哲学などを学んだことはあまり知られていない。彼は、政治学、理財学をあのフェノロサに学んでいる。フェノロサは、東洋美術史家として名高いが、出身はハーバード大学の哲学科であり、東京大学で政治学、理財学を講ずるために来日し、のち日本美術に惹かれて、その分野で大きな成果を上げたというのが実際である。

こうした経歴をへた嘉納の思想が明治の日本の思想状況、すなわち、神道（天皇制）・儒教（地主制と家族主義）・洋学（富国強兵・殖産興業）のトリアーデによる機能分担と流れを一にするものであったことは想像に難くない。嘉納校長によって五校に英語教師として招聘されたラフカディオ・ハーンは、嘉納の柔道について次のような素描を残している。

柔術は、敵の力に依って勝ちを制せよと教える。敵の力が大なれば大なるほど、敵には不利で己には有利である。柔術の真に驚嘆すべき点はその達人の最高の技術ではなくて全技術が表わす東洋独特の思想である。……西洋人の心は直線にのみ働き、東洋人の心は、驚くべき曲線と円をなして働くように思われる。……柔術は自衛の学たるに留まらず、哲学であり、経済学であり、また倫理学である。……日本はただ模倣せんがために西洋の文化を採用したのではない。日本の力の増加を助けうるもののみを試してみて、採ったのである。……鉄道と汽船航路、電信と電話、郵便局と通運会社、鋼鉄砲と連発銃、大学と工芸学校など西洋的なものをもちながら、日本は今も一千年前と同じく東洋的であるに変わりはない。自己は少しも変わらずにお

りながら敵の力を極度に利用しえたのである。★45

それは、端的にいえば、東洋的・日本的なものの上に、欧米の長所を接ぎ木し、これを日本化したということに帰着するだろう。そしてそれが、嘉納の思想の基調であり、また彼の教育の基本方針であった。すなわち、日本の伝統的道徳＝儒教と欧米諸思想の長所とを教育するということ。具体的にいえば、知育・徳育・体育・美育である。重要性の順番でいえば、徳育・体育・知育であり、教育を施す順序からいえば体育・徳育・知育である。そして、「姿勢や運動の美に重点をおいた美育を唱えた」★46ことが、嘉納教育学の特色であるとされている。体を鍛え、道徳を授け、ついで欧米近代思想の長たるものを教授するというのであろう。

嘉納は、明治三五（一九〇二）年清国を巡歴した途中、総督張之洞と会談したおり次のように発言している。

貴国の現下の形成にあっては、まず範を弊国にとるのが捷径であるばかりか、両国は道徳の教えにおいてほぼ軌を同じくするから補短の工夫においても容易であろう。将来さらに広く欧米にも範をとることが必要であると思う。★47

なおこれにたいする張の受け答えは、次のようなものであった。

まことにごもっともである。我が国としては、道徳の教えを同じくする貴国の教育制度を模範とし、然る後、徐に欧米各国の長を採って、教育の完成を期したいと思う。★48

両者のこの対話が行なわれたのは、じつに楊の留学のわずかに一年前のことである。楊自身の日本への関心と、清国指導層のなかの関心とが一致して、楊の留学が実現したとも考えられる。しかも、日本留学後、イギリス・ドイツへの留学をつづける楊の軌跡は、まさしく前述の対話にまったく沿ったものだともいえる。楊は、嘉納の教育論を身体で受けとめている。それは、留学から帰国したのち楊が唱える教育法が、その根本において嘉納式教育法の引き写しである点に示されている。たとえば、普通教育の学校において展開される授業科目は、読書、算術、修身、歴史、地理、物理、化学、博物、図画、唱歌、手工、体操などであり、なかでも、楊は、身体を強健にする体育を重視し★49、かつ、みずから修身教科書の編修に心を砕く。彼の日記（『達化斎日記』）を見れば、中国の古典類のなかから、修身教科書の素材とすべきものを博捜している様子が如実に知られる。また、読書（国文）のテキストにしても、中国の経書ほか古典などのなかから「古今人口に膾炙した名大家の文を選んで読ませるべきである」としている。こうした楊の教育論がその根底において嘉納の発想を踏襲するものであることが確認できると思う★50。

ただし、日清日露の両役に勝利を収め、隆盛に向かう日本のなかでの教育部門を担当する嘉納、学者思想家というよりは柔道家であり教育者である嘉納と、半植民地化の過程にある中国の独立を教育という場において達成しようとする思想家楊とのあいだには、おのずからその出発点に大きな差異がある。まず、楊の現状認識は次のようなものであった。

我が国人にはきわめて大きな病弊がある。すなわち不潔これである。衣服不潔、口歯不潔、体膚不潔、器具書物不整、いたるところで唾を吐き、道で小便をする。浴室、便所はもっとも不潔であり、これを西洋日本に比べると、真に自ら汚穢のように慚じるものがある。……試みに、漢口、上海の西洋人居留地を見てみるならば、みな広々としており清潔である。だがひとたび中国人の街路に入るならば、狭苦しく人びとがひしめき合って穢汚不潔、外形の違いは天地の差がある。かしこの居民は、古くからそのようであってまったく変化を知らない。真に嘆息すべきところである。[★51]

こうした指摘も、嘉納が広東についていった「私の見たもっとも不潔な場所のひとつ」「まるで、豚小屋から運んできた石を積み上げたものの様だ[★52]」「不潔な人間がたくさんおり悪い臭をはなつ肉や魚を売る店が多くある[★53]」などの指摘と符合していると思われる。こうした中国人の教育が、楊にとっての課題である。中国革命が、清朝を打倒しいちおう民国を実現しているとすれば、楊にとっての課題が、政治的権力的な課題から、むしろ人間そのものの変革へと振り向けられるのは、ある意味では自然だともいえる。

かくして、楊は、広く教育論を渉猟し、ギリシャ、ローマをはじめとするヨーロッパ教育史を回顧しつつ[★54]中国人にたいする教育計画を提言するが、その要点は、次の三点に帰着する。

「教育とは、社会に生存する能力を個人に与えることを、第一の目的とする。……この目的を達成するために、その身体を強健にし、生活上必要な知識と技能を授けることを当然とすることはまったく疑いない」[★55]「教育は、児童に現象を理解させ、これにたいする興味をもつことができるようにすることを、第二の目的とする」[★56]「教育は、社会の生存発達に貢献することができる性格を養成することを、第三の目的とする。……小児は、善悪邪正の観念がまったくないが、少し成長すると、知識がようやく開けてきて、家人が相互に礼をなすとこれを習いまた敬礼をなす事を学ぶ。小児は利己心がもっとも強く、自分の好むものは、他人のものでも、これを使おうとする。そこで家庭社会の模範と教訓によって、ついには他人の所有権を尊重するにいたる。……個人主義と公共心とは相結合すべきものである。故に教育は、公共心ある個人主義の人を育成しなければならない」[★57]。

国力増大の大前提として体育を重視し、「独立の国家」を担う「独立の人格」を生み出す課題に向けて、「公共心ある個人主義の人」を養成することこそが、楊の教育論の中心的な目的である。そして、西洋文明発達の根幹にある個人主義を採用しつつ、その個人主義が利己心に走り、階級闘争のごときを醸成することを避けるために、公共心の涵養を図り、公共心によって個人主義の暴走を避けようとするのが楊における東西両文明の「融合」の内実であるということができるであろう。公共心の源泉として、東洋道徳がその力を発揮すべきものとされていることはいうまでもない。

こうした「融合」が、やはり一種の機能分担であることは否定できないが、楊の場合は、嘉納における機能分担とはかなり様相を異にせざるをえない。嘉納において、神道・儒教・洋学三者の機能分担はかりそめにも疑われたことがなかった。というのも、日清日露両戦の勝利はこの機能分担の成功を実証してみせるものであったし、また日本においては、儒教道徳と西洋文明とが衝突するとしても、道徳論者も文明開化論者も、ともに絶対無としての天皇にたいして忠誠を集中させることで両者の対立は表面化せず、おのずから「統一戦線」が結成され、それが絶妙の機能分担を生み出すのである。

だが、中国においては、いっさいの対立を、絶対無の中に吸収してしまう天皇に相当する存在がないし、現実の中国には矛盾混乱が渦巻いている。東西両文明は、融合というよりは、むしろ避けがたい衝突に向かって驀進し始めている。楊は、たんなる機能分担というを超えた思想内的な融合をなにほどか求めざるをえないのである。それが「公共心ある個人主義者」というアイディアであり、また、先に見たシュライエルマハー的な絶対者への依存感情から導かれる個と宇宙との一体感を、儒家の天地万物一体の仁という一体感に比定しようという試みである。

だが、こうした試みは、かえってその思想内的破綻を露わにせずにはおかない。「公共心」の内容として、儒教道徳がもたらされるならば、それが西洋近代の個人主義と衝突するほかないことは、火を見るよりも明らかである。シュライエルマハーの個と宇宙との一体感は、絶対的孤立者としての個の意識と不可分一体のものであり、他方、宇宙万物一体の仁は、最終的には血縁的共同体への参合である。両者の近似性はたんに表現上のものにすぎない。

楊における西洋思想の咀嚼吸収は、先の紹介から知られるように、けっしてかりそめのものではない。にもかかわらず、彼が東洋道徳に固着するのは彼の現実的背景があった。その家族主義的背景については、近藤氏の紹介に委ねよう。★58 また、彼の独特の商務振興論についても近藤氏の紹介があるが、この点については最小限度触れておく。

楊の商務振興策は、概略次の通りである。楊によれば、商務の本源は農工の学にあり、農工の学を振興するためには、「大局に通達したもの」「物惜しみせず事に任ずるもの」「田地を多く所有するもの」三者による組織が主導者となって、地域の経済的可能性についての調査を実行し、道理に通じた士人から宗族・親戚・郷里・友人などを経て農工の人へ連絡し、農工のレベル・アップと秩序化を図ることにあるという。★59

この商務振興策が、当時の中国農業の現実、すなわち地主佃戸制の枠組みにいささかも触れるものでなく、むしろそれを前提としたものであることは、一目にして明らかである。楊自身の家についても、「先生はすでに富貴利達に意なく、薪資として蓄えるところはわずかに薄田数畝を具えるだけであった。平日の生計は脩俸により、没後遺族はなお生活の方途がなかった」★60といわれるように、薄田とはいえ、数畝を所有した。楊には、佃戸制への彼自身の発言がない。この点、地主制の廃止を以て宿論とした（ただし、現状においてはその条件がないので先送りするとした）福澤と、はっきりと異なる。

ただし、『達化斎日記』は次のような記事を記録している。

（謙謨）はまた言う。工商の発達は、自由におおいに益がある。工商が発達していない国家にあっては、国民はたいていわかれて二階級となる。その一が地主となり、他の一が佃戸となる。佃戸は貧にして愚、ただよく奴隷となる。地主は、あるいは一専制君主を戴いて平和を図り、あるいは互いに争い戦う。その弊害は専制君主に比べてもっともはなはだしい。これが国民が自由を失う所以である。もし工商が発達すれば、すなわち民はよく独立し、もはや奴役が復活することはない。★61

楊は、この点について、彼自身のコメントを一言も書き残していない。ただ、この間、彼の日記に、カントなどと並んで謙謨がしばしば引用されている。そして、その引用のなかにはマルクスやクロポトキンなどの名前も出現する。楊自身のなかで、自らの立脚点についての疑いがはっきりと姿を現わしつつあるということがいえるだろう。

楊は、また、次のような記事をも書き写している。一九一九年一一月六日の日記である。

一〇月三一日時事新報　自由正義と財産　社会の全財産はいかなる方法を以て個人に分配するか、はじめは自由の法則でやるか？　はた某形式の政府に分配の全権を委ねるか（公産主義）？　あるいは万人随意にこれを取るか（共産主義）？　そもそも一定限度の私有財産を各人に認めるか（分産主義）？　正義は多く物質に属し、自由は多く精神に属す。組合社会主義の将暁コール氏は、現代の根本的欠陥は、貧乏にあらずして隷従にある。われわれの要求するのは自由であり、自治であり、自らが主人公となる制度である。今日進歩が機械的科学的生産状態にあるとき、いやしくも広義の共産主義を実行した場合、はたして窒息するところがないだろうか、という。……共産主義社会の成立のさい、賃金制度の強制からはたして解放される

のか、労働者ははたして忠実に労働するだろうか、今日の状態よりも悪くならないだろうか。[★62]

新聞記事の摘録ではあるが、彼の目の前に、嫌でも共産主義が姿を現わしており、少なくとも地主佃戸制をどのように考えるかが、問題として彼の前にクローズ・アップされてくるのであろう。

おわりに

時あたかも一九一九年、中国は、澎湃たる五四運動の昂揚があり、また澎湃たる孔子批判の高潮がある。現実においても思想においても、最後の変法派楊昌済にとって、自らの思想的根底を洗われるほかない。楊において、西洋哲学と儒教、東西文明の融合は、「かなりの深度に達する」べくもない。思想と現実はともども、その根本的な対立相克を容赦なく楊に突きつける。『達化斎日記』はこの年一二月一日を最後にその記事を閉ざすのであるが、そこには、大乗止観の一部が筆写されている。曰く、

諸仏の浄徳に二種がある。一は自利、二は利他。自利のなかにまた三種あり。一は法身、二は報身、三は浄土である。利他のなかにまた二種あり。一は順化、二は違化である……。[★63]

一一月八日以降、仏教（止観）に関する記述が始まり、一三日以降は、もっぱら止観に関する記述だけになり、あけて一二月いま引いた筆写を最後に、『達化斎日記』は巻を閉じるのであるが、この記述の状況は、彼がその最晩年、自利自他対立を乗り越える思想的根拠をひたすら仏教的悟入に求めるほかなかったことをおのずから物語っている。

彼の没年は、一九二〇年一月一七日であるから、この筆写を最後にわずか一ヶ月半あまりで、彼はその短い生涯を閉ざすことになる。東西両思想の衝突を周旋しようとして、悶死したともいえる死であった。毛沢東は、往時の自らを省みて、「封建主義者でありブルジョワ民主主義者であった」と断じている。それは、彼自身の青年時代のことである以上に、彼の師楊昌済その人に当てはまる。

この冷厳な断定のなかに、両思想の対立の狭間で悶死した師にたいするいささかの鎮魂の想いを読みとるとすれば、それはあまりにも感傷にすぎるというべきであろうか。それはともかく、終世敬愛の念を失わなかった、師にして最初の妻の父たる人のテーマ、東西文明の融合というテーマを、毛沢東は疑いもなく受け継いだと思う。

わたしたちは、やがて毛によるその展開をつぶさに知ることとなるだろう。

第二章　『倫理学原理』批注

はじめに

青年毛沢東が、F・パウルゼンの『倫理学原理』の欄外に全一万三千字に及ぶ「批語」（＝意見・批評）を書き込んだことは、いまでは有名な事実である。[★1]「批語」の内容は、近藤邦康氏の研究によって、その概略を知ることができる。[★2] また、中屋敷宏氏もその『初期毛沢東研究』[★3]において、これに言及されている。

しかし、一九世紀末ドイツの哲学者であるパウルゼンの著作がどのような思想的背景のもとにどのような主張をもって展開されているのか、他方、五四前夜の青年毛沢東がどのような思想的潮流を背景にどのような思想形成の過程にあったのか、そしてこの東西の異文化接触のなかでどのような思想的事件が発生したのか、また毛の批注は、それらをどのように書き記し、あるいは、書き記さなかったのか、という点に関しては、従来の研究では必ずしも明らかでない。[★4]

問題の所在を別の形で示してみよう。この「批注」について、毛自身の二つのコメントがある。ひとつは、一九三六年エドガー・スノーに自分の半生を語ったさいのものである。

かれ〔楊昌済〕の影響のもとに私は蔡元培の訳した倫理の本〔パゥルゼン著『倫理学原理』〕を読み、「心之力」と題した論文を書く気になりました。私は当時理想主義者で、私の論文は楊昌済教授の理想主義的観点からかれに非常にほめられました。★5

いまひとつは、解放後、かつて自分が「批注」を書き込んだ『倫理学原理』について思い起こしたさいのものである。

最近、毛主席は、また、当時の状況を回想して次のように語った。「われわれが当時学んだのは、すべて唯心論ばかりで、偶然この本のような唯物論の説――それはまだ純粋でなく、なお心物二元論であったけれども――を読んで、すでに深い興味を感じ、非常に大きな啓示を得、私の心はまったくひきつけられた」と。★6

この二つのコメントのほかに、「批注」そのものについてではないが、その当時の自らの思想的立場について毛は次のようにも語っている。

私は以前孔子の本を読み、四書五経は六年読んで丸暗記したが、意味はわからなかった。そのころは孔子を非常に信じた……その後ブルジョワ階級の学校に七年入った、七年と六年で一三年ある。……師範が五年、図書館に通った期間も入れて中学が二年間である。そのころはカントの二元論、とくに観念論を信じた。私は元来封建主義者であり、ブルジョワ民主主義者であった〔我原来是箇封建主義者和資産階級民主主義者〕。社会が私を押しやって革命に向かわせたのだ。★7

以上は、毛沢東の異なった状況での回想であるが、それをかりにまとめていえば、毛は自ら当時の自分がカントの唯心論を信じた封建主義者・ブルジョワ民主主義者であり、かつまた理想主義者であったと回顧する。そして、その当時偶然読んだ『倫理学原理』は、純化されてはいなかったが、例外的に唯物論の説を展開する書物で、非常に啓発されたというのである。

とすれば、問題は、毛はいかなる意味でカントを信じたのか、いかなる意味で唯心論的封建主義者・ブルジョワ民主主義者であったのか、いかなる意味で理想主義者であったのか、そして『倫理学原理』はいかなる意味で唯物論の書であったかということになる。そしてそのことが、この「批注」のなかにどのように書き記されているのか、また書き記されていないのか、ということになる。「社会が押しやって」毛を「革命に向かわせた」にしても、青年毛沢東自身の内部でどのような思想的ドラマが展開されていたのか。この「批注」のなかに間接的であるかもしれないが、それをかいま見ることはできないのであろうか。以下は、そのような問いを抱いての、「批注」の観察記録である。

1　F・パウルゼン『倫理学原理』

以上の問題に迫るために、まずパウルゼンとその著作『倫理学原理』について一瞥を加えよう。

パウルゼン F. Paulsen（一八四六―一九〇八）については、以下のような解説が行なわれている。ドイツの哲学者、教育学者であり、ベルリン大学教授として、一九世紀末のドイツ思想界で活躍。ドイツ観念論の伝統に立ち、「科学と産業の実利主義に脅かされはじめたドイツのなかで〈精神〉を擁護した」（荒川幾男）。[★8] おもな著書は『倫理学体系』（一八八九）、『哲学入門』（一八九二）、『教育学』（一九〇九）など。

問題の『倫理学原理』は、その主著のひとつ『倫理学大系』System der Ethik mit einem Umriß der Staats-und Gesellschaftslehre. Berlin, 1889 の第二編 Grundbegriffe und Prinzipienfragen の中国語訳である。[★9] 中国語訳は蔡元培による。蔡は、それを、原本を参考にしつつ、蟹江義丸の日本語訳『倫理学』[★10] から重訳したようである。[★11] 蔡元培は、訳文だけでなく、この書物を翻訳する意味づけなどの点でも、蟹江に多く依拠している。

蟹江は、数多い倫理学の書のなかから、とくにパウルゼンの倫理学を選んで翻訳する理由として、「行為の標準」を提供する倫理学は「公平な学説」であって実践上弊害のないものでなければならないとし、主観を重視する動機論と客観を重視する功利論との二大学派の「調和」を試みたもので、中正であることを評価したとしている。[★12]

また翻訳にさいして、蟹江は、原著の忠実な全訳をめざしていない。紙数制限や日本の読者の知識状況などを勘案して適宜省略を行なうとしている。現に第一編Umriß einer Geschichte der Lebensanschauung und Moralphilosophie、第三編Tugend- und Pflichtenlehre、第四編Die Formen des Gemeinschaftslebensははじめから翻訳の対象とされていないし、翻訳の対象であるこの第二巻にしても、厭世主義はあっさりと割愛されている。また原著が多く引用するドイツなどの詩歌は、日本人にたいしては意味がないとして省略されている。

蔡元培はその序において、詩歌などの省略は蟹江の旧に依ったとするとともに、蟹江が動機論と功利論との調和を図り、公平穏健な学説の紹介をめざした点について、自分もこれを評価したとしている。★13

パウルゼンは、第一編倫理学史において道徳哲学の歴史を振り返りつつ現代倫理学の課題を引き出すために、世紀末意識において一八世紀と一九世紀を対照する。一八世紀の世紀末意識については、次の記念碑的な文書を紹介する。

われわれの時代は、一八世紀のうちのもっとも幸福な時期を占める。皇帝、国王、諸侯は、畏怖された高みから降りて普通人並みとなる。豪奢や華麗を軽蔑し、国民の父となり、友となり、親友となる。宗教は、僧服を引き裂き、聖なる本質において現われる。啓蒙は巨歩を進める。かつて神に捧げられて不活発だった無数の兄弟、姉妹たちは、現世の国家に戻される。教派への嫌悪や、信仰にたいする迫害は姿を消しつつある。人類愛と思想の自由は、頂点に達しつつある。芸術と科学は栄え、われわれの眼差しは、自然の仕事場の内部深くに透徹していく。熟達した職人も芸術家も完成の域に達し、有用な知識はすべての階級のなかに育ちつつある。これこそがわれわれの時代の忠実な描写である。われわれを見降ろすでない。かりに汝らがわれわれよりも高くまた遠くを見るとしても。むしろ、われわれの姿から、汝らを現地点へと高めるため、また汝らをその高みに保持するために、われわれがいかに勇敢に闘い、いかに精力的に働いたかを理解すべきである。★14

この一八世紀末の自信にあふれた自意識にたいして、一九世紀末の自意識は、あまりに対照的である。

頂点に達した誇らかな意識でなく今や没落しようとしている感情が、到達された成功の喜ばしい誇りや新しい偉大なるものへの喜ばしい希望でなくて、失望や疲労、来るべきカタストローフへの予感の感情が、文学においては、本質的に調和的な思想や感情でなくて、かつて聴かれたことのないような錯綜興奮の無秩序きわまる合唱が、公共生活においては、啓蒙時代の思慮深く心義しい人びとの満場一致ではなくて洗練真摯の人びとからはるか以前に参加の意欲を奪い去った階級闘争における不和と復讐心が、今やいたるところに蔓延している。恐るべき混乱の声を突き抜けて響く基本旋律はペシミズムであり、怒りと絶望とが、現在の感情生活が行き着く二つの帰着点である。★15

一八世紀末の誇らかな自意識。その前に萎縮している暗い一九世紀末の自意識。それは、半ばまでパウルゼン自身の自意識でもあろう。だが彼はこうした世紀末の流れに彼なりに抗して立とうとしている。ペシミズム状況のコーラス・リーダー、ショウペンハウアーへの批判的言及が、本書の大きな特徴である。

パウルゼンはいう。ショウペンハウアーの声は、あらゆる騒ぎのなかで聴かれ、あらゆる詩人、あらゆる文学は彼から偉大な真理を学んだとするが、その内容は、文明がわれわれの不幸を増大した、文明とは大いなる誤りだということにすぎない。

さらにこのペシミズムは、たんに世紀の終わりでなく、西欧的世界の終焉が迫りつつあるかの不安をかき立てるのであるが、それは、社会経済政治状況に起因する不健全な不満の表現というにすぎない。それはどんな時代にもあるものだ。ただ、今日ではペシミズムがとりわけ鋭く人びとの胸奥に迫ることは間違いない。パウルゼンはこう考える。

輝かしい啓蒙は、そのバラ色の予感にもかかわらず、一九世紀のさまざまな矛盾を生み落とした。その矛盾は、ひとつには、ニーチェによる神々の死の宣告として、いまひとつには、マルクスによるブルジョア社会の死刑宣告として現われる。

パウルゼンは、ショウペンハウアー主義の双子の兄弟で、その対蹠点に立つもの――ショウペンハウアーのペシミズムの底には神への深い信仰がある――としてニーチェに着目する。パウルゼンは、ニーチェが自らイエスにとって代わろうとし、イエスが果たした価値転換を覆そうとしていること、すなわち、ニーチェによれば、キリスト教の道徳は、主人の道徳（強者、恐れを知らぬ者、勇敢なる者、まっすぐな志高い者、高貴なる民族の道徳）にたいして、奴隷の道徳（弱者、従属者、不道徳者、不正直者、復讐心に富んだ者、敵意ある民族の道徳）である。総じていえば、自然な本能を抑圧する奴隷の道徳である。そして、ニーチェの使命は、こうしたキリスト教道徳の汚染から西欧の精神を最終的に解放することにあった、とする。

パウルゼンは、自分はニーチェの思考を批判することを意図していないというけれども、「彼のアンチ・キリストのなかには真に超人的な要素がどんなにか少ないか。このエラそうな顔をして威張って歩く人間軽蔑者、自惚れたほら吹きに比べて、イエスにこそ真に超人的な要素が確実により多く存在する★16」というとき、パウルゼンのニーチェにたいするアグレッシブな批判意識は、相当に旺盛だといわねばならない。

またパウルゼンは、すべての現存する政治的社会的制度を暴力的に革命しようとするマルクス的ないし社会民主主義によるブルジョワ社会への死刑宣告についても強い関心を払っている。第四編「政治学社会学概要」第三部「経済生活と共同社会」第三章「社会主義と社会改革」は、一〇〇頁あまりを費やして、社会主義とその改革構想を批判している。

パウルゼンは、ニーチェの「超人」や社会主義の革命構想がどうしてそんなにも人気を博するのかを問い、ニーチェの逆説が、試験試験で追いまくられる若者たちを酔わせるのだろうとし、また、新しいものを求める動きにたいする抑圧が、自由な個人の思想を爆発させたのだろうとする。そして、従来の価値や体制を一挙に否定しようとする動きの最終的な、また最深の理由が、まさに理想の欠如そのものに由来するとする。心を高揚させ、志を奮い立たせ、大衆にたいして、共通の目的を与えるような支配的な理想の欠如こそが、それらいっさいの動きの根底にあるものだとする。[★17]

ここから、パウルゼンの倫理学の中心課題が導き出される。すなわち、ショウペンハウアー的なペシミズム、ニーチェ的な価値転換、マルクス的な体制転換に抗して、大衆にたいして共通の目的を与える理想を樹立すること、これである。そのためにパウルゼンがめざすところは、形骸化して命を失っているカントの理想主義に新たな力をそそぎ込み、これを蘇生復活させることであった。そして、そのための方法としてパウルゼンが取る手だては、新たな動きを示すイギリス経験論（功利主義）の成果を吸収し、さらには、進化論、唯物論などの発展や歴史学の新展開をも視野に入れて、カント倫理学を再編補強する[★18]ことなどであった。

パウルゼンの試みのひとつの方向は、その良心論を見るとよくわかる。パウルゼンはいう。良心が登場するのは、人が何かをしたいのに、あるいはしたくないのに、それを抑えて義務を遂行するという場面においてである。したい、したくないという欲求とそれを抑えて遂行されるべき義務との闘争に決着をつけるのが良心であるが、その良心の起源は何かという問いにたいして、パウルゼンは、神その他の超越的存在に起源を求める見解を否定して、経験世界の問題として考えなければならないとしたうえで、自分は答えを発見したと思う、という。

> 自然および道徳の二律は其基礎を超絶界に有するを得。然れども吾人は経験界〔良心のごとき〕

を説明するために超絶的立脚地よりすること能はず。吾人は其説明を経験的世界以内に求めざる可からず。而して余は之を発見せりと思惟す。[★19]

こうした発言のなかに、一八世紀の啓蒙ののちの一世紀が、人間の精神世界の経験的（唯物論的）解明のためにどれほど巨大な成果を上げたかを見るべきであろう。

さて、パウルゼンは、ダーウィンの進化論を援用しつつ、欲求と義務意識との闘争は、結局本来の自然衝動と教育習慣の結果としての意志決定との闘争であるとし、良心の呵責の原初形態は、教育習慣の教えるところに背いて自然衝動に従うところに発生する心の不安だとする（2においてふたたび触れる）。

そして、教育習慣の基礎には、種族維持の本能に由来する殺傷・略奪の禁止、特定の婚姻禁止などがあり、国家における権威と服従の起源も、結局そこに帰着するとする。[★20] かくして、義務とは、個人の意志に起因せず、人類の歴史的経験によって、自己維持の目的のために定められた集団内の掟であり、一度それが確立されるならば、個人の外部から集団全体の絶対的な権威をもって個人に迫るものである。それは「両親および教育者の意志、祖先の意志、国民の意志」であり、ついには「神の権威」となる。[★21]

良心とは、パウルゼンによれば、以上のような意味で、人類の歴史的経験に還元される。しかりとすれば、善、悪その他もろもろの倫理学的諸範疇がそこから導き出されることは、容易に想像がつくだろう。現にパウルゼンの倫理学はそのような内容によって組み立てられている。

パウルゼンは、善とは何か悪とは何かについて、「人間の存在と活動を向上させる行為が善であり、それを阻害する行為が悪である」[★22]とする目的論的な善悪論に賛成し、結果の如何を問わず先験的に定められた善に従う意志をもってするカント的な形式論に反対する。パウルゼンは、良心の起源や善悪の内容を人類の歴史的経験によって解明するから、善悪を先験的に決定しそれに従う意志をそれ自体として重視するカントの議論の窮屈さから免れ、カント的な善をなさんとする意志の重要性を強調しつつ、しかも結果や善をなす喜びを重視する功利主義的見解をも、自己の体系のなかに包摂するのにいちおう成功している。一八世紀のカントにあっては、個と全体、幸福と義務とは対立するほかなく、全体と義務とが個と幸福に優先することが絶対に必要であった。[★23]しかも、それが最終的に個にとっての満足に結果することを保証するために、霊魂の不滅と神の存在を仮定するほかなかった。一九世紀のパウルゼンにとっては、現世において人間の向上に繋がる行為と全体の秩序の実現とは、必ずしも衝突しないのである。

利己心利他心の衝突の問題についても、パウルゼンは同じ手法で対立を調停する。パウルゼンは、ショウペンハウアーの利己心の実例を紹介する。「自然人は、もしも自分の死か全世界の消滅かを選ぶよう強制されるなら、大海のなかの一滴にも等しいわが身の命を、ほんのしばらく長引かせるためだけにでも、全世界の消滅の方をこそ選ぶ」[★24]と。

ショウペンハウアーのペシミズムを凝縮した利己的人間とはじつにこのような存在である。これにたいするパウルゼンの反論は、個人は社会の中の一員であるので、個人の利害と社会の利害とは分けて考えることができないのであり、利他的感情をまったく欠如するショウペンハウアー的人間はまれな例外であるとして、ショウペンハウアーの絶叫をあっさり退ける。こうしたところにも、人類の歴史的経験的な社会生活を軸とした思考方法がよく表われているということができるだろう。

なお、パウルゼンにとって、現代社会の遵守すべき風俗習慣・国家目標がめざす秩序内容はなんであるかを見るうえで、彼が挙げる聖クリスピヌスの事例は示唆的である。聖クリスピヌスは、貧しい裸足の子供たちに靴を与えるため、さる富商のもつなめし革を盗んだ。聖クリスピヌスの窃盗の動機は必ずしも悪とはいえないけれども、もしこれを善として承認するならば、「財産制度まったく破壊せられて、為に貯蓄心を減じ人間生活の不可能となるは明瞭なり。さればかの行為の性質中に包含せらるる結果は破壊的なり、従ひて悪なり」と断定され、『他人の財産を侵害する者は有罪なり』てふ方式は無条件に妥当してわずかに情状を酌量しうるのみ」とされる。この局面においては、一九世紀のパウルゼンにとっても、個の幸福と全体の秩序とが両立しえないのであり、ここでは秩序を維持すべき義務が個人の幸福に優先する。[25][26]

「其の説やや平板の譏りを免れず」「読者を鼓舞振作すること難」いけれども「公平なる学説」であって読者を誤る「弊害を見」ることがないとされる所以であろう。[27]

さて、以上のように、パウルゼンの倫理学は、その基礎を人類の歴史的経験と現代社会の秩序そのものに置く。そしてその権威と服従との関係は国家組織において完成されるのであり、やがてその人間的権威が神の権威とされたことは先に見たとおりである。

こうした良心、倫理、国家制度、および神そのものについてまでの、いわば歴史的な、また唯物論的な理解は、パウルゼンその人において、神信仰の存立の余地をきわめて狭隘にする。しかも、全体の秩序維持の要求が個の幸福に優先する局面を厳存させるため、個人の幸福を犠牲にして義務に従った人間を最終的に嘉納する恵み深い神への要求は、むしろかえって高まる。パウルゼンは、自ら、こうした良心の「歴史的心理的説明」は「不充分のみならずまた危険なりとし、こは良心の神聖を汚辱し従ひて其の効能を滅却するもの」[★28]だとする非難を紹介したうえで、人間が歴史的に修得したものだとの解明が、その妥当性を失わせることはないと反論することを試みる。

さらに、「歴史的心理的」説明は、神そのものを人間が考案したものだとする考え方であるので、神に由来する「超絶的」な審判が、そして神そのものが失われてしまうのではないかという批判にたいしては、「余が確信するところによれば人類が一般に其自ら道徳なり神聖なりと感ずるところのものを神の本質より派生せりとすることを止むるのときはけっしてきたらざるべし」[★29]と、自らの確信を対置する。それは、「歴史的心理的」——歴史的、唯物論的——な神把握を果たしつつ、さらに神信仰を保持しようとするパウルゼンにとって、避けがたいジレンマである。

こうしたパウルゼンの『倫理学』の自己撞着的状況が、その後新カント学派やM・ウェーバーなどの名声の影に忘れ去られていくパウルゼンの学者としての運命を決していくのだろう。「フェヒナーの影響を受けた心霊主義的、有機的宇宙論の哲学のうえに、カント、ショーペンハウアーなどをも発展的に継承しようと試みた。新カント派の論理主義の陰に隠れて、傍流の心理主義とみなされがちだが、彼の思想はむしろ生の哲学の一形態、あるいはフランスの新心霊主義やイギリスの新理想主義に平行する動きとして再評価されるべきであろう」（坂部恵）という見方は、以上の矛盾を乗り越えようとするパウルゼンの努力の方向を示唆している。

ともあれ、文革期における毛の「唯物論の説――それはまだ純粋でなく、まだ心物二元論であったけれども――」という指摘が、大局において、パウルゼンの位置をみごとに言い当てていることは注目に値するといってよい。

2 革命的心情

パウルゼンの『倫理学原理』とはおよそ以上のように、一九世紀末ドイツの思想状況を色濃く反映した書物であった。師楊昌済の指導[★30]のもとに毛沢東がこの『原理』を手にしたのは、一九一七年二三歳の秋であった。当時の毛はこの『原理』をどのように理解し、どのように理解しなかったのだろうか。

すでに述べたように、批注は一万三千字に及ぶ書き込みである。書き込みが行なわれた頁は概算で五〇以上の頁、書き込みの対象となった本文の箇所は、およそ百ヶ所前後、大小――大きなのは二印刷頁にわたり小さなものは二文字である――の批注は、およそ一五〇個あまりに及ぶ。論点は多岐にわたり、相互に複雑に入り組んでいる。以下、その内容を、やや分析的に解明してみよう。

批注を通観して何よりも目を惹きつけるものは、全体を通して溢れている突き詰めた革命的心情である。中国近代史における一九一七年という年を考えてみるならば、それはあまりに自然な事態と言うべきかもしれない。毛沢東がものごころついて以後の中国は、一八九八年の戊戌政変をはじめとして、一九〇〇年義和団事件、一九一一年辛亥革命、一九一五年日本対華二一箇条要求、袁世凱帝政運動、中華革命党上海蜂起（失敗）、一九一七年孫文軍政府組織（広東）というように、まさに革命の渦中にあった。そのあいだ、譚嗣同をはじめとして、鄒容、陳天華、秋瑾ほか多数の革命家たちが命を落としている。

『原理』が「歴史は吾人に示すに国民もまた老衰し萎縮するを以てする。思惟と行為は惰性と化し、因習化せる思考と制度、権利、慣習のごときはますます許多を加へ、伝統は新事業を企図するの気力を奪ふ。過去は現在を圧倒す。新問題に適応するの能力ようやく銷磨してついに歴史的生物をして殄滅に帰せしむ[★31]」とするのにたいして、批注は端的に「中華民国は、まさにこのところにある〔中華民国正処此地位[★32]〕」という。

しかし、批注は、『原理』が、歴史的存在の滅亡を説くのとは異なって、世界の現象において、あるのは変化だけで生滅成毀はない（世上各種現象只有変化、併無生滅成毀也）という。そして、さらに語を継いで、自分はかつて中国が滅びてしまうのではないかと心配したが、いまはそうでないことを知っているとして、次のようにいう。

政体を改革し、国民性を変質させ、社会を改良し、かつてのゲルマンは変じてドイツとなった。心配することはない。……国家はこのようである。民族もまた同様であり、人類もまた然りである。各世紀に各民族は各種の大革命を起こし、たえず旧を洗い、新しい色に染め上げる。皆生死成毀の大変化である。宇宙の毀壊も同じである。宇宙の毀壊はけっして最終的な毀壊ではない。ここに壊れたものは必ずかしこに成ることは疑いない。[33]

こうして、毛は中国の滅亡ではなくて、来たるべき巨大な変化を予感する。そして、自らもその革命の戦列に参加するとは明言しないものの、愛する者の危難を救うために命を捧げることこそが自己実現の道だ、と宣言する。それは、彼の「個人主義」宣言であるということができるだろう。自分が親愛する人を救おうとするならば、自分は全力を挙げるのはもちろん、熾烈な状況に立ちいたれば、むしろ自分を死なせてでも親愛の人を死なせることはない。古今の孝子烈婦、忠臣、殉教者、愛国者は皆こうした個人主義（利自己之精神）の発露である、と。

こうした毛の個人主義は、その内容として徹底した愛他もしくは利他において自己実現が果たされるとする実質上のいわば絶対的利他主義である。だから、自己一身の存続のためには全世界の消滅を選ぶというショウペンハウアーの絶対的利己主義にたいして「最狭隘の利己主義」[34]であって、このようなものは実際には存在しないと退ける。

そうした点で、毛は『原理』のショウペンハウアー批判と波長が合う。また、『原理』がたんなる功利主義では説明ができないが、自らの提唱する目的論（たんに快楽をでなく生活の改善進歩を目的とする）ならば十分説明がつくとして挙げるレグルスの自己犠牲にたいして、毛は、高尚偉大な志を有するものは、死を恐れず犠牲となることを厭わないとし、「故に身を殺して仁をなすということは、目的論倫理学もこれを尊貴する」[35]と書き記している。

死を恐れるものでない、という雰囲気がこの批注に独特の雰囲気を与えている。死というテーマは、『原理』においては、神義論の問題である。死という害悪を、なぜ全能の神は存在させるのか、というのである。良心を経験的に処理したものの、パウルゼンにとって、神の存在はなお否定しえない究極存在であるから、現世の悪や害の存在が、どうしても神義論を呼び起こすのである。

死は「世人が普通に見て最大の害悪」[36]であるという『原理』の導入にたいして、「土石は死なない、〔死が最大の害悪だというのなら〕人類も土石の生活をしようと望むのか」[37]と悪態をつく毛も、死が人間にとって嫌悪すべきものではなく、意味深い現象であるという展開にたいして、『原理』の文脈と微妙にずれながらではあるが、強く反応している。

毛は、死とはたんなる「団聚と解散」[38]であるとして、恐れるべきことではないとする。生と死とを比べてみると、そのあいだの変化が激しいので人は恐れるかもしれないが、むしろ好奇心の対象として臨むべきである。そして世上にあるのは変化だけで、生滅成毀はないとする先の議論に繋げていく。

そして、自分は、「個人主義」と「現実主義」の二つの主張があるとする。[39]第一は、他人のために幸福を謀るのは他人のためにではなくて自己のためにするのだという愛人主義、すなわち個人主義であり、第二の現実主義とは、要するに自分の一生のうち客観的に妥当な行為の遂行、主観的に妥当な思想の実現に努力を傾注すべきだということ。自分は、ただ自分の主観客観の現実にたいして責任を負うだけで、そうでないものにたいしては責任はない。過去も未来も自分は知らない、自分の現実とはかかわりないものだ。歴史のなかの責任という人もあるが、自分は信じない。自分は、ただ自分一身を発展させ、内面の思惟と外面の行事を目的に到達させようとするだけである。

自分の死後の歴史のなかで、自分が高く評価されても、自分は嬉しいとは思わない。パウルゼンは、人の死後その功業が後世に役立ち、その生涯が子孫や国民のなかに残る、それが不死だといっているが、それはただ客観的方面についていっているだけで、本人の主観には関係ないのだ。自分の考えは、功績を挙げて後世に残すというのでなく、功績そのもののなかにおのずから後世の役に立つような性格が備わっており、おまけに自分自身のなかに本来的に不滅の性質が備わっている。こういう考えが自分の唱える二つの主張であり、パウルゼンにもこの考えがないではないが、十分に展開するにいたっていない、というのである。パウルゼンにあっては、カントにおけると同様に、最終的には、不滅なる霊魂に下される神の審判＝評価を待つ面が存続している。しかし、キリスト教的な神を信じることのない毛にあっては、霊魂不滅の仮定も想定しがたいところであり、現今の自分自身のなかに本来的な不滅性を認めることで、カント的な、またパウルゼン的な想定を乗り越えているとも言える。

こうした自己の重視と自己の強調は、批注のうちいろいろなところで、いろいろに表現されている。ひとつは、自分にたいする義務の強調である。

自分は、我々はただ自己にたいする義務だけがあると考え、他人の義務については期待しない。およそ自分の考えの及ぶ限りのことは皆自分が実行する義務がある。……この義務は自分の精神のなかに自然に発生したものであって、負債の返済、契約の履行、盗むなかれ、偽るなかれ、他人にたいして自分が欲するように施せ、などがそうである。自己にたいする義務とは、……自分の身体および精神の能力を十分に発達させることのみ、……身を捨てて人を救うこともまた義務である。……人の危難を見て救わないのも、理由をつければ無罪とすることもできるかもしれないが、自分の心は、ついにはたして難を見て救わないのを当然とするだろうか。当然とはしない、これも自分に救う義務がある、人の危難を救えば自分の心は安らぎ慰む。だから、精神能力を十分に発展させるのだ。★40

「今」を重視する考え方もこの連関において理解することができる。『原理』は、人間の善行とは社会生活のなかでのさまざまな問題の解決に資するものであるという目的論的観点から、「道徳的行為は、ただに外面的手段たるのみならず、同時にまた目的の成就なり★41」とする。毛はこれを「倫理学の一大発明である」とまで激賞する。が、それは『原理』のよって立つ目的論的な永遠の相のもとにおける善行の絶対的意味という文脈から強引に切り離された、毛自身の「今の意味づけ」という観点からの評価であり、そこに神の仮定と霊魂の不滅を想定するカント的世界にたいする毛の拒絶が認められる。

毛によれば、これまでの考え方によれば最終目的にまで到達しないと評価されなかったが、いま自分は、『原理』を読んで、行為はそれ自体目的の達成であることを知った。「往くとして楽しくないことはない。一日の生活にはすなわち一日の価値がある。人に死を畏れさせない。長生きして百年というのもよいし、いま即座に死んでしまってもそれもいいのだ★42」というのである。

カント的な世界への否定というだけでなく、ここには死そのものへの強烈な関心も認められる。

まだ若い毛のなかに、ここまで強い死への関心があることは、やはり注目に値する。彼の意識のなかでは、彼の目の前に次々と倒れていく革命殉難者の姿がクローズアップされ、「目的に到達しない」「中道における死」の意味が強い関心を惹いている。死をも恐れず自己の信じる個人主義に殉じようとするとき、死そのもののなかに目的の成就を読み取りたいという強い願望は、カント的な神の存在を前提とする思考によるのでなければ、むしろ自然なものというべきであろう。[★43]

以上のように、毛沢東は、伝統に圧し潰され、激変する状況への対応能力を失っている中国の革命を予感し、その激流の中で、死をも恐れず危難にある人を救うという自己の義務を果たそうと考えている。だが、革命の内容そのものは、この時期毛の頭の中ではほとんど熟していない。わずかに、三綱と「教会、資本家、君主国の四者はともに天下の悪魔[★44]」であって必ず除かねばならないものだとされてはいるが、その具体的な内容については、何も書き記されてはいない。

また後年、毛は、『原理』を例外的な「唯物論」の書であったと回顧するが、この批注はその点についてどのような取り扱いをしているだろうか。

一に見たように、『原理』において唯物論的な処理がもっとも明白に示されるのは、良心の起源を経験的に証明する箇所である。そのあたりの批注の現われ方は、その他の部分に比して、ある種の特徴があるかにも見える。ある種の特徴というのは、その他の部分の批注が、おおむね本文にたいする自己の感想・意見・批判を、かなり長文にわたって書き連ねるという形態をとっている。むろんところどころに、内容を理解するための短い注記もあるけれども、それが連続して多数出現するという事態は、最初の出だしの箇所を除いてはほかにない。

それにたいして、この部分の注記の際だった特徴は、毛の感想・意見・批判というよりは、内容を把握するための注記であり、感想・意見・批判であっても、それは何よりも内容を追いかけようとする観点からの簡略な摘記である。そしてそれが一一個連続して出現する。以下、実際を見るために、便宜上表出してみよう★45（次頁の表参照）。

パウルゼンは、意志ある存在のなかに、何故に「何々すべし」という感情があるのかを問う（その箇所に、「良心ともいえる」という趣旨の注記）。自然および道徳の二律についてはその基礎が超絶界（「それは一種の境地」）にあるといってもいいが、良心という経験的事実の説明のためには、経験的に説明しなければならない、そして以下にそれをするとして、ダーウィンを引く。すなわち、獣類を例に取り（「獣類を例にするのもひとつの考え方だろう」）、母犬が子犬の側に寝ているとき主人が猟に出ようとする。ついていこうとする（「義務感情」）が、子犬を離れることができなかった（「自然衝動」）。主人が帰ってくるとはなはだ慚愧の色があった（「良心発現」）という。訓練の結果と自然衝動（「第一天性」）との衝突に抗して、訓練の結果（「第二天性」）に従うべきだというのが、原始の義務感情（「義務感情は裁判官」）だというのである。

毛の注記は、毛が細心の注意を払って、また好意的にパウルゼンの所説を理解しようとしている様子を、臨場感をさえともなって伝えてくる。こうした注記は、ともあれ、毛がこの説明にたいして強い関心を払い、細心の注意を以てフォローしようとしていることを示している。

だが、これによって、毛は唯物論に開眼しただろうか。答えは明らかに否である。良心の起源を経験的に説明しようとするとき、パウルゼンがダーウィンの挙げる犬の例を用いたことは、カント

『原理』	批注
夫執意之実体（意志をもった存在）	亦良心（意志とは良心ともいえる）
当為之感情（「云々すべし」てふ感情）	即義務感情（義務の感情）
超絶自然界（超自然的のもの）	一種境界（一種の境地）
自然律及道徳律之基本	即本体（本体のことだ）
且余固以得之于経験界矣（而して余は之を自然界に発見せりと思惟す）	即本文（パウルゼンの発見は以下本文に展開される）
獣類感情之発展、与人相似（獣類において同様の過程の痕跡あること）	一結論（そういった見方もあるだろう）
有母犬臥撫其雛、主人出猪欲従之（雌犬其仔の傍らにありて其主人の将に狩猟に出んとす）	義務感情（主人についていかなくてはという義務感情が起きる）
既而恋其雛（遂に其仔を離るること能はず）	自然衝動（自然の衝動）
及見主人猪而帰、則帖尾乞怜、若甚愧者（其の主人の狩猟より還るや慚愧の色あり）	良心発現（良心が発現する）
家畜…（一）本之自然者（家畜の自然衝動）	天性（天性である）
得之于訓練及習慣者（訓練習慣の結果）	第二天性（第二の天性である）
習慣…原始義務感情也（訓練習慣の結果に従うというのが、原始の義務感情である）	義務感情為甲乙両方之裁判官（義務感情は天性と第二の天性の裁判官）

主義者としてぎりぎりのところであったのか、なお不充分であったのか、それはわからない。しかしながら、良心の起源についての、歴史的な、また唯物論的な説明の例として、この犬の実例は本能と義務＝良心との相克を示す好例ではあるが、人間の社会的な活動と規範の形成についての説明としては、必ずしも適切ではない。

少なくとも唯物論の方法を提示するというのであれば、歴史的に制約された力能（生産力）をもった人間集団が、ある特定大地に働きかけるさい、その集団がどのように編成されねばならないか（生産関係）、また、その集団はどのような規範を受け入れねばならないか、などについての解説が必要であろう。そうした必要に照らすならば、この家畜の実例が著しく不適当な例であることはいうまでもない。★46 だからこうした経験的、唯物論的説明が、毛の注意をおおいに喚起はしたけれども、毛に唯物論をただちに十分開眼させるにいたらなかったことは、なんら不思議ではない。

この批注において、毛が個人と社会とを考えるとき、いかに唯物論から遠いところにいたかは、次の事例を見ればただちに諒解されるだろう。毛は、社会があって個人があるのではなく、個人があって社会があるという。同じように、国家があって個人があるのではなく、個人があって国家があるという。同じことであるが、宇宙があって個人があるのではなく、個人があって宇宙があるという。

個人に無上の価値・百般の価値があるのは、個人によってあるのであり、個人（あるいは個体）をなからしむれば、宇宙はない。（個人有無上之価値、百般之価値、依個人而存、使無個人（或個体）則無宇宙」★47。

自分は以前は無我論を主としてただ有宇宙で無我であると考えていたが、いまはそうでないことを知っている。けだし自分がすなわち宇宙なのだ。もし我を除きされば、すなわち宇宙はないのである。各我が集まって宇宙を成すのである★48。

国民生活において、政治や言語は、皆人類進化以後のことであって、起源のときはむろんこのようではない。また、これら後天的な事態は、皆各人が相互に連合して各人の便利を謀ったのであり、先に各人があって後に国民があったのであって、各人が国民によって発生したのではない★49。

ここに示されているのは、個人をもって第一とするある種の個人主義であるが、そのような個人がどのような意味で成立するのかについての歴史的な、唯物論的な理解はない。毛の、ある種の確信の吐露というだけのものである。

パウルゼンが、ショウペンハウアーの絶対的利己主義を孤立して存在しえない人間の社会生活の実際からして批判する箇所に、毛は「『離群索居』〔群から離れてひとり淋しくいる〕はまことに耐えがたい。然り、社会は個人のためにあって、個人が社会のためにあるのではない★50」と注記する。人間が孤立して存在しえないというくだりを読めば、蔡訳に誘われてであろうがただちに「離群索居」

（礼記）が出てくるあたり、「四書五経は六年読んで丸暗記した」という毛の回想が事実であることを示している。と同時に「意味はわからなかった」ことをも結果的に追認することになっているようだ。

「離群索居」とは、子夏が朋友と離れて西河のほとりに退いていたために朋友の規諫切磋の益を受けることがなく罪をえたこと（失明したこと）を指す。したがって、これを受けて、社会（朋友）が個人のためにあるといえなくはないだろう。ただし、ここでの社会は、朋友グループのことであって、唯物論のいう社会とはやや次元を異にしている。それをいうのであれば、子夏が老いて退いた西河のほとりの民（西河之民）、子夏を孔子のような聖人と誤解した民と子夏との関係（血縁共同体とその家父長制的指導層）を見なければならないだろう。

「離群索居」といっても、孤立している子夏は、けっしてルソーの自然人のように自然の中に孤立して存在しているわけではない。パウルゼンが「人間は孤立して生存できない」というとき、当然彼は、ヨーロッパの啓蒙思想や唯物論の展開を念頭に置いているのであるから、その文脈のなかでは、「離群索居」を挙げることはできないはずである。だが、このとき毛には、そのような思考は欠如している。個人が社会に先だつといっても、その個人のよって立つ歴史的な現実的な基盤は、まだ毛の思考の外にあるのである。彼の宇宙に先立つ個人、あるいは宇宙と等値されることもある毛の個人は、毛のなかの強烈な自我意識であるということはできても、その現実的な意味はなお未知なのである。毛において、革命がたんなる予感にとどまるのは、当然といえば当然である。

そして、細心の注意を払ってパウルゼンの唯物論を追いかけたのちに、毛がこれを次のように締めくくるのも、パウルゼンにおけるカントの重み、カントのなかにあるキリスト教的禁欲主義[52]の重圧を毛がほとんど理解していない以上、きわめて自然だというべきであろう。

自分は自然の衝動必ずしも真でないとはいえないし、義務感情が必ずしも偽でないとはいえないと思う。けだし、義務感情はこれを訓練習慣から得る後天的人為的なものである。自然衝動は自然に発生する先天的なものであって人為的なものではない。……けだし衝動はすでに自然でいまだよく生存発達できないものではなく、自然者であって真であり実在である。真と実在とがなおよく生存発達できないなどということがあるだろうか。また、我々の生存発達はついにこれに依存する。食欲はよく生存する所以であり、性欲はよく発達する所以であり、皆自然の衝動による。けだし意志はもと衝動にもとづくものであり、意志のなかの良心だけなぜそうでないのだろうか。[53]

こうして、義務と衝動との対立、義務違反と良心の呵責は毛にとって原理的にありえない事態であるとして退けられる。ただし一点注意する必要があるのは、良心と衝動との不一致という現実があるとすれば、それは何故かを問おうとする姿勢が毛にあることである。以上につづけて、毛はいう。

良心もまたやはり衝動にもとづくのであれば、理において本来衝動と一致すべきものであるが、いま一致しないものがあるのは、我々が知識経験から得たところのものによる。この世界においては、変化万殊であり、その中に生存することは大変困難で、あるときある場所にあっては、衝動の命ずるままに行動すれば、生存発達があやうくなることを免れない。そこで徐々に訓練習慣を以て、本来衝動にもとづく良心に特殊形状を加えたがために、ついに衝動と衝突する事態が生まれたのである。[★54]

要するに、知識経験によって、本来の姿が失われたので、両者が対立する事態が出現したまでで、「これを要するに、二者はもと一物であり、……我々の良心は、むろん食欲性欲をもって当然のことと考えないわけではない。ただ特定の時と所において衝動を抑えることがあるが、それは過度の食欲とか過度の性欲などの場合である。……良心と衝動はまさに一致すべきものであって調和的であり対立的ではないのである[★55]」として、結局は、その問いかけは退けられるのである。

3　宋明学への固着

批注を読んだ感想として、「〔儒家思想の〕影響はかなり深いように感ずる[★56]」といわれるのは、近藤邦康氏である。パウルゼンの経験論を丹念に追いかけた後、パウルゼンのたてた自然衝動と義務感情との対立という問題そのものを、本来そこには対立はないとして退ける毛のなかにあるのは、牢固たる儒家思想である。

批注の基調は、儒家思想そのものである。そのもっとも顕著なものをあげよう。パウルゼンは、第五章利己主義および利他主義の、「三　行為の動機より之を論ず」において、行為の動機を単純に自己のためとか人のためとかを区別する考え方を、「倫理学者が概念の区別を以て事実上の区別と誤認せるに起因せる謬見なり」[★57]とするのにたいして、毛は賛意を表わしつつ、次のように述べる。

事実にはもともと区別はない。概念には区別がある。言語記憶のために便利だからである。……道徳だけはそうでない。およそ宇宙いっさいの差別は、皆その発現の方向が同じでなく、観察および適応の方面に違いがあるというにすぎない。その本質はただひとつ。形状はまた、陰陽、上下、大小、高卑、彼此、人己、好悪、正反、潔汚、美醜、明暗、勝負のたぐいである。これらは皆我々各種の精神生活であり、すなわちこれらの差別相から我々の精神生活はなりたっているのである。こうした差別相がなければ、歴史生活を構成することができない。進化なるものも差別が次々と変化していく状況であり、差別があって後に言語や思考がある。差別がなければそれらはありえない。[★58]

現実が種々の差異からなることはいうまでもないとして、その差異をどのように意味づけるかによって思想の歴史的な特質が決まるのであるが、毛がここで行なっている意味づけ方は、「陰陽、上下、大小、高卑」が物語るように明らかに儒家的なそれである。しかもそのより立ち入った内容を考えるとき、それは明らかに宋学的思考方法である。第三章害および悪の、「二　道徳的悪」について、パウルゼンが、「不正は、之を見若くは受くる者をして権利の思想を惹起せしめ、詐欺、狡猾は真実、誠実をして価値あらしめ、残忍、悪意は慈悲、寛大の後景たり。人類のあらゆる最大偉人は先づ悪と争闘す[59]」とするを受けて、毛は次のようにもいう。「現世はすべて差別比較によって現われる。仏教は、無差別を説くが、道徳界の善悪問題がどこかへいってしまうことを知らないのである[60]」と。

この表現が、朱熹の「彼の老子浮屠之説は固より聖賢に疑しき者あり。……彼の説によれば、則ち本末は横分し中外は断絶し、いわゆる朗徹霊通虚静明妙なる者有りと雖も、しかも理を滅し、倫を乱るの罪、運用を顚倒するの失を救ふ所なし[61]」「(浮屠の説は) 静なれば徒に虚無寂然を以て楽と為し、而していわゆる実理の原あるを知らず。動けば則ち徒に応縁無碍を以て達と為し、而していわゆる善悪の機有るを知らず[62]」そのままであることは注目に値するだろう。

また、パウルゼンが出している悪との闘争の意味は、あくまでも彼のいう「目的論的必然性」によるのであって、存在論的に悪を承認しているわけではけっしてない。これにたいして、朱熹が仏教を批判して彼の理気論を対置したとき、悪は気質の混濁として捉えられた。換言すれば、悪は理気論によっていわば存在論的根拠をえているのである。毛が、朱熹の立論を背景にしてこの批注を書き込むとき、彼は自分とパウルゼンとの距離をどこまで意識していたであろうか[63]。

ともあれ、パウルゼンにおいて、経験的に得られた習慣教育に起因し、ついには神の権威を背負うことになる良心によって、人は悪と戦う。毛においても悪は戦いの対象である。パウルゼンの肉欲その他内面的な悪との闘いの記述に触発されて、「こうして次のことがわかる。聖人とは生まれながらに知り、予想せずに当たり、考えずに結果を得るといったものだとする従容中道説は信じ得ない、聖人とは、極大の悪に抵抗して成るものなのだ」[★64]とする。

毛も、このように悪との闘いを想定している。生知安行とされていた聖人が、極大の悪との闘いに勝った勝利者だという聖人概念は、すでに王陽明に存在するから[★65]、毛がパウルゼンとともに、聖人を悪との闘争者として捉えることは、宋明学の背景からしてもむずかしいことではない。しかしそこからさらに進めて、良心の経験的、ないし唯物論的な捉え方にまでいたるかどうかは別の問題である。

毛の世界把握が、朱熹的なそれであることは、以上の引用から明らかである。では、その善悪論（および良心論）はどうであろうか。それもまたパウルゼンのそれとはついに一致しえないものであったことは、先に述べた良心＝義務論から容易に推測できるであろう。毛の善悪論にある、儒家的伝統的背景を確認しておこう。

手近なところから挙げれば、まず譚嗣同。「性善であるのになぜ情が悪であるのか。〔否〕情に悪などありはしないのである。〔現象に即して悪と〕名づけたにすぎない。いわゆる悪の極致は「淫」と「殺」とである。淫はもとより悪であるが、たんに夫婦のあいだに行なわれるのみにすぎないならば、淫もまた善である。殺はもとより悪であるが、人を殺すものを殺すという点のみに行なわれるのであれば、殺もまた善である。……ただ適正範囲にとどまらないばあいが問題となるにすぎない」[★66]。

この譚嗣同の善悪論が宋明学のそれに由来することはいうまでもない。朱熹の学において、善悪とは、「過不及の差」である。悪は、むろん気質の性の混濁によって生じるのであるが、この混濁あるときに性の本来の姿が失われるにすぎない。「程子曰く、善悪は皆天理なり。之を悪という者は、もと悪に非ず。ただあるいは過ぎあるいは及ばずしてすなわちかくの如し。朱子曰く、天下性外の物なく、もと皆善にして、悪に流るるのみ。……もとより善ありて悪なし。気稟拘滞ののちに及べば、すなわち悪は性の本然に非ずと謂ふはすなわち可なり。これを性に非ずと謂はすなわち不可なり。性は一なり。指すところの地同じからざるのみ[★67]」。

陽明においても、ほぼ同様である。安田二郎氏の解説を聞こう。「これ〔本性上の過不及にすぎないという明道の説がみな正しいことを知った、という陽明の善悪論〕によれば、善悪一物といっても、別に深遠な意味があるわけではない。善悪は異質的なものではなく同質的なものの量的相違である、というにすぎない。すなはち砕いていへば、例へば愛はいちおうにおいて善であるが、それがそのときに適当に発揮されず、或ひは過、或ひは不足に陥れば、それがすなはち悪であるといふのである[★68]」。これらの善悪論の前提に孟子の性善説があることはいうまでもない。

ただし、善と悪との闘いが、朱熹の学においては、天理と人欲との闘いとして、強調されることはよく知られている。たとえば朱熹の中庸章句は、「人心いよいよ危うくして、悪におちいらんとす、道心いよいよ微かにして、熄えるになんなんとす、天理は、即性命の理、人欲は即形気の欲、蓋し道心主となりて、人心これに命をうくれば、其するところみな天理にかなふ、人心事を用ひて、道心これに服従すれば、其するところみな人欲にながる、ここを以て、天地は、本主宰なれども、ついに人欲に忍かたずして、まげられ、したがふなり」[69]と、天理の危うさを強調し、人欲を懲窒すべきことを説く。これがいわゆる朱熹の学のリゴリズムである。

これにたいして、理気合一を説き、天地万物一体の仁[70]を強調し、人間の本来的自然性を強調する陽明学においては、人間の能動的な活動が正面に表われ、静的なリゴリスティックな色彩は後景に退いている。宋明学と一括して示されるが、宋学と明学とには、そのあいだにひとつの傾向的な相違があった。[71]その相違は、この当時においても、やはり意識されている。そして、毛は、パウルゼンが、カントの意志主義の強調にたいして、彼の目的論の立場から、そのリゴリズムを批判するのに賛意を表わしながら、「吾が国宋儒の説カントに同じ」と書き込む。こうした点に、毛の立場が、一概に儒家思想にあるといっても、宋学よりは明学の方に傾いていることがわかる。[72]

そうした観点から、批注を見てみると、明学への傾きをその他の点にも見つけることができる。たとえば、「発現はすなわち本体である。本体はすなわち発現である。無量数の発現を合して一大本体とする。一大本体が別れて無量数の発現となる」[73]という文章は、朱熹の学の理一分殊とほぼ同一の趣旨を述べたものと見ることができる。しかしこのくだりは次のような文章につながっていく。「人類は本体と直接関係があり、その一部分である。人類の意識はまた本体の意識と相貫通している。本体あるいは名づけて神という」[74]。また、別のところでは、「我々の一生の活動は自我に服従する活動である。宇宙間、事物の活動は、事物自我の活動のみ」[75]、「自分は実在である、実在は自分である、自分は意識あるものである、すなわち実在は意識あるものである、自分は生活あるものである、すなわち実在は生活あるものである」[76]。

この自我意識と宇宙とを直結する思考は、むろんその師楊昌済や譚嗣同の「天地万物は吾を主とする」という思想に由来する。[★77] そして、この自我と宇宙との一体観は、むろん明学に由来するものと見るべきものだろう。先に見た、毛の精神的個人主義も、直接にはパウルゼンの個人主義に触発されたものであるが、内容的には明学のそれだといえるのではないだろうか。

表現の点で出入りはあるものの、こうした個人主義を私たちは、明学とその先蹤である陸象山の学のなかにみいだす。「宇宙内のことは、すなわち己の内のこと、己の分内のことはすなわち宇宙内のこと」「宇宙はすなわち是わが心、わが心はすなわち是宇宙」（陸象山）「天地も人の良知なくんば亦天地となるべからず。蓋し天地万物は人ともと是れ一体なり、その発現の最精なるの処は是れ人心一点の霊明なり」（王陽明）。

儒家思想によれば、人の性は本来善であり、時と場所、その他の状況に応じて、人の本性が適切に発現すればこの世に至善が実現する。そして陽明学によれば、人間の心は、是非善悪をおのずから判断し、かつ非と悪とをおのずから正す能力であるとされている。それは、経験によって得られる能力ではない。万人の心に生まれながらに備わっている良知である、というのである。以上に見たように、もしも毛のなかの儒教的要素が何よりも明学に傾いているのであれば、パウルゼンの説く、人類の経験によって得られた良心という捉え方に賛成できないのは当然のことではないだろうか。

以上、毛が明学に傾いていることを追跡してきたが、もしそれが言いうるならば、彼のあの突き詰めた絶対的利他主義ともいうべき個人主義の一面の意味について、一言触れておきたい。

毛は、先に見た最初の批注のなかで、「道徳は必ずしも人を待つものではない。人を待ってあるのは客観の道徳律である。独立してあるものは、主観の道徳律である。われわれは自ら自己の本性を尽くし、自ら本心を全うしようと考える。われわれにはおのずからもっとも尊ぶべき道徳律が備わっている」と書き記していた。

こうしたいっさい人の如何を問わない、絶対的な主観主義と称すべきものは、毛において直接には、その師楊昌済から受け継いだものであろう。その内容は、他の行動について期待しえないとき、人はともあれ己はひたすら自己の義務を尽くそうとする精神態度であるということができる。カント意志主義への楊、毛両者の傾倒も、これと関連するだろう。そして、こうしたひたすら自己の義務を果たそうとする精神態度こそ、明学の祖たる王陽明その人の精神であった。[★78] 毛における儒学思想が、なかんずく明学に傾斜するのもそれと無関係ではあるまいというのである。

さて、以上を全体として通観するならば、パウルゼンと毛は、毛の熱心な書き入れにもかかわらず、内面的な意味ではおおむねすれ違っていた。ショウペンハウアー・ペシミズム批判や、カント・朱熹両者のリゴリズム批判の一点で、かろうじて触れあっていたといえる。しかし、両者のこの接触がきわめて表面的なものにすぎないことは、両者の接触点の背後にあるものを思えばただちに諒解されるであろう。パウルゼンの背後にあるものは、カント理想主義の賦活蘇生であり、毛の背後にあるのは、儒家思想、とりわけ宋明学のうちの明学への傾斜である。

おわりに

以上によって、毛沢東批注の世界のあらましが知られた。それは端的にいって、旧い世界からの、西欧的精神界への精一杯の対応であるということはできるものの、内実は、旧い世界観への固着、旧い世界観のなかでの相対的な対立への固着でしかなかった。それが批注の基調である。少なくとも書かれた限りの文字からすれば、そのように概括することが十分に可能である。

パウルゼンの個人主義や、利他説は、毛の思考をおおいに刺激したが、それに触発された毛の批注を見るかぎり、毛がパウルゼンの近代ヨーロッパの思想動向を内面的に理解したとはとうていいえない。毛は、パウルゼンの叙述に関連して、彼の儒家的個人主義や、儒家的な、極端な義務意識を書き込んでいるにすぎない。むろん、三綱否定に及ぶ局面もあるけれども、彼の展開する個人論が、儒家的（封建的）な枠内のものであるかぎり、この三綱否定は、結局別の超越者を再出するほかないだろう。

だが、パウルゼンのこの書物から、毛が触発されたことのすべてが、ここに書き残されていると は限らない。この書物が毛の思考を刺激してやまなかったことは、ここには直接書き残されていないかもしれない。毛の意識のなかでは、のちの彼の回顧を信じれば、「すでに深い興味を感じ、非常に大きな啓示を得、私の心はまったくひきつけられた」のである。

毛の得た啓示は、この批注のなかに、全体の基調とはなっていないものの、どこかに書き記されてはいないのだろうか。そうした観点で、批注を子細に観察すると、私たちは次のような興味深い文章にぶつかる。

それは盲目的道徳への毛の批判にかかわる文章である。パウルゼンは、その目的論的道徳観から、ひとつの全体的価値実現という目的と個々の行為との関係において、それが行為者個人によって意識されている必要は必ずしもないとする。それにたいして、毛は、この記述には、盲目的行為を奨励する嫌いがあると批判する。「この箇所は、盲目的道徳を奨励する弊害がある。現今人が実行する橋を架け道路を補修するといった善事は盲目的道徳である」[★79]。「道徳の実行は、もちろん、感情と意志とによる。そして行為の前に、必ず実行しようとしている行為の道徳性がはっきりと意識されていてのち、この行為が自動的になるのであって、盲目の道徳には、むろんまったく価値がないのである」[★80]。

毛の立場は、個々の行為が全体の目的との連関がはっきりと意識されていて初めて道徳的価値があるという立場である。毛は、それをいま見たように二ヶ所において明言している。だがさらに、同じテーマについて再言する。その書き込みの位置は、「倫理学原理」批語の注によれば「批于第五〇頁第一章之末[★81]」とされているように、五〇頁の終わりの位置であり、それはまた第一章の末尾でもある。ちなみに右引用の第一は四九頁にあり、第二は五〇頁初め上端「頁首上端[★82]」である。また、『倫理学原理』本文と批注とを対照的に割り付けている『文存』本を見れば、この批注が、頁の最末尾にあることは一目瞭然である。この位置からして、この批注は、他のものが読むにしたがって書かれたものであるのにたいして、むしろ、全篇通読後に改めて書き加えたもののように見える。そしてその内容には、おそらく読み進むにつれて書き込まれた前二者とは明らかに違って、新たな反省が加えられているように思われる。

上に論じたのは智の高い人の道徳である。智の高い人についてはそうだが、普通人の場合には、多くは良能をもって事を行なって、充分にその生活を全うし満足させている。この良能なるものは、祖先以来代々相伝した経験であって、その初めはむろんその行為の意味について意識があったのであるが、それを久しく繰り返しているうちに、社会の習慣となった。個人の脳筋のなかに、思索を借らずぱっと反射運動を行なうある種の能力が形成された。それがいわゆる良能である。[83]

ここには、智の高い人と普通人との区別が現われ、普通人に関して、祖先以来の経験の集積が「良能」を結果したという説明がなされている。普通人にかぎってではあるが、経験的、唯物論的な理解が、萌芽的に出現したと見ることができるのではないか。

また、これとは異なる論点であるが、パウルゼンに、動反動、抵抗と運動という一種弁証法的な論述がある。「いっさいの労働いっさいの文明は漸次に這般の抵抗に打ち勝つにあり。若し田畠は自然に穀物を産し樹木は自然に果物を生ずるならばけっして稼穡種藝之なからん[84]」。

毛はこれらの記述にたいして「至真之理、至徹之言[85]」と口をきわめて激賞し、自ら一種の永久革命論を展開している。

然からば、不平等、不自由、大戦争など天地とともに古くして、永く消滅しえないもの。純粋の自由平等博愛などはたしてありうるだろうか。それがあるとすればそれは仙境である。とすれば大同説なども誤謬の理想ではないか。人は現に大同でない時代に生きているので、大同を想い望むが、それは人が困難のときに平安を想い温めるのと同じである。しかし、永い平安には、毫も抵抗がなく、純粋の平安は人生の我慢できるところではない。平安の境にまた波乱が発生せざるをえないのである。……老荘の絶聖棄智老死相往来せずの社会は徒に理想社会というにすぎない。陶淵明の桃花源の境遇は徒に理想の境遇というにすぎない。……乱を好むのではないが、安逸寧静の境遇には永く居れない、人生の耐えるところでなく、変化倏忽こそが人生の喜びとするところである。★86

ここには、明らかに儒家的な「止至善」の思想にたいする拒否と変化への強い嗜好の表出がある。これも傾向としては、歴史的な現実把握の論理への萌芽を含んでいるともいえるだろう。青年毛沢東の異文化接触のなかで、何ものかが動き出した。それはのちアジアの大地を揺り動かすことになる巨大な歴史的激動の、ほとんど誰も気がつかない、しかし、もはや押しとどめることのできない、初動であった。

以上をまとめよう。パウルゼン『倫理学原理』にたいする毛の「批注」は、おおむね旧い儒家的、とりわけ明学的思考にもとづくものであり、パウルゼンにたいする内在的理解はほとんどなく、思想的には一種のすれ違いとして終始している。記述表面から触発されて書き込まれた文章のなかには、当時の毛の中国社会への変革の予感と、そのなかで自らの義務を一命を賭して果たそうとする強い使命感の発露が認められる。パウルゼンとの思想的なすれ違いの当然の結果として、それらはパウルゼンの著書とはほとんどなんの関係もない。とはいえ、思想の歴史的具体的意味から切り離された形式ではあるが、個人の幸福と全体的倫理的義務との架橋、そしてそれを可能にする神の世界の拡大というパウルゼンの試みにたいして、毛は、明らかに神なしに現存する個のなかに理想の成就を見ようとする自己の見解を対置している。そのかぎりにおいて、毛は、パウルゼンと正面から切り結んでいるのである。

また、パウルゼンの試みた良心の起源にたいする経験的、唯物論的説明は、直接には毛によって一蹴されているけれども、じつは毛の内面において強い関心を呼び起こし、毛はそこから自らの思索を開始したかにも思われる痕跡が、この批注のなかに書き込まれている。それと並んで弁証法的な歴史観の萌芽とも見られる記述も残されている。

以上は、マルクス文献に触れてのち、共産主義宣言を行なう三年前のことである。この批注のなかに色濃く存在する儒家思想とわずかな史的唯物論への萌芽、それが毛のマルクス思想への前史であることは間違いない。こうした毛沢東の思想形成史は、中後期毛沢東の思想の深部にたいしてある重要な示唆を与えるように思われる。

第三章　共産主義宣言

はじめに

二四歳の毛沢東は、自己犠牲をすることによってのみ心の真の満足を得ることができた。他のために自己を犠牲にすることはそれだけが彼を自己充足させるからであり、自己充足という利己的な動機が自己犠牲の動機なのである。いうなれば利己的利他主義者であった。

その思想的源流は陽明学にまで遡るであろうが、康有為の百日維新に身を以て殉じた譚嗣同の流した血潮が当時の毛のなかに息づいていたのでもあろう。毛もまた、愛する人、愛する国のために、その熱血を捧げようとしていた。

だが、内部の腐敗と外敵の浸食に瀕死の状態にあった中国社会を救うための方法は、未だ毛のなかで形成されるにはいたっていなかった。二三歳から二四歳にかけてのパウルゼンとの対話は、彼が古い宋明学的思考に当時なおいかに深く囚われていたかを示している。

ただ、注目される一点は、パウルゼンのなかに兆している唯物論的な思考が、毛の心を強く捉えたらしいことである。『倫理学原理』への特異な書き込みが、彼のそこへの注視を証明している。

そして、のち、それを契機として唯物論に開眼したと毛は回顧する。『倫理学原理』読了後、すなわち一九一八年から一九年にかけて、世界は激動のなかに急展開していた。毛の目もまた内外世界の急潮に注がれ、やがて毛自身がこの急流のなかに自ら身を投じていく。

五四運動が始まる。それは長沙にも波及してくる。湖南学生連合会が結成され、週報「湘江評論」が刊行される。毛はその編集責任に当たる。最新思潮の紹介をその主眼とするものであった。一九一九年七月一四日創刊、五号まで出された。毛は四一篇の文章を発表している。

毛が取り上げているトピックを拾い上げるならば、第一次大戦終了後の各国の労働運動――ストライキ状況の紹介から始まって、陳独秀の逮捕、日本の米価高騰、ロシア過激党の後押しによるアフガニスタンのインド侵攻、それらによる革命運動のアジアへの波及、民族自決、女性解放などなどにいたる。当時の内外の状況がほとんど再現されるかのごとくである。

毛の生きる現代中国史が、まさに世界史のまっただなかでクローズアップされているといってもよい。毛は中国長沙の一角にいながら、同時代史としての世界史を生き始めようとしている。そして、「湘江評論」の創刊宣言のなかで、次のように自己の立場を表明している。

ゆえに我々の見解は、学術方面にあって徹底的な研究を主張する。いっさいの伝聞と迷信の束縛を受けることなく、何が真理であるかを探究しなければならない。人間にたいしては、大衆の連合を主張し、権力者に向けては持続的に「忠告運動」を行ない、「呼び声革命」――パンをの呼び声、自由をの呼び声、平等をの呼び声――「無血革命」を実行する。大混乱を引き起こす、あの無益な「爆弾革命」「流血革命」をやるのではない。★1

ここで毛は大衆の連合を基礎に置いた「呼び声革命」「無血革命」を標榜する。それは、当時の革命的潮流のなかで、やはりひとつの立場を、さほど尖鋭にではないかもしれないが、選び取るものだというべきだろう。この立場から毛はいかにして「共産主義者」の立場を選び取るにいたるのだろうか。

毛の共産主義者宣言は、一九二〇年のことである。「湘江評論」編集からわずかに一年後のことである。時代が急潮であれば、毛の動きも劣らず激しい。その激動する毛の一年を追いかけてみよう。

1　民衆の大連合

国家の崩壊の極まるところ、人類の苦痛の極まるところ、社会の暗黒の極まるところ、救済方法、改造方法、教育、産業、努力、猛進、破壊、建設など、当然に誤ることない一個の根本方法がある。すなわち民衆の大連合である。★2

これは、「湘江評論」第二号に掲げられた「民衆的大聯合（一）」と題する毛の論文の冒頭部分である。この「民衆の大連合」は、創刊号の「大衆の連合〔群衆聯合〕」による「呼び声革命」と共通する発想である。この発想のなかには、明らかにアナキズムからの影響が認められる。

この点について、やや立ち入ってみてみよう。

「民衆の大連合」は、第二号（七月二一日）、第三号（七月二八日）、第四号（八月八日）の三回にわたって連載された論文である。（一）は、民衆連合の必要と可能性を説き、（二）は、大連合にいたる基礎としての小連合を説き、（三）は、中国における大連合の見通しを論じる。

まず、民衆連合の必要と可能性であるが、毛はすべて歴史の動きの基礎に人間の連合があるとする。宗教改革、学術改革、政治改革、社会改革などの改革運動とその抵抗運動とは必ずその根底に人の連合があり、その連合の強弱、新旧、真妄とが勝敗を決したというのである。そして古来の連合は、強権者の連合であったとする。すなわち、列強連合、貴族資本家連合、トラスト＝資本家連合などがそれであり、日本の薩長連合なども国内の強権者の連合であったという。

そして、フランスの民衆の大連合が王党の大連合を打ち破って政治改革に勝利して以来、各国もこれに従い、近くはロシアの民衆の大連合が、貴族と資本家の大連合を打倒し、周辺各国もこれに倣って政治改革を達成しようと考えるにいたっている、という。

民衆大連合は、いかにして王党など強権者と対立するかというと、一握りの強権者は、知識と財力と武力とを一身に壟断し、無数の民衆を劣悪な経済状態に放置し、富めるものはますます富み、強きものはますます強く、ここに強弱両階級が発生するからだという。

やがて、貧弱なる平民は知識においても富においても軍事力においても、そのよって立つ基盤の秘密を知るにいたり、少数支配階級に比して多数の平民階級が「連合」という方法をもって立ち上がり、「忽然として鷲旗が紅旗に代わる」★3という。

これが連合の必要性と可能性についての解説である。では小連合とは何か。

強権者と闘うためには、当然大連合が必要であり、まずその基礎として種々の小連合を作る必要があるが、そもそも人類は群をなし社会を編成する天与の才があり、人びとは共通の利益を実現するために連合を形成したというのである。

ただし、人びとの境遇職業ともにさまざまであるがために、形成される連合の範囲もまた種々さまざまであるとして、毛はその実例を列挙する。農民連合、労働者連合、学生連合、女子連合、小学校教師連合、警察連合、車夫連合などなど。その実例を見てみよう。

諸君、われわれは農夫である。われわれはわれら田を耕すもの同士の連合を結成し、われら田を耕すものの利益を主張したいと思う。……田主は、われらをどのように待遇するか。租税は重いか軽いか。われらの家屋は適当か不適当か。腹は満ちているか空いているか。村には小作人はいるかいないか。これら多くの問題にたいして、つねに解答を求めねばならない。われら同士が一個の連合を結成しなければならないのは、切実で顕著な問題の答えを求めるためにである。★4

そして毛は西洋における事情を説明して、次のようにいう。西洋各国の労働者は、すべてそれぞれ職場ごとに小連合会があり、それらが進んで一個の大連合となる、多くの連合は相互に共通の利害があるがゆえに、大連合となることができるのだ、と。

このように、大連合は、必ず小連合から出発する必要があり、われらもまた外国の同胞たちを見習わねばならないと毛は結論づける。では、はたして中国においてこのような大連合が形成されうるか否か。第三論文はその点についての毛の見通しである。

毛は、辛亥革命以降の中国の歴史を振り返り、そこにも一種の民衆連合があったかに見えながら、じつはそうではなかった、辛亥革命は、一部留学生や可老会や武力に威嚇されたものたちの作り上げたものであって大多数の民衆とはまったくかかわりがなかった、とする。

そののちの政変においても民衆はかかわるところがなかったが、近年の南北戦争や世界戦争においては事情が異なってきている。世界戦争の結果、各国の民衆は生活苦の問題からおおいに活動を展開し始めた。ロシアでは、労働者農民連合が成立し、全世界が震動した。

中国では五四運動が始まり、洞庭閘水の波は高い。世界はわれらの世界である。国家はわれらのもの、社会はわれらのもの、われらが語らずして誰が語るか、われらが行なわずして誰が行なうか。民衆大連合を、一刻もゆるがせにせず押し進めよう、と毛は語る。

そして、毛は、中国において連合形成の気運は高まってきており、国民党と進歩党の形成を皮切りに、中華民国が成立し、国会、省議会、省教育会、省商会、省農会が形成されたのを始めとして、各方面に、校友会、同郷会、留学生会、日報公会、学生会、同学会、教育会、学会、同業会、研究会、クラブなどが陸続として形成されたことを指摘する。

そうした機運は、毛によれば、近来の政治解放、思想解放の産物であって、独裁政治のもとではけっして許されなかった事態であるとし、それら小連合が、近年の政治的混乱や外圧のもとにさらに増加し、ついには大連合形成の気運が高まってきたという。

たとえば、全国教育連合会、全国商会連合会、広州七十二行公会、上海五十三公団連合会、商学工報会、全国報会連合、全国平和期成会、全国平和連合会、北京中法協会、国民外交協会、湖南善後協会、山東協会、北京上海各省各埠学生連合会、各界連合会、全国学生連合会などなどが、陸続と結成されている状況を指摘する。

そして、それらのなかには、多くの非民衆的な紳士・政客が存在するにしても、各種学会、研究会などは、純粋に平民・学者の連合であり、最近の学生連合会などは、国内外の強権者にたいして決起した純然たる民衆連合であるとし、そこに中国民族大連合の機運が醸成されつつあるとする。

こうした状況を前にして、毛は、中国には、はたして民衆大連合を促進し成功させる可能性があるかを問う。そして中国の民衆にはその能力の欠如していることを承認したうえで、それが中国人の根本的無能力のせいではなく、その能力を開発するための修練が欠如したからだとする。

中国の巨億の民衆は、ひとり皇帝を除いて、何千年来の奴隷的状況のゆえに、政治、学術、社会などなどあらゆる分野で自ら思考し、組織し、自ら修練することをゆるされなかった。だが、いまや事態は変わった。あらゆるものが解放されねばならない。

思想、政治、経済、男女、教育などなどあらゆる分野において、人びとは九重の牢獄から解放されねばならない。そうすれば、中国民族本来の偉大な能力が発揮されて、中国民族大連合が形成される、われらの黄金世界はわれらの面前にある、とするのである。

以上が、「民衆の大連合」と題する毛の論文の内容である。この論文にアナーキズムへの傾斜が見られることはいうまでもない。先に見た「いっさいの伝説と迷信の束縛を受けることなく、何が真理であるかを探究」しようという姿勢のなかにも、すでにそれを読みとることができる。[★5]

たとえば、「近代科学とアナーキズム」は、一方に呪術師、神官、僧侶による知識の独占と迷信の流布が大衆を支配し服従させ、他方に大衆の創造力と現代科学技術との結合が社会の自由を発達させる可能性を展望している。[★6]

また、「人類は、群をなし、社会を編成する天与の才があり、人びとは共通の利益を実現するために連合を形成した」という叙述と、「氷河時代の暗闇に没しているはるか昔の太古時代にも、人びとは社会をなして生活していた。そして、これらの社会のなかで、大切に遵守されてきた一連の習慣や諸制度が作り出され、共同生活が可能となっていた。その後も、人類発達の全過程を通して、新しい諸条件が生み出されるに応じて、新しい形態の社会生活、相互扶助、平和の保障が、これら名もない群衆の創造力によって形成されたのだ」[★7]といった叙述が互いに相呼応するものがあることも了解されるであろう。

さらに、民衆の小連合を基礎とし、そのうえに民衆大連合、民族大連合を構想する毛の思考が、クロポトキンが共感をこめて引用しているフーリエのコンミューン構想と一脈通じ合うものであるとすることも大きな誤りではないだろう。

自由コンミューン、つまり、独立の小さな地域が新しい社会主義社会の基礎となり、単位となる。……これらのコンミューンは、相互に自由に連合して連合、地方、国民を形成する。★8

また、「農民連合、労働者連合、学生連合、女子連合、小学校教師連合、警察連合、車夫連合など」の小連合を組織しようとする毛沢東の思考が、『共産党宣言』の基調と大きく隔たるものであることも承認されよう。毛はこの時点でまだ『共産党宣言』を見ていないのである。

従来の中間身分の下層、すなわち小工業者や、小商人や、小金利生活者や、手工業者や、農民、これらすべての階級は、プロレタリアートに転落する。それは、一部は、彼らの小資本が大工業を経営するのに不十分で、もっと大きな資本家との競争に敗れるためであり、また一部は、彼らの熟練が新しい生産様式によって無価値になるためである。こうして、プロレタリアートはあらゆる住民階級のうちから補充される。★9

今日ブルジョアジーに対立しているすべての階級のうちで、プロレタリアートだけが真に革命的な階級である。その他の階級は、大工業の発展とともに衰え、没落する。プロレタリアートは大工業の特有の産物である。★10

中間身分、すなわち小工業者や、小商人や、手工業者や、農民、この人びとがブルジョアジーとたたかうのは、すべて中間身分としての自分の存在を没落から守るためである。したがって、彼らは革命的ではなく、保守的であるしそれどころか、反動的でさえある。なぜなら、彼らは歴史の車輪を逆に回そうとするのだからである。もし彼らが革命的になることがあるとすれば、それは、彼らがプロレタリアートのなかに落ちこむ時がせまっていることをさとった場合であり、彼らの現存の利益ではなしに、未来の利益を守る場合であり、彼ら自身の立場をすてて、プロレタリアートの立場にたつ場合である。★11

毛は明らかにアナーキズムへの賛美を次のように書き記している。

連合以後の行動として、……ひとつの派は比較的穏和であり、急激な効果を求めず、まず平民の理解を獲得することから始める。人びとには相互扶助の道徳と自発的な仕事を求める。貴族資本家にたいしては、ただ心を善に向けて仕事し、人を助け、人を害することがなければ、かならずしも殺す必要はない。この派の人の考えは、さらに広く、さらに深遠である。彼らは地球を連合して一国とし、人類を連合して一家とし、和楽親善――日本のいう親善とは違う――して、理想の世に到達しようと考える。この派のリーダーは、ロシア生まれのクロポトキンである。★12

毛におけるアナーキズムへの傾斜は疑いない。だがここまで書きながら、毛がこの同じくだり、この引用文の直前に、次のように記述していることはむしろ注目すべきことだと思われる。

2　クロポトキン

連合以後の行動として、ひとつの派ははなはだ激烈である。すなわち「即ち其の人の道を以て還た其の人の身を治る」という方法であり、彼らと命を懸けて闘った同志に言いがかりをつける。この派のリーダーはドイツ生まれのマルクスである。★13

毛の記述の仕方として注目される点は、民衆大連合運動の結果強権者を打倒した以後において二つの路線があるとして、そのいずれかを採るとは明記しない記述である。二つの路線とは、いうまでもなくアナーキズムのそれとジャコバン的なそれである。

いまひとつ注目される点は、マルクスのものと毛が捉えているジャコバン的路線の内容を、「其の人の道を以て還た其の人の身を治む」という朱子学的方法だとして理解している点である。毛が引用している朱子学的方法なるものについていてやや触れてみよう。

毛の引用は、朱子の『中庸章句』からの引用である。中庸とは、もと『礼記』のなかの一篇であるが、朱子はその内容に注目し、これに特別の解釈（章句）を施して、朱子学が尊重する四書のひとっに数えたことは周知のところである。『中庸章句』という経典の内容は、およそ次のようなものである。★14 よく知られているように朱子は、封建的な上下の分を宇宙的な原理にまで高めて理と呼び、それが宇宙人性に内在するとした。しかし、「上下の分」は、人間にとって超越的であることを免れない。人間にとって内在的原理であるはずの天理に由来する本然の性は、それゆえに、たえず人間の普通の自然のなかにある人間的な欲望によって危うくされる。朱子学が「天理人欲」という鋭い対立関係を突きつけ、「人欲」否定を人に迫ったのもそれにもとづく。

人心道心の異ありと為す所以は、則ちそのあるいは形気の私に生じ、あるいは性命のまさに原するを以て知覚を為す所以のもの同じからず。ここを以てあるいは危殆にして安からず、あるいは微妙にして見難きのみ。しかれども人この形あらざるはなし。ゆえに上智と雖も人心なき能わず。またこの性あらざるなきがゆえに、下愚と雖も道心なき能わず。二者方寸のあいだにまじわって、これを治る所以を知らざれば、危うきものはいよいよ危うく、微なるものはいよいよ微にして、天理の公ついに以てかの人欲の私に勝つことなし。(中庸章句序)

「人心これ危うく、道心これ微なり」というのが、朱子にとって偽らざる現状であったのであろう。そこから、朱子学に特徴的なリゴリズムが胚胎する。さて、問題の「人の道を以て人の身を治める」は、中庸第一三章に付された朱子の章句である。以下に、経・章句を掲げる。

経　先生はいわれた、「道は人から遠く離れたものではない。人が道を実践してそれが人から離れて高遠だというのなら、そんなものは道とするに値いしない」。

章句　道とは人間の本性に従うだけのことだ。衆人がよく知りよく行なうことのできるものだ。だからつねに人から遠くない。もし道が卑近であることを嫌って為すに足らずとして、かえって努めて高遠難行のことをするとすれば、それは道を為すことにはならない。

経　詩経には、「斧の柄を作ろう斧の柄を作ろう、そのお手本は遠くない」とうたわれている。（詩云。伐柯。伐柯。其則不遠。）斧の柄を握って斧の柄を作るのだから、横目で見くらべるだけでよいのだが、それでもなお対象が二つだから遠いといえる。そこで、君子は人の道によって人を治め、改まったならそれでよいとする。高遠なことを求めてむりなことをしたりはしない。

章句　柯とは斧の柄のことである。柄とは法である。ここで謂われていることは次のことだ。人が斧の柄を執って木を伐り斧の柄を作るさいには、斧の柄の長短は斧の柄に備わっている。それでも、なお作ろうとする柄と作っている柄とは別である。だから伐る者は、これを視てなお遠いとするのである。もし人を以て人を治める場合ならば、人たるの道は、おのおの当人の身にあるのだから、初めから彼此の別はない。だから君子が人を治めるには、すなわちその人の道を以てするのであり、またその人の身を治めるのである。その人よく改めれば止め、治まらなければ、思うに、これにたいしそのよく知りよく行なうことをするように求める、人から

遠いものを道としようとするのではないのである。★15

斧の柄の長さとそれによって作られようとしている柄の長さは至近のところにあるのに、人道は人間にとってそれよりも近いのだと力説されるけれども、やはり、上下の分を軸として事細かに決められた規矩準縄が、人間の自然な心とぶつかるのは避けられない。

たとえば寡婦に課せられた貞節の義務などは、人間の自然な普通の心とぶつかるのは避けられまい。こうした人心は、貞節義務を当然とする道心を基準として否定されるだろう。道心からはみ出た人心は、斧の柄の長さに合わせて木が切り取られるように、切り取られる。朱子の「人の道を以てその人の身を治める」という方法は、人間にとってきわめて内在的なものだと力説されつつその道徳的基準から違背するところには、容赦なく斧鉞が加えられるのである。毛は、この超越的強制的な朱子学の方法をこそマルクスの方法だとする。

「その人の道を以て人を治める」という表現は、それが人間にとって内在的な方法であることを強調し、天理による人間の強制的抑圧であることをぼかす。毛は、そうしたぼかした表現を採用することで、マルクスが強制的方法であることをぼかすことになっている。

マルクスの方法を強制的方法であるとするのは、『共産党宣言』を読んだうえでの判断ではない。彼が実際に自分の目でそれを読むのは、一九二〇年に入ってからだとされている。★16 ここでの解釈は、アナーキスト側のパンフレットなどから自然に導かれる見解であろう。たとえば、クロポトキンには、次のような文章もある。

強固に集中した権力を備え、いかなる国民の独立への傾向にたいしても敵意をもって対する国家、官僚陣の強固な階層的中央集権的、および強大な政府権力――ドイツの社会主義者と急進派が到達したのは、こうした結論であった。……マルクスとエンゲルスとは、パリ・コンミューン崩壊後にロンドンへ亡命したフランスのブランキストたちの助力を得て総務委員会を牛耳り、インタナショナル内部にクーデタを起こすことによって、総務委員会に与えられた権力を利用した。総務委員会は、協会の行動綱領のなかで定められた、資本にたいする労働の直接闘争を、ブルジョワ的議会における煽動にすりかえたのであった。このクーデタは、インタナショナルを殺してしまった。★17

その他にも「中央集権的ジャコバン主義」「権威主義的共産主義」「立法によって共産主義を押しつけるプロタリアート独裁」などといったマルクス派への非難の言葉は、アナーキズムのパンフレットのいたるところに氾濫している。毛の表現はそれを和らげぼかしたものとなっている。スノーは当時の毛の回想を伝えている。

政治にたいする関心は強まっていき、私の気持はますます急進的に変わっていきました。その背景については前にお話しした通りです。けれどもそのときでも、まだ私はいわば出路をたずねあぐんで迷っていたのです。私は無政府論についてのいくつかのパンフレットを読んで、大きな影響を受けました。しじゅう私の家を訪れた朱謙之という名前の学生と、私はしばしば無政府主義や中国におけるその実現性について議論をしました。当時私は無政府主義の提唱する多くの議論に賛成していました。[★18]

毛はすでにこのとき、李大釗の「ボルシェヴィズムの勝利」には触れていたのだろう。文字通りボルシェヴィズムの勝利としてロシア革命が彼の面前において展開していく。マルクス派を強制とし、クロポトキンをより広範深遠としながらも、マルクス派を否定・拒絶していないのは、師楊昌済の融合思想（「東西文明を合わせて一炉のなかで融合すべし」「万波争流がついに大海に帰すことを願う」）[★19]に従ったからであろうか。

強制とする点でも、それをオブラートに包んでいるのである。そこにも毛の柔軟性が現われていると思う（毛がそれを「恐怖の方法」と明言したうえで、これを採用すると宣言するのは、そんなに先のことではない——後述）。ただし、無政府主義の「中国におけるその実現性」について議論したというのは、一九三六年という回想時点での毛の政治的立場がなさせている表現である可能性も否定できない。

いずれにせよ、この時期、毛がアナキズムに心を奪われていたことは間違いない。民衆の連合というレベルの問題とは離れるけれども、一九一八年以来、毛が、パウルゼンの『倫理学原理』の記述に触発されて、ひとつには、宋儒とカントとの超越的「命令」の類似に思いをいたし、いまひとつ、宗教・道徳・制度などの唯物論的把握の目を開かれつつあったとすれば、その点でもアナーキズム文献は毛にとって啓発的であったはずである。たとえばクロポトキンのパンフレットに次のような叙述がある。

周知のように、カントは人間の道徳的感情を証明しようとして、それが「至上命令」の表われであると述べ、また、行為の格率が義務となるのは、それが「普遍的に適用しうる法則として受け取ることができる」場合である、と論じたものである。しかし、この定義に使われた言葉は、いずれもみな、周知の道徳的事実を説明するかわりに、なにか曖昧模糊として理解しがたいもの〔「命令」とか、「至上の」とか、「法則」とか、「普遍的」とか!〕を表示しているのだ。……彼らは、人間がどこから善悪の観念を得たかを証明しようと試みるさい、ゲーテの表現を借りるなら、「思想の空虚さを隠すための言葉」を挿入しようとはしなかった。彼らは人間を研究した。そして、すでに一七二五年にハッチソンがしたように、また、その後アダム・スミスが名著『道徳感情の起源』においてしたように、彼らもまた、人間の道徳感情が、苦しんでいる者にたいして感じる憐れみと同情の感情にその起源を発していることを見いだした。つまり、それがわれわれ自身を他人と同化するという、われわれに授けられた性能から起こったこと、われわれの面前で子供が鞭打たれているのを見るとき、われわれはほとんど生理的苦痛を感じるほどであり、われわれの天性は、こうした行為に反抗するものであることを、彼らは見いだしたのである。このような観察と万人周知の事実から出発して、……彼らは複雑な現象である道徳的感情をより単純な諸事実によって実際に説明したのである。彼らは、周知の理解しやすい諸事実のかわりに「至上命令」とか「普遍的法則」とかいったたぐいの、なにものをも全然説明しない不可解かつ曖昧な言葉を用いはしなかったのだ。「天界からの霊感」をうんぬんするかわりに、道徳的感情に関する人間界以外の、超自然的の起原について語るかわりに、彼らはこう言ったのである。「人間がこの地上に出現して以来、つねに人間のうちに、憐れみ、同情の感情があり、それは同胞を観察することで確認され、しだいしだいに社会生活の経験によって完全なものとなった感情である。われわれの道徳観念は、この感情から発している[★20]」。

また革命運動に関しても、本章の冒頭に記したように、毛のなかには、最愛の人を救うためにはわが身を犠牲にしたい、わが身を犠牲にして救済に向かう以外に自分が満足できることはない。自分の満足を得るためにこそ、わが身を犠牲にするのだという利己的利他主義があった。そうした彼のヒロイズムと、アナーキズムの一種のヒロイズムとは、深く共鳴するものだったと思われる。

革命の準備期を研究することによって、われわれの到達した結論は、次のようなものである。……革命はすべてみな、孵化期のほかに進化期をもっていたのであり、その期間に、人民大衆は、当初きわめて控え目な要求を出したのち、次第次第にきわめて緩慢な足どりで革命精神に浸透されていったのである。……孵化期について言えば、われわれは次のように理解する。すなわち、当初は個々人が、自分たちの周囲に見いだした事がらに深く心をゆり動かされ、別々に反逆した。彼らの多くは、これといった成果をあげることなく滅び去った。しかし、社会の無関心は、これらの前哨のおかげでゆさぶられたのである。現状に満足した者も、心の狭い人たちも、いまでは、次のように自問しないではすまされなくなった！　いったい、なぜこれらの若い、誠実な、力に満ちあふれた人たちが、自分たちの生命を投げ捨てたのだろうか、と。もはや、無関心のままに留まることはできなくなった。賛否いずれかを明言せねばならなくなった。こうして、思想が覚醒した。少しずつ、人びとの小集団も同様に革命精神に浸透されていった。彼らも、ときに、部分的な成功をかちとるのを期待して、たとえば、ストライキに勝って子供たちのためにパンを獲得するとか、憎むべき役人を追放するとか、といった目的を達しようと反逆に出た。しかし他方では、きわめて頻繁に、しかも、なんら成功の期待をもたずに反逆したのである。なぜならば、もはやそれ以上耐え忍ぶことができなかったからであった。革命に先行するのは、こうしたたぐいの反逆行為、しかも、一回や二回や十回の反逆でなく何百という蜂起なのだ。★21

「当時私は無政府主義の提唱する多くの議論に賛成していました」という毛の言葉は、その時期の毛の思想状況を正確に、また含蓄深く伝えるものだといってよい。毛のなかのアナーキズムは、その後も彼の胸底に潜伏し、時として意識や思考の表面に現われるだろう。

3　デューイもしくは胡適

アナーキズムの唯物論は、経験を重視し、帰納を重んじる。毛は、先に見たように種々雑多な民衆連合に着目するが、その組織論は、アナーキズム的な経験論と帰納主義とを基調としていると言って良い。

またそれが、プラグマティズムと共通する思考方法であることもいうまでもない。この時期の毛の文章に、「問題研究会章程」という注目すべき文章がある。一九一九年九月一日の日付があり、一〇月二三日刊の「北京大学日報」（第四六七号）に掲載されたものである。

「およそ事であれ理であれ、現代の人生が必需とするのか必需としないのかなお未解決で、現代の人生の進歩に影響あるものは問題をなす。いま同人によって一会を設け、これらの問題の解決にとくに力を入れ、まず研究を始めるに当たって、会の名前を問題研究会とする」[★22]が第一条、問題研究会の定義である。

第二条において、以下のような問題群が、研究すべき問題として列挙される。煩を厭わず、そのすべてをここに紹介しよう。それらが、当時の毛の内面的世界を、もっとも雄弁に、またもっとも具体的に開示するであろうから。

（一）教育問題

（1）教育普及問題（2）中等教育問題（3）専門教育問題（4）大学教育問題（5）社会教育

問題（6）国語教科書問題（7）中等学校国文科教授問題（8）不懲罰問題（9）試験廃止問題（10）教育方法改革問題（11）小学校教師の知識、健康、俸給問題（12）公共体育館建設問題（13）公共娯楽施設建設問題（14）公共図書館建設問題（15）学制改革問題（16）留学生増加問題（17）デューイ教育論をいかに実施するか

（二）女性問題

（1）女性参政問題（2）女性教育問題（3）女性職業問題（4）男女交際問題（5）貞操問題（6）恋愛自由・恋愛神聖問題（7）男女共学問題（8）女性化粧問題（9）家庭教育問題（10）姑との同居問題（11）廃娼問題（12）廃妾問題（13）纏足廃止問題（14）公共保育園設置問題（15）公共老人施設設置問題（16）私生児取り扱い問題（17）避妊問題

（三）国語問題（四）孔子問題（五）東西文明融合問題（六）婚姻制度改良、廃止問題（七）家族制度改良、廃止問題（八）国家制度改良、廃止問題（九）宗教問題、宗教廃止問題

（一〇）労働問題

（1）労働時間問題（2）労工教育問題（3）労工住宅および娯楽問題（4）労工失業問題（5）賃金問題（6）児童労働問題（7）男女同一労働同一賃金問題（8）労働組合問題（9）国際労働問題（10）労農参政問題（11）強制労働問題（12）剰余均分問題（13）生産機関公有問題（14）労働者退職年金問題（15）遺産帰公問題

（一一）民族自決問題（一二）経済自由問題（一三）海洋自由問題（一四）軍備制限問題（一五）国際連盟問題（一六）自由移民問題（一七）人種平等問題（一八）社会主義実現性問題（一九）民

衆連合はいかに推進すべきか（二〇）勤倹工学主義をいかに普及すべきか（二一）ロシア問題（二二）ドイツ問題（二三）オーストリア・ハンガリー問題（二四）インド自治問題（二五）アイルランド独立問題（二六）トルコ分裂問題（二七）エジプト争乱問題（二八）ドイツ皇帝処置問題（二九）ギリシア再建問題（三〇）東部フランス再建問題（三一）ドイツ植民地処置問題（三二）港湾公有問題（三三）飛行機大西洋横断問題（三四）飛行機太平洋横断問題（三五）飛行機天山山脈横断問題（三六）山峡トンネル開通問題（三七）シベリア問題（三八）フィリピン独立問題（三九）日本食料問題（四〇）日本問題（四一）朝鮮問題（四二）山東問題（四三）湖南問題（四四）督軍廃止問題（四五）軍縮問題（四六）国防軍問題（四七）新旧国会問題（四八）鉄道統一問題（四九）満州問題（五〇）蒙古問題（五一）チベット問題（五二）義和団事件賠償金返却問題

（五三）中国人出稼労働者問題

（1）中国人出稼労働者教育問題（2）中国人出稼労働者貯蓄問題（3）中国人出稼労働者帰国後問題

（五四）地方自治問題（五五）中央集権か地方分権か（五六）両院制か一院制か（五七）普通選挙問題（五八）大統領権限問題（五九）文官・法曹試験問題（六〇）賄賂一掃問題（六一）合議制内閣問題

（六二）実業問題

（1）蚕糸改良問題（2）製茶改良問題（3）棉業改良問題（4）造林問題（5）鉱山開発問題（6）紡績工場・織布工場過剰設置問題（7）海外貿易経営問題（8）国民工場設立問題

（六三）交通問題

（1）鉄道改良問題（2）おおいに外資を導入して鉄道を増築する問題（3）無線電信局建設問題（4）海陸電線増設問題（5）水運業拡張問題（6）商用埠頭・大通建設問題（7）郷村鉄道建設問題

（六四）財政問題

（1）外債償還問題（2）外債追加借入問題（3）内債償還および増募問題（4）減税増税問題（5）塩業整理問題（6）首都財政・地方財政区分問題（7）税制整理問題（8）田畝測量問題（9）田税均一・追加問題

（六五）経済問題

（1）貨幣本位問題（2）中央銀行確立問題（3）紙幣回収問題（4）国民銀行設立問題（5）国民貯蓄問題

（六六）司法独立問題（六七）領事裁判権取消問題（六八）商市公園建設問題（六九）模範村問題

（七〇）西南地方自治問題（七一）連邦制を施行すべきか否か

以上、七一項一四四箇の問題群である。充分に整理されたとはいえない、ほとんど無数の、内外あらゆる分野にわたる問題群を見ると、当時の毛沢東の関心状況とまた当時の中国を取り巻く内外状況が手に取るようにわかる。それらの諸問題をすべて引き受けようという毛の若々しい気概をもまた、そこから感じ取ることができる。

また、こうした問題の配列の仕方のなかから、毛の視野の広がり方を追体験できるようにも思われる。最初に出てくる教育問題は、楊昌済のもとで学んだ時以来の問題意識を反映するものであり、婦人問題もそれに引き継ぐものであったであろう。あと労資関係問題、帝国主義国際関係にかかわる問題、中国近代にかかわる問題へと、毛の視野と関心とが広がっていった状況が、これらの問題の配列のなかから浮かび上がってくる。

こうしたいわば目につく限りありとあらゆる問題を、ある意味では平面的羅列的に問題とする仕方のなかにアナーキズムの経験尊重主義、帰納主義の響きと同時に胡適経由のプラグマティズムを看取ることもきわめて容易である。この問題群のなかに「デューイ教育論をいかに実施するか」があったことは、いま見たとおりである。

この当時の毛が、胡適に傾倒していたこともよく知られた事実であり、陳独秀と胡適が当時毛が捨てた康有為・梁啓超に代わる「模範」であったことは、毛自身の回想にある。のみならず、一九二〇年七月九日付の毛の胡適宛書簡は毛の回想を裏づけている。

現在では、一九一九年の胡適と李大釗との「問題」をめぐっての論争は周知の事実であるが、毛はこの時点においてたぶんそれを知らなかったであろう。また知っていたとしても、なお李論文の意味を充分には捉えるにいたっていなかったというべきであろう。★23

胡適の主張は、いうまでもなくデューイ流のプラグマティズムであって、資本主義社会の生み出すさまざまな問題を根本的な体制変革を通して克服するというのでなく、個々別々に対症療法的に処理するという機能主義的な「問題解決」論であり、胡適はそれを「具体的問題を具体的に解決せ

★24よ」と説くのである。

それにたいする李大釗の批判は、さまざまな問題を平板に羅列的に追いかけるのでなく、資本主義体制の生み出す根本問題との関連において捉え、資本主義体制そのものを変革することで、「根本的解決」をめざすべきだというものであった。

この議論に照らしてみるならば、右に上げた一四四個の問題群とその配列の仕方は、毛の問題意識がなお混沌たる星雲状況のなかにあることを物語っている。形からいえばそれは胡適に近いけれども、そこには、問題の根本たる体制問題へと連なるほかない問題が、そうでない問題とともに混在しているのである。ここには、胡適の方向と李大釗の方向とが、胡適への大きな傾斜をともないつつも、未分離のまま同時に混在しているのである。

内容的にいえば、はじめの方にある教育論、婦人論は、それを追求していくならば、嫌でも中国の封建的もしくは半封建的な体制にいき着くほかないし、次の労使問題が中国資本主義にぶつかることもいうまでもない。やがて毛が婦人論を通して、旧中国の矛盾に直面するにいたる事態を、われわれはすぐ目にすることになるであろう。

だがそれらの問題が、いまだとりわけてそうした意味づけを与えられることなく、それに引きつづく以下の政治経済近代化の諸問題と併存しているところに、胡適的な状態が色濃く認められるのである。

4　婦人解放論と旧中国批判

一九一九年一〇月五日、毛の母が病逝する。八日付の「母を祭る文」が、『文稿』のなかに収められている。その生涯を毛は「中間万万、皆傷心史」の一語に集約する。「ひとつには徳盛んにして、ひとつには恨むことすくなし。わが母は気高く、頭を揚げて愛を博くす」[★25]という句のなかにも、毛の母にたいするかぎりない敬慕の想いを見ることができる。

母の死から幾日も経たない一一月一四日、湖南長沙の趙五貞自殺事件が起きる。趙は、眼鏡店の娘であったが、父母の決めた結婚話（富商呉某への後妻入り）にたいして、後妻になること、相手が年寄りで容貌が醜いのを嫌って拒むのであるが、許されない。結局、輿入れの轎のなかで自殺するという事件である。

薄幸の女性の死と、傷心の生涯を送った母親の像とが毛のなかで重なり合ったのであろうか、この事件を契機に、毛は立てつづけに八篇の女性解放論、ないし旧中国婚姻制度批判を発表する。その内容を、以下追いかけてみよう。

まず趙の自殺について、「趙女士自殺にたいする批評」（一一月一六日）のなかで、毛は社会と趙の生家と夫の家との三者（三面鉄網）の強烈な締めつけが、彼女の生きる意欲を圧し潰し、死を求めさせたのだとする。その三者がいずれも趙の自由な意志を認めず、意に添わぬ結婚を強制したから、やむなく彼女は死を選んだのだというのである。

次いで、毛はこの趙の自殺について、趙の「人格問題」を問題とする（一一月一八日）。「趙女士には人格があるのかないのか」という問題であり、それにたいする毛の答えは、二つである。すなわち、「趙女士に人格なし」と「趙女士に人格あり」の二つである。

西洋において父母が子女の自由意志を承認するのにたいし、中国においては、父母の命令が絶対で趙には自由意志がまったく認められていなかった。その事実からすれば、「趙女士に人格なし」と結論づけられる他ない。

趙女士は二一歳であり、この二一年間人格を否定されつづけられてきたが、二一年の最後の瞬間に、彼女が自らの自由意志にもとづいて命を絶った。趙が自らの意志によって行動したこの瞬間彼女は自らの人格を実現した。それが「趙女士に人格あり」の根拠である。

こう述べたあとで、毛は、「自分の良心が、自分に次の二句を言えと迫る。（一）世界のなかで趙女士の父母に類するものはすべて入獄すべきである。（二）世界中の人が声を合わせて『趙女士万歳！』と叫んでほしい」[26]と結ぶ。

翌一九日には、「婚姻問題について敬しんで男女青年に告ぐ」を著す。すなわち、趙女士の自殺事件を目前にして、「あなたたちは自己の結婚に関して、あなたたち自身で決定すべきであって、父母による代行は絶対に否認しなければならない。恋愛は神聖である。代理できないことであり、威を以て迫ることのできないことであり、利を以て誘うことのできないことである」[27]とする。さらに、同日、「結婚制度改革問題」について、徹底討論を呼びかけ、結婚制度改革にかかわる論文の投稿を求めている。

二一日、「女子自立問題」を発表。ここで毛は、中国における女性の政治法律教育から職業交際娯楽名分などあらゆる領域における無権利状態や男性に比べてつねに低い位置などが、じつに中国数千年にわたる不当な「礼教習俗[★28]」にもとづくものであることを明言する。毛は、母の生涯の追想や趙の自殺事件を通じて、旧中国の「礼教習俗」の不当性をはっきりと意識するにいたる。

毛は、すでに一九一七年の時点で、「唐宋以後の文集詩集を焚き捨てる[★29]」ことを主張したとされているが、この趙女士の自殺問題を通して礼教習俗の激烈な害毒が、もっとも具体的なかたちでとらえられたということができるであろう。ただし、毛の「唐宋以後の詩文」にたいする批判は、必ずしも原理的体系的なものでなかったことは、その同じ箇所で、譚嗣同への賛美が語られていることからも明らかである。

ともあれ、女性解放が高唱される時代にいたって、このような自殺に追いやられる事件が生まれるところに、「わが国社会の罪悪がどれほど深くどれほど強固であるか[★30]」が示されているのであり、毛はこのような悲惨な事件の再出を阻止すべき抜本塞源の方法を研究しなければならない、とする。

それでは、女性の男子への隷属は、いかにして発生したか。毛の考察によれば、上代食物が豊富で男女ともその地位が平等であった時代においては、生理上の必要から女子が男子を支配していたのであるが、人口が増加するに及んで食物が不足するにいたり、女性の出産時の困難につけ込んで男子が女子を支配するにいたったという。

恋愛神聖を説く現代思想以前にあっては、この男性支配が普通であり、男女関係において、恋愛というのはたんなる付属物であって、中心にあるのは経済関係であり、それこそが資本主義の支配なのだ、という。

このあたりの毛の男女不平等起源論は、エンゲルスの『家族、国家および私有財産の起源』の、不正確なぼんやりとした反映であるといえるだろう。金銭上の支配が即「資本主義」の支配であるという毛の素朴な資本主義理解にも注目しておく必要があるだろう。

ともあれこうした男女不平等起源論に立脚して毛が提示する女性解放のための方法は、まだ身体的に成長していない段階での幼児結婚の絶対禁止と結婚以前に女性が経済的に自立し、産後の生活費まで確保したうえで、自らの意志で、すなわち恋愛によって結婚するということと「児童の共同保育」に帰着する。

一一月二一日、毛は『社会諸悪』と趙女士」を著す。趙の自殺は、軟弱で消極的なものでしかない、死んだりしないでどこかへ逃げられなかったかという意見にたいして、自説が、趙の行動をもっぱら環境に迫られたものとして、趙自身の主体性について忽せにした点を反省し、翌々二三日発表の「非自殺」とともに、自説の補強を図ったものである。

この「社会諸悪」論では、もし趙がどこかへ逃亡を図ったらどうなるかを、最近の事件を紹介しながら考察する。韶山の一八歳になる聡明な美少女が、愚かな醜男のところへ嫁がされたが、夫が気に入らず、隣家の男子と恋に落ち、家出をして自由恋愛の道を実行した。だが、日ならずして捉えられ、打たれ、叱責され、醜男のもとに返されることになった、という。

以上のことから、毛は、社会悪の猛烈さを強調し、逃亡することも困難なことを力説する。ただしそれによって、趙なりの主体性の貫き方を不問に附すのでなく、「非自殺」において、毛は注目すべき説を展開する。

ここで毛はパウルゼンの倫理学説などに言及しつつ、最終的に、人は生を以て目的とするのであって、自殺を肯定することはできない（「非自殺」）としたうえで、社会が人から生きる希望を奪ったときには、希望を取り返すべく社会と闘うべきである。闘って死ねば、それは殺されたのであって、自殺ではない。

このように考えて、毛は、生の四段階評価基準を提出する。すなわち、第一が「人格ある生」であり、第二が人格的生を阻まれた場合の「闘って殺される」であり、第三が「自殺」であり、第四が「屈服」である。

趙には、闘って死ぬというより主体的な生き方があった。とはいえ、趙の自殺には、なし難きをなし、強権に反抗して、人格を保全しようという相対的価値があり、その点で趙の自殺にある種の敬意を覚えるのだ、と結論する。自殺問題を、社会悪と主体性との両面からよく論じているということができるだろう。

二五日には、「恋愛問題――少年と老人」が発表される。ここでは、恋愛に関心を失った老人が、神聖なるべき恋愛を奴隷的存在の金力による獲得ということへ変えてしまったことが非難される。すなわち、毛によれば、父親が子どものために妻を娶らせるのは、自分に代わって子どもの嫁に、茶を入れ、飯を炊き、家畜の面倒を見、布を織る類の奴隷の仕事をやらせることを目的としたものにすぎないのだという。

礼記が「子はなはだしくその妻を宜しくす。父母悦ばず。子、その妻を宜しくするを得ず」[★31]といっているところにも、結婚が子どものためでなく、親にたいする奴隷的奉仕のためであることの

「鉄証」が示されているとも毛はいう。

そして、奴隷的奉仕や結納金に関心をもつ「資本主義」と恋愛とは相容れず、老人と「資本主義」とは結合を深め、恋愛の良き友は少年であるとし、子女の婚姻にたいして父母は絶対干渉してはならず、子女は父母の自分の婚姻にたいする干渉を峻拒しなければならない、とする。

そしてこのときはじめて、「資本主義」の結婚が廃止され、恋愛中心主義の婚姻が成立し、真に愛しあう幸福な夫婦が出現する、と結論づける。旧社会の結婚制度のなかに、毛は奴隷的奉仕と「資本主義」（物欲主義）とを見いだしたのであった。

毛は、さらに二七日に「媒酌人制度を打破せよ」、二八日に「婚姻上の迷信問題」を著して、旧社会の奴隷的奉仕と「資本主義」的隷従を支える媒酌人制度と男女の結合にかかわる迷信を批判する。

毛によれば、中国社会とは、ひとつの大ペテン社会であり、科挙とか土匪とか官僚とか、すべてペテンでないものはない。媒酌人制度もまた、そうしたペテンのひとつである。親が子供の結婚を左右するというけれども、親には決定の実権はなく、媒酌人のいうがままに処理されるという。

媒酌人なるものは、「拉合成功」（くっつけりゃそれで良し）を根本主義とし、とにかく結びつけることに意を注ぎ、言葉巧みに両家をその気にさせるけれども実際は、ロバと馬を結びつけるような結果がしばしばである。この制度を打破して、中国語の辞書から「媒酌人」「月下老人」などの語をすべて追放せよという。

さらに、この媒酌制度と結びついているのが婚姻上の迷信であるとして、その打破をも毛は呼びかける。すなわち、「婚姻予定説」（母親の胎内に生を授けられたとき、すでにその婚姻は決定されているという説）や、その他、「合八字」「訂庚」「選吉」「発轎」「迎喜神」「拝堂」などさまざまな迷信の打破である。

以上のように、母の死、趙の自殺を契機に、旧中国社会の婚姻制度への批判が、堰を切ったように展開される。中国社会は、いまや、数千年の不当な礼教習俗に覆われた一大ペテン社会、女性と若者に奴隷的隷従が強制される「資本主義」支配の社会として立ち現われる。このような社会の前に立って、とくに女性についてであるが、毛は、社会悪の強制によって生きる希望を失ったならば、死にいたるまで奮闘すべきだとする。

ここでは、未だ毛のなかで、革命は日程に上っていない。とはいえ、毛にはすでに、民衆大連合という革命の方法論がある。中国内外にはさまざまな問題が怒濤のように押し寄せており、それらはいずれも解決を求めて山積されている。やがて毛が、受け身に社会悪に迫られているだけでなく、能動的に社会に働きかけ始める姿をわれわれは目にすることになる。

ただその前に、わたしたちは、一二月一日付の「学生の仕事」という一文に止目する必要があるだろう。この小文のなかで、毛は、ロシアに端を発する日本の「新しい村」、アメリカの「工読会」、フランスの「勤工倹学会」などの動向を紹介しつつ、岳麓山一帯に「新しい村」を建設することを提案している。

改良進歩は、家庭、学校、社会の三者においてなされる必要があり、この三者を含む「村」において、この三者の改良進歩を実現しようというのであろう。

この計画によれば、学生は、一日を六つに分け、八時間の睡眠・四時間の休憩のほか、四時間の自習、四時間の受講、四時間の仕事に従事するものとされる。

仕事の内容は、花木、野菜、棉、稲などの栽培、森林管理、牧畜、桑栽培、鶏魚の飼育などの農林作業である。学生が農林関係の実務に習熟し、広く農村に居住し地域の指導に携わり、「政治常識」を地域の人びとに普及することが、地方自治の条件であるとの展望のもとに、学生の生産的な作業が構想されている。

そして、新しい村の中では、新しい学校教育を受けた住民が、新しい家庭を作り、その家庭が合して新しい社会を作る。新しい社会の内容として、公共育児院、公共施設、公共学校、公共図書館、公共銀行、公共病院、公共農場、公共作業場、公共消費組合、公共劇場、公共病院、公園、博物館、自治会などが列挙される。

毛の新社会への構想は、ひとまずこのような美しいユートピアとして描き出されている。そのさい、われわれの目を引くのは、ひとつには、毛の学習と勤勉とを二つの軸におく方法的生活態度への強い関心である。彼のいくつかの書簡のなかに、毎日の規則正しい生活習慣に関する言及をみいだすことができる。そしていまひとつは、共同と農業への一方的な傾斜、裏返せば、自由と産業への関心の希薄さである。

5　湖南自治運動

一九一九年当時、湖南の支配者は、北洋軍閥系の張敬尭であった。張の省政治は軍閥政治相応の悪政であり、これにたいする不満が地域に蔓延していたことはいうまでもない。波及する五四運動の波に乗って、駆張運動が巻き起こるのも自然の流れであり、五四の地方リーダーのひとりである毛がこれに参与するのも、また自然の経過であった。

当時の軍閥間の政治力学のなかで、張は駆除され新しい支配者が登場し、ある種の改革が始まる。省自治、省憲法制定の動きなどなど。しかし、いずれにせよ、それらは旧中国の病巣そのものにメスを入れるものではなかった。古い枠の中での、相対的な「民主化」をめぐる対立が、政治史の主要なトピックである。

毛は、しかしながら、この政治対立の渦中に湖南学生連合会のリーダーとしてかかわり、早くも卓抜な政治指導力を発揮し始めていることが、さまざまな情報によって知られる。そのさい彼を衝き動かしている政治改革構想が、アナーキズムの「国民大連合」論であったことは、彼自身の残した文章のなかからはっきり確認することができる。

湖南省改革運動に関する『文稿』に収められた毛の文章は、およそ一〇数篇あるが、「湖南人民自決」「湖南共和国」「反対統一」「湖南モンロー主義絶対賛成」とかいった表題のなかにも、毛の思考が明瞭に現われている。「湖南が中国の災いを受けたことを歴史と現状に照らして証明する」

といった表題からも、その傾向を知ることができるだろう。

毛によれば、湖南は、上に中央政府を戴かなかった春秋時代だけを例外として、つねに中央から抑圧されつづけてきた哀れむべき弱小国であった。四千年の歴史のなかで、湖南人は、未だかつて腰を伸ばし、気を吐いたことはなかったのである。[32] 維新変法期の湖南人の対応はきわめて敏速であったが、譚嗣同・熊希齢の悲劇に終わっている。

いま湖南が追求すべき改革の方向は、砂上に楼閣を築くような統一中国ではなく、武人による官僚の権力壟断を廃して、省人民の省自治である。[33] 省人民の戦いは、「人格のための」[34] 戦いであり、専制者から市民が自由を獲得するための戦いである。[35]

ここでは、明らかに「個人」「市民」の自立を基礎にした民主的な自治組織、湖南共和国がめざされているといえるだろう。ただ、問題は、「個人」「市民」の自立と、独立組織としての湖南省の省としての独立性と省としてまとまる共通性の基盤がどこにあるのか、それ自体は、ほとんど関心に上っていないことである。

たしかに、湖南は歴史的に、中央政府や近隣の強大諸省の圧迫を被ってきた。しかしながら、いまの時点において、湖南が独立すれば、それがおのずからに民主的な湖南共和国になることがはたして可能なのか、抑圧された個人や市民が自己を確立できるのかどうか、長い隷従を強いられてきた女性ははたして解放されるのかどうか、その点の現実的条件についての考察はまったくといっていいほどに欠如している。

毛は「民衆大連合論」のなかでも、農民連合を工人連合に先立つ仕方で指摘している。ただし

「研究会章程」のなかでは、労働問題は指摘されるが、農村問題、農民問題の指摘はない。それにしても、毛のなかで農民問題の比重は高いのであるが、この湖南共和国構想のなかで、農民がどのように解放されるかについてはなんの指摘もない。

黎錦熙あてにこれでどうだろうかと批評を請うている「湖南建設問題条件商確」のなかにも、督軍の廃止や警備隊の廃止については触れているけれども、それらの基礎にある地主制の廃止――後年、毛自身が把握するようにそれこそが農民解放のための必要条件である――については、一言の言及もない。

毛の湖南独立運動は、湖南の独立の基盤、あわせて農民解放、個人人格樹立、市民自立、女性解放などもろもろの問題の解決を阻んでいる現実の欠陥を把握し、その上に組み立てられた運動ではない。むしろ、個人、小連合の基盤の上に形成される民衆大連合というアナーキズムの運動論がまず先行していて、折しも展開した湖南独立運動のなかに、大連合たる中央政府に反旗を翻す民衆連合のイメージを重ね合わせたものというべきであろう。

アナーキズムの運動論と歴史上の中央政府近隣諸州による抑圧以外に、湖南が独立し、自治をしくべき現実の条件はどこにも書き記されてはいない。毛の湖南独立運動は彼のアナーキズムが生んだ白昼の幻であったのではないか。

だが、そのなかで、毛は動かすことのできない現実に直面する。

ともに語るべき湖南知識人のレベルの低さもまた、毛の前に立ちはだかる大きな壁であった。一般の人びとが教育もなくなお睡夢を貪っているのはやむをえないとしても、知識人と称せられる人びとのあいだに絶えて理想計画がなく、毛が湖南独立、無組織の大中国の空洞打破を説いても、ともに進もうとするものは絶えてなく、自治問題が発生しても空気は沈んだままであり、憲法制定の動きが生まれると、かけ声は盛んになるものの多数の人びとはおそれ怪しんでいる状態である。「湖南人は頭脳不明晰、無理想、無遠計」というのが、毛の偽らざる感慨であった。★36

むろん毛が直面したのは知識人の限界だけではない。省内部に渦巻く対立と、その上に君臨する一握りの権力層にも毛は直面する。湖南省独立のための手続きとして住民投票の実施が検討され始めるのであるが、それに関して毛は多数票の意見でことが決するわけでないという。湖南省の独立、湖南モンロー主義に関する省内の対立状況は、毛によれば次のようなものであった。

そもそもモンロー主義とは、「自己にかかわる事柄だけにかかわること」「他人のことにはけっして干渉しないこと」「他人が自分たちの問題に干渉するのをけっして許さないこと」の三つである。そして、最大多数の人民はそれをこそ希求している。

最大多数の人民とは何かといえば、それは、田を耕す農民であり、働く労働者であり、商取引に携わる商人であり、学問に励む学生であり、その他閑人でない老人子どもである。これらの人たちは、自分のことだけに関心をもたねばならないと考える。そして、従前の湖南人が他人のことに干渉し、江南・閩浙・湖北・陝甘・新疆を蹂躙したのは、他人のことに干渉しないという原則にたいする侵犯であると考えている。

これらの人びとは、省内の最大多数であり、票を湖南モンロー主義に投ずるであろう。だが、そうでない一部の人たちがいる。それは非農・非工・非商・非学・非勤労老少であり、彼らは票を反モンロー主義に投ずるだろう。票の数からいえば、たしかに多数派が勝利するけれども、選挙が誰の手によって管理されるかによって、結果は左右される。多数派が選挙を管理するならば、多数派によって事態は決するだろう。しかし、少数派が選挙を管理すれば、事態は票数によって決まらない。湖南侵略主義が勝利を収めるだろう。この少数部分がきわめて重大な意味をもつのである。これが毛の認識であった。[★37]

この現実の対立状況のリアルな認識は、彼が書物のうえで学んだ事柄ではないであろう。現実の実践のなかで体得したものであって、アナーキズムのパンフレットから得た知識ではない。アナーキズムの運動論にもとづいて「民衆大連合」をめざして「小連合」形成、省自治樹立を試みる運動のなかで毛がたどり着いた現実は、農労工商学勤労老少と非農非労非商非学非勤労老少とのあいだの不融和の対立だった。毛は省を実質支配する一握りの権力の壁に直面したのであった。[★38]

毛は、このようにして、おのずから多数の農工商学らとともに、非農非工非商非学らに抗して、旧中国の解放をめざすことになるのではあるが、この対立の内容がなんであるのか、農工商学のなかに、彼がこれまで追求してきた人格性や市民性がいかにして実現されるのかについてはなんの言及もない。権力状況対立状況を抜きにしては、事態が一歩も進まないことは明らかになったものの、権力闘争と市民や個人の基礎形成との関係については不分明なままなのである。小連合、小組織であれば、はたして市民や人格の形成が可能なのであろうか。毛の思考はそれ以上には進んでいない。

ただし、権力闘争の華々しい成果は、このころには、毛の目にも明らかとなっている。毛は次のように書いている。

国民全体は、国民個人が基礎となっている。国民個人が不健全ならば、国民全体は当然健全である望みはない。政治組織を以て社会組織を改造し、国家が地方を促進し、団体の力量をもって個人を改造するというのも、むろんひとつの説ではある。ただ、相当の環境、相当の条件のもとでは、レーニンが百万党員によって、平民革命の大業をなし、反革命党を掃討し、上中階級を洗刷したように、主義〔ボルシェビキ〕あり、時期〔ロシア敗戦〕あり、準備ある真に依拠することができる党衆があるときに、一呼して起てば、号令は流水の原を下り、王朝を崇拝することない全国人口の十分の八九を占める労農階級がこだまのごとくこれに応じるだろう。ロシア革命の成功は、すべてこれらのところにある。★39

注目すべきことは、ロシア革命の成功を描き、「中国がもし徹底総革命があるのであれば、自分も賛成である」としながら「ただ、それはよくない」とし、そのうえなぜよくないのかその「原因はしばらくいわない」とする点である。★40 毛はあくまでも「基礎」「小組織」「小中国」というように、アナーキズムの組織論、運動論に依拠しているのであるが、ただそれにしても、彼の目にロシア革命とレーニンの姿がクローズアップされており、それにたいする反論にしても、毛は明言を避けているのである。

6　マルクス方式の採用

そしてこの文章を書いた翌日の九月六日、「通俗報」編集会議の後、新民学会員を集めた席上において、毛は中国共産党結党問題を提起する。★41 毛は、アナーキズムの組織論運動論に依拠しながら、同時にコミンテルンの指導下に展開されはじめた共産主義運動にコミットしていったのであろうか。残された資料からそのあたりを明らかにすることはできないが、個別的具体的な運動論のレベルで、共産主義かアナーキズムかの二者択一が迫られる状況ではなかったと考えることができるかもしれない。

反対側から考察すれば、アナーキズムへの強い信奉にもかかわらず、ロシア革命を紹介しつつ、「中国に徹底総革命があるならば」という限定付きではあるが、「自分もそれに賛成である」と明言するところにまで、毛の関心がロシア革命とボルシェビズムへ接近しているということなのだろう。

七月パリ近郊モンターニュの森で在仏新民学会員の会議が開かれる。それはロシア革命の影響下にヨーロッパを席捲しつつあった「新しい風」をめぐる討論であり、その核心にあるのは、アナーキズムかボルシェビズムかという問題である。無政府無強権のアナーキズムは蕭子昇によって代表され、プロレタリア独裁のボルシェビズムは蔡和森によって代表される。

八月一三日付の蔡の手紙、八月初めにようやく書き上げられたという蕭の手紙が、やがて毛に届くであろう。それらの手紙は、いずれもアナーキズムの無政府無強権かロシア革命のプロレタリア独裁かを正面から問いかけてくる手紙であった。この二通の書簡は著名なものであるが、便宜上、ここにそのポイントの部分を紹介する。蕭は、次のように書いている。

世界の進歩は限りなく、革命も限りない。我々は一部分を犠牲にして、多数の人間の福利に換えることはできないと考える。温和な革命教育を手段とした革命、人民のために全体の福利をはかる革命――組合と共同組合を改革実行の方法とする――を主張する。気持ちとしてはマルクス式＝革命を正当とは考えず、無政府無強権＝プルードン式の新式の革命に賛同する。★42

対して、蔡の手紙は次の通りである。

私は現在の世界では、無政府主義は実行できないと考える。なぜならば現世界には明らかに二つの対立する階級が存在しているからである。有産階級の独裁を打倒するには、無産階級の独裁を以て反動を抑圧しなければならない。ロシアがその証明である。だから私は中国の将来の改造は、完全に社会主義の原理と方法を適用できると考える。……私はまず共産党を組織せねばならぬと考える。なぜならば、それは革命運動の発動者であり、宣伝者であり、前衛部隊であり、作戦部であるからである。中国の現在の情勢からすると、まずそれ〔共産党〕を組織しなければならない。そして後に労働組合、共同組合は有力な組織として生まれることができるのである。★43

社会主義に必要な方法は、すなわち、階級戦争――プロレタリア独裁である。……わたしは今はっきりと理解しているのだが、社会主義とは資本主義の反映であり、その重要な使命は資本主義経済制度を打破することである。その方法は、プロレタリア独裁であり、政治権力によって社会経済制度を改造建設するのである。[★44]

自分は明確なひとつの提議書を起草して、「プロレタリア独裁」と「国際主義」の二点に特別の注意を促したい。わたしが思うに、ちょっと優れた青年に限って中産階級的な目と愛国主義の傾向があり、この両点は、厳しく正さなければよくないのである。[★45]

新民学会のリーダーとして、毛はいずれかを選択する決断をもはや躊躇していることはできない。こうして、毛の一二月一日付書簡が、蔡・蕭その他在仏会員にあてて書かれる。毛沢東の共産主義宣言と目される手紙である。その内容は今日ではよく知られているが、その概略を言えば、それは、まずもって蔡のプロレタリア国際主義に賛意を表わしたうえで、プロレタリア独裁問題に並ぶ重要な問題であるとしている。[★46]

アナーキズムについて、毛は、それが教育的方法によって世界と中国との改造をめざすものであるとしたうえで、その問題を以下のように説く。

法律・軍隊・警察・銀行・工場などと並んで、教育はブルジョワのものであり、教育権を掌握したブルジョワは、久しく資本主義をおおいに鼓吹し共産主義の展開を阻んできた。また、久しく資本主義になじんできた人間の心は、教育の力によって容易に変わるものでない。人間の欲望はとどまることを知らないので、これを理性の力で押しとどめることはきわめて困難である。

またかりに、教育の力によって人間改造ができるとして、それには膨大な時間がかかるだろう。かりに百年かかるとしてそのあいだの無産者の被る苦痛、かりに資本家が三分の一、無産者が三分の二であるとして、わずか三分の一の資本家のために、三分の二の無産者が被る苦痛をどうして耐えることができるだろうか。

およそこれが、マルクス主義によるロシア革命方式、プロレタリア独裁を容認し、クロポトキンのアナーキズム方式、教育的穏健的な無政府無強権をとらない毛の論拠である。「真理上は賛成」であるが「事実上は不可能事」[★47]、あるいは「理論上は通る」が「事実上は通らない」[★48]と、毛は断定する。わずか一年半ほど前「さらに広く、さらに深遠である」と見たアナーキズムにたいして、事実において無力であると断ずるにいたっている。

この毛の断定について、二点を指摘しよう。ひとつは、それまでの湖南独立運動の経過に照らして自然な帰結であるということ。先に見たように、毛は、この運動にかかわるなかで、湖南の人知が未だ開けず、知識人と目される人たちも頭脳いたって不明晰であることを痛感してきた。もしもこの人たちの自覚を待って湖南改革を断行しようというのであれば、まさに百年河清を待つの嘆きを禁じ得なかった。

また、多数の湖南住民、農工商学などの人びとが、湖南の独立を望んでも、それを平気で覆す一握りの支配層も、運動の前に大きな壁として立ちふさがった。人間の欲望や衝動が理性を圧倒する現実である。こうした湖南独立運動の経験とロシア革命勝利の報道とは、毛の判断をアナーキズムを不可能事とする方向へ導いたといえよう。

だが、それが毛において抵抗なしのものであったとしたら大きな間違いであろう。ロシア革命方式を「まったくの行き詰まり状態を打破するための一変形」（無可如何的山窮水尽諸路皆走不通了的一個変形[★49]）であったとする指摘は、平和的で犠牲を伴わない方法では、どうしようもなくなったあげくの選択であったことをよく表現している。

また、「他にもっといい方法があるのに採用せず、たんにこの恐怖の方法を採ろうというのではない[★50]」もまた、同じ思いを滲ませているものである。毛において、かつて、「はなはだ激烈」であって、「彼らと命を懸けて闘った同志に言いがかりをつける」ジャコバン政治に連なるマルクス方式を文字通り「恐怖の方法」と自覚して、これしかないと断じているのである。毛が自分の選択が歴史に「強いられたもの」だというのは、こうした理解とおそらくは無縁でないであろう。

さらにここで注目すべき点は、ジャコバン的マルクス的方法を朱子学的方法と関連させて受けとめる受け止め方が、この場合にも出現している点である。毛はいう。

> 教育の力をもって人心を変えようとしても、すでに学校と新聞社という二種の教育機関の全部もしくは大部分を活用し尽くすことはできないし、言論、印刷物、あるいは学校、新聞社の宣伝機関があるとはいえ、まさに朱子のいう「教学は酔人を扶くるがごとく、扶け得て東にくる

も西にまた倒る」であって、資本主義者の心を毫末も動かすには足らず、どうして心を改め善に向かうことを望めようか。[★51]

毛においては、マルクスの方法、プロレタリア独裁とは、ジャコバン独裁と朱子学的強制、「斧の柄の長さに合わせて木を切り揃える」方法であり、文字通り恐怖の方法なのである。そして、ここに、マルクス的方法と朱子学的方法とが融合されようとしていることが見て取れると思う。ここでも、毛は東西文化融合論者楊昌済[★52]の弟子なのである。彼は師が宋明学とルソー・カント・シュライエルマハーらとの融合を図ったように、朱子学を手がかりとして、プロレタリア独裁を選び取るのである。

だが、女性を男性支配のもとに隷従させる礼教の根底にあるのも朱子学である。旧社会を墨守する権力者を排除するためのプロレタリア独裁を弁証する論理として朱子学を援用することがはたして可能なのだろうか。むろん毛の意識のなかで、この矛盾は姿を現わしていない。女性を縛りつける許婚制度には、非婚同盟を結んで毛は対抗する。そして権力者を打倒するためには朱子学的な「責人」方法を採用する。毛は、朱子学をプラグマティックに、またファンクショナルに使い分けているように見える。

これとならんでいまひとつ注目すべき点は、毛によって建設されようとしている新しい社会の像が、きわめて特異な内容をもつ点である。毛において、この人格性の樹立や市民の覚醒が追求されたけれども、それがいかなる現実的な基盤に支えられて実現されるかは不明なままであったことは先に見た。

いま、毛は、旧社会を打破するために、「朱子学的マルクス的強制方法」を採用するにいたるのであるが、その時点においても、その点はいぜんとして曖昧なままである。旧社会を墨守する権力を打破して新しい社会の建設が問題となるのであるけれども、どのような内容の社会が建設されようとしているかについては、支配のない社会、共同を原則とする社会という以上にはほとんど不明である。

ただその社会がどのように展開していくかについて、毛の独特のスケッチがある。毛は、アナーキズムを採用できない論拠として、次のような見通しを描き出す。

それはわたしのアナーキズムへの懐疑である。わたしの理由は、ただ無強権無組織の社会状態が不可能だというだけでなく、かりにそうした社会状態に一度到達したとしてもそれで終わりとはならないと思うからである。この社会状態のもとでは人類の死亡率が下がり、出生率が上がるであろう。その結果は人口増大という問題が出現する。衣食住において欠乏が発生し、地球上の各地の気候寒暖の差と土地の肥瘦の不均等があり、人が新たに居住しうる場所を見いだすことができないような事態にいたれば、人口増大が一個の難問となることが免れない。以上各種の理由により、自分は絶対自由主義、無政府主義、デモクラシーに反対である。[★53]

こうした革命成立後の展望の仕方のなかに、毛の意識のなかにある新社会の実状についてのある予見がある。そこに出現する新社会は、新しい生産力的な展望を欠如している。抑圧の除去、良好な社会環境の実現はありうるものと想定されているが、それは人口増と新たな対立の始まりでしかない。その対立は、無強権無組織では抑止できないむきだしの暴力的対立なのである。新しい人格と覚醒した市民は形成されているようには見えないのである。

マルクスにおいては、歴史の終極において国家の死滅が展望されていた。豊かな社会と完成された人格とが、もはや強権を必要としない社会を出現させるのであり、ここにいたってマルクスの階級闘争史観はアナーキズムとの和解点を見いだすのである。むろんここでの毛の叙述を、遠い国家の将来についてのものと見ることはできないけれども、問題の出し方によってはマルクス主義とアナーキズムとの和解を語りうる将来展望のなかで、かえって闘争状況の再出と権力的処置の不可欠性・権力の不可欠性が確認されることは、きわめて象徴的であると思う。

闘争状況の再出、永続性の展望と毛における新社会における生産力的展望の欠如とが相関的であることもいうまでもない。ロシアのアナーキストは、マルクスの理論が、非西欧的地域であるロシアにおいても適合するかをマルクスに問うたし、レーニンは自らロシアにおける資本主義の発展について膨大な調査と研究を行なった。またその社会民主党の農業綱領批判のなかで、ロシア農業発展の条件を探った。

それにたいして毛においては、少なくともこの時点において、中国農業、中国社会の生産力的展望についての考察はまったく手つかずである。まったく手つかずであるばかりでなく、そうした問いかけそのものが希薄なのである。理想社会成立後それがふたたび対立抗争へ転落していくという展望も、そうした問いかけの具体化深化のなかから生まれたスケッチというよりは、「長い平安には、毫も抵抗がなく、純粋の平安は人生の我慢できるところではない。平安の境にまた波乱が発生せざるをえないのである」[★54]といった彼の固定観念の投影から生まれたものと見るべきものではないだろうか。

おわりに

以上のようにして、毛はアナーキズムを退けマルクス主義を選び取る。ただし、その選択の仕方の特異性についてはとくに注目しておく必要がある。毛が、アナーキズムは「真理上」「理論上」は通るけれども「事実のうえでは」通らないと否定したことは先に見たとおりである。このさい注意する必要のあることは、アナーキズムが「事実のうえで」通らないということで退けられたとしてもそれがおよそ無意味な思想として否定し去られたのではまったくない点である。

逆にいえば、マルクスの方法が、「事実のうえで」不可欠の方法であると選び取られたことは、マルクスの方法がひとつの唯一的な世界観として選び取られたのではないということにほかならない。真理と理論の世界において、アナーキズムは、いぜんとして変わらぬ意味を保持しつづけている。マルクスの方法は、あくまでも「事実のうえで」やむをえず採用された恐怖の方法なのである。

この二つの相容れない思考方法、歴史の終極においてもついに相容れるにいたらない二つの思考は、では、毛のなかではどのように結びついていたのか。プラグマティックな機能的な分業関係として両者が共同的に働くことが期待されていたことはまず間違いない。毛は共産主義を受け入れるという前提のうえで、友人たちの将来の進路について、次のように助言する。

わたしは新民学会のメンバーは、今後の進路について、いくつかにわかれるべきだと思う。ひとつはすでに出国したもので、二つにわかれるべきである。ひとつは、羅学賛、蕭子昇の主張するような専門に学術研究に従事し根底のある学者となっていく進路である。ひとつは蔡和森の主張する共産党のように根本改造の計画と組織とに従事し改造の基礎を確立する道である。もうひとつは未だ出国していないもので、これも二つにわかれる。ひとつは省内および国内の学校にあって学を求めるものであって当然学儲を求めることを本位とするものである。ひとつは、社会運動に従事し各種方面から各種価値ある社会運動社会事業を発起実行する道である。その政治運動のなかで、もっとも経済的有効的な自治運動、普選運動などは、側面的にある促進的支援をすることもできる。ただ、旧社会の習慣気風になじまないことが重要であり、とりわけわれらの根本の共同理想と計画を忘れないことが大切である。★55

学術研究を主眼とするもの、社会運動・革命運動に従事するもの、それは、ちょうど真理・理論を追求するものと事実のうえでの改造に従事するものとの機能分担に照応している。真理・理論と現実・実践との関連は、歴史の終極においてもついに一致することのない併立的連関であることか

らして、毛のなかで、そのあいだの連関は、パウルゼン的、カント的な存在と当為の関係としても現われうるであろう。[★56]

さらに毛の思考の深部においては、宋明学的世界観もなお存続しているのであるから、理論と事実、当為と存在との関係は、士農工商の職分的関係としても、したがってまた朱子学的なもしくはトマス的な理と気、超自然と自然との、さらには聖職者と俗人とのダブルスタンダード・二重倫理の世界とも区別されることなく同時併存している可能性がある。[★57]

一九二九年一二月一日、毛の下したマルクス方式採用の決断は、東西思想の融合を生涯の課題とした師楊昌済の忠実な弟子の決断にふさわしく、以上のような諸思想の多層的な「融合」のなかにあった。だが、そうした「融合」は、そのための具体的筋道が設定されないかぎり、その内部の相剋を白日のもとに曝すはずである。

第四章 「中国社会各階級の分析」への一考察

はじめに

「中国社会各階級の分析」(一九二六)が、陳独秀に拒絶され単行本に印刷されず、「嚮導週報」「新青年」にも掲載されなかったことはよく知られている。また、その内容も、一九二二年七月、中国共産党第二回全国代表大会の決議宣言以来「嚮導週報」「新青年」「前鋒」などに、陳独秀・彭述之・瞿秋白らの文章で、すでにくり返し分析されたもので、毛沢東はこれを剽窃のうえ、やっと文章にしたにすぎないといった見解さえある。★1

本稿は、そうした見解に従うものではないが、まず、毛沢東の表記論文と陳独秀の「中国国民革命と社会各階級」(一九二三、「前鋒」)などとの内容上の比較対照から、検討を始めようと思う。そしてその意味の検討のためにも、また若き日の毛にできるだけ即してその思考形成を追求するためにも、一九二〇年の毛の共産主義宣言から「分析」が成立する二五年までの数年間について、まず概観したい。

一九二一年から一九二五年にいたる五年間が、近代中国の歴史のなかで、どれほど複雑で重く混乱と苦難と流血に満ちた時期であるかは、年表をひもとくまでもない。その激動の五年間を、毛はどのように経過したのであろうか。その激動の経過のなかで、毛は何かにたどり着いたのだろうか。

1　中国共産党の成立と国共合作

一九二一年という年が、近代中国にとっても、毛沢東にとっても、運命的ともいうべき年であることは多言を要しない。この年、陳独秀はコミンテルン代表として、中国共産党の組織化に着手した。そして八月には中国共産党第一回大会が上海で開催される。毛も、それに先立つ六月の時点で、陳独秀と会見しマルクス主義をはじめとして共産党の結党についても話し合っている。そして毛沢東自身、この第一回大会に末席ながら参加している。

むろん、この中国共産党の結成については、周知のようにコミンテルンからの働きかけがあった。コミンテルンの中国への働きかけの前提に、一九二〇年七月～八月開催のコミンテルン第二回大会があり、そこでのレーニンの提案「民族問題と植民地問題についてのテーゼ原案」[★2]があることもいうまでもない。そしてその提案の内容も周知のところであるが、行論の必要上、関連箇所をここに確認しておきたい。

封建的あるいは家父長制的関係と家父長制的・農民的な関係が優勢な、もっとおくれた国家

と民族については、とくにつぎのことを念頭におかなければならない。

第一に、すべての共産党は、これらの国のブルジョア民主主義的解放運動を援助しなければならない。だれよりも、もっとも積極的な援助をあたえる義務を負っているのは、おくれた民族を植民地的あるいは金融的な点で従属させている国の労働者である。★3

第五に、おくれた国のブルジョア民主主義的な解放潮流を共産主義に見せかけることとは、断固としてたたかわなければならない。……共産主義インタナショナルは植民地およびおくれた国のブルジョア民主主義派と一時的な同盟をむすばなければならないが、それと合同すべきではなく、プロレタリア運動の自主性を、運動がたとえもっとも萌芽的な形をとっていようとも無条件に保持しなければならない。★4

このコミンテルンに採択されたレーニンの提案★5（以下植民地テーゼと略称）が、中国共産党の歴史を決定する。もっとも、中国共産党の創始者たちは、はじめからこのレーニンの提案に従って自らの方針を決定したのではない。中国共産党の第一回大会の記録は、公式文書としてはなお発見されていないが★6、その主な内容は次の通りである。

（一）中国共産党は中国において社会主義革命を遂行し、ブルジョアジーを打倒し、いっさいの生産手段を没収し、プロレタリアートの独裁を実行するよう主張する。

（二）階級闘争の精神をもって、労働者に宣伝し、教育し、組織化し、黄色組織と関係を断ち、単独で階級闘争を発動する。
（三）既成各政党にたいしては、独立・攻撃・排他的な態度をとり、プロレタリアートの立場を堅持すべきであり、他党派といかなる関係をも結ぶことは許さない。
（四）支部から中央まで、系統的で純潔な秘密の党組織を樹立し、もって労農兵の大衆運動を指導する。
（五）コミンテルンの指導を受け、毎月コミンテルンに報告を行ない、必要な時は代表を派遣して極東書記処に出向かなければならない。★7

ここには新しい運動を始めようとするものたちの、高らかな意気込みがみなぎっている。だが、どの政党とも関係をもたず、独力でブルジョアジーを打倒しプロレタリア独裁を実行しようとする方針が、コミンテルンの方針と大きくずれていることも確かである。「コミンテルンの指導を受ける」といっても、それは路線問題にかかわらないレベルでのことに限定されるものと考えられていたのであろう。この文書によれば、第一回大会の基調は、「共産党宣言」の直輸入的なものであった。

たとえば、中国共産党結成のための準備のなかにも、プロレタリアートの純粋性を確保しようとする動きがあったらしく、そうした動きとこのプロレタリア革命綱領とはよく整合する。プロレタリアートの純粋性を確保するために、アナーキズムとの関係を整理するという問題が生じうるが、結党に先立つ二一年初めころ、毛沢東は、蔡和森にたいする返書のなかで次のように書き送っている。一月二一日がその日付である。

唯物史観は、わが党の哲学的基礎です。これは事実です。観念論が証明不能で簡単に人に揺さぶられるのとは違うと思います。私はもとより不勉強なものですが、無政府主義の原理が証明できる原理できわめて強固な基礎のあるものだということは承認できません。この手紙に記されたあなたの見解にたいして私はただの一字も不賛成はありません。党は仲甫先生らがすでに組織化を一歩前進させています。出版物も上海から『共産党』が一点出されます。あなたの賛同も得られると思いますが、「旗幟鮮明」の四字には恥じないと思います。宣言は仲甫先生の作です。★8

これによれば、毛は、陳独秀を先頭とし、蔡もそこで指導的な位置を占めている中国版「分離結合運動」にたいして支持表明をしていることがわかる。結党当初、毛が陳をはじめとする指導部にたいして、共同歩調をとっているばかりでなく、「仲甫」と字で言及する態度には、輝ける指導者にたいする心服の姿勢をも感じることができる。★9

むろんこうした純粋プロレタリア路線がそのまま維持されることはできなかった。中国の労働者は一九二三年になって陳独秀が認めるように、「独立した革命勢力ではなく……大多数はいぜんとして、伝来の宗法社会の中で眠りこけ、政治的必要を痛感せず、また神権帝王の迷信から離脱していなかった」★10のであり、プロレタリア革命綱領の非現実性は、否定すべくもなかった。むろん、コミンテルンからの強い指導もある。第二回大会では、第一回大会のプロレタリア革命綱領は否定され、その革命路線は大きく転換する。中国革命のリーダーにとって、第一回大会はおそらく思い出したくない、苦い記憶だったのであろう。資料の堙滅状況がそうした心情を間接的に伝えているようにも思われる。

第二回大会の決定が、コミンテルンの指導を受け入れた「国民党との連合戦線結成」の綱領であったことはいうまでもない。その間の事情は、次のように記されている。

一九二二年二月、コミンテルンはさらに、極東の各国共産党および民族革命団体の第一回代表大会を開いた。中国共産党は王燼美・瞿秋白らの同志が参加するよう指示した。会議開催中、レーニンは自ら中国産業労働者の代表を接見し、はっきりと中国の現段階の革命はブルジョア民主革命であり、その任務は帝国主義と封建勢力に反対することであると指摘した。同時に、中国労働者はその他の革命的な階級と団結して革命の前進を推進しなければならないと激励した。コミンテルンが指導するこの大会は、中国共産党が、第二回全国代表大会において自己の綱領を制定するようさらに具体的に援助を与えた。★11

この件に関して、のち陳独秀「全党同志に告ぐる書」は、次のように記述している。

ここにおいて中国共産党の第二回大会（一九二二年）は、ついに民主革命の共同戦線政策を決議した。★12

大会散会後まもなく、コミンテルンはすぐさま代表マーリンを中国に派遣し、中国共産党中央の全委員に西湖で会議を開くよう要求、国民党組織に加入することを提議した。……当時中国共産党中央の五人の委員、すなわち李守常・張特立・蔡和森・高君宇および私は、みな一致してこの提議に反対した。……最後にコミンテルン代表が、中国共産党はコミンテルンの決議案に服従するか否かの問題として提示したため、党中央はコミンテルンの規律を尊重すべく、ついにやむなくその提議を受け入れ、国民党への加入を承認した。★13

おそらく経過はこれに近いものであったのであろう。純粋プロレタリア革命をめざしていた中国共産党にたいして、その一年間がたとえさしたる成果を上げ得ていなかったとはいえ、革命の対象でさえあった中国国民党と、党外協力と党内協力とをあわせて求められたとすれば、彼らはこぞって反対したであろう。しかし、その力量の低さとソ連と国際共産主義運動の輝かしい成果を前にし、コミンテルンの鉄の規律が打ち出されるならば、やむなくその指導に従うことになったのであろう。それが間違いなく苦渋の選択であったことを、陳独秀の文章はよく伝えている。

この議論は、第三回大会（一九二三年六月）にも引き継がれる。ここでも、同じような経過がたどられるのであるが、陳独秀率いる中国共産党は、結局コミンテルンの指導を受け入れる。そして、そのことは国民党の第一回全国大会（一九二四年一月）での中国共産党員の国民党への加入を承認するというかたちで具体化されていく。

陳独秀は一九二三年四月出版の「嚮導週報」第二二期、および一二月出版の「前鋒月刊」第二号において、「ブルジョア民主革命がもしブルジョアジーの援助を失えば、革命事業の中で階級的な意義と社会的基盤を失ってしまう」。「植民地・半植民地の社会階級はもとより幼稚であり、しかもブルジョアジーの力は結局農民に比べてまとまっており、労働者に比べて強大であり」「中国労働者階級は独立した革命勢力ではなく、……大多数はいぜん、伝来の宗法社会の中で眠りこけている」「中国最大多数の労働者はまだ自らの階級の政治闘争が必要でもなければ可能でもない」と書いている。ここには、陳独秀なりの、コミンテルンの国民党との連合を求める指導にたいする精一杯の対応があるというべきであろう。

一九二一年の党創立以来、一九二三年の第三回大会を経て国共合作にいたる紆余曲折はこのようなものであった。そこには、純粋プロレタリア革命路線から連合戦線路線への大きな転換があった。毛沢東は、こうした巨大な転換を余儀なくされている中国共産党の指導部、余儀ない転換を指導したコミンテルンの指導について、とくに批判的な反応は残していない。以下に見るように、毛はこの転換の経過についてむしろ積極的な対応をなしていると見ることができる。この時点で、毛は、コミンテルンに反対しつつ最終的にコミンテルンの指導を受け入れていく陳独秀のきわめて忠実な弟子として行動している。

ひとつだけ目につく点を指摘するならば、アナーキスト関連の問題である。先に見たように、毛は蔡（のアナーキズム批判）にたいして一点の反対もないといっており、それはそれ自体としてその通りであったのであろうが、毛は、他方で教育についての深い思い入れを書き残している。一九一二年一二月の日付のある「少年中国学会員生涯志望調査票」への毛の記入である。「姓名」の欄に毛沢東、「生涯研究したい学術」欄に「教育学」、「生涯従事したい事業」欄に「教育事業」、「事業に着手する時日と場所」欄に「すでに八年七月よりはじめる・湖南」、「将来生涯を通じて生活を維持する方法」欄に「教育事業にたいする月々の報酬と原稿料」、「備考」欄に「志望している事業は、現在なお準備中である。三、四年の準備の後国外に出て勉強したい。少なくとも五年ほどロシアで。後帰国して希望する事業に従事したい[★14]」とある。

また、これより先の一九一二年八月には、「湖南自修大学組織大綱」を作成している。その第三章「設立趣旨」には、「現在の教育制度の欠陥」を補うべく、「古代の書院と現在の学校の長所を取り入れ」「文化を平民に普及する[★15]」とある。理事会から始まって、学長、事務、学生、授業科目、成績、学生を含む大学自治の規定など通常の大学において規定される事項の記述があるのは当然として、それらと並んで掲げられている、第七章「労働」の項目が目を惹く。

本学の学生は、文弱の習慣を打破するために、脳力と体力のバランスのとれた発展を図り、あわせて知識階級と労働階級の接近を求めるために、労働に意を注がなければならない。本大学は労働の目的を達成するために、農場、印刷工場、鉄工場など必要な設備を用意しなければならない。[★16]

これらの文章を、第一回大会後設立された中国労働組合書記部の湖南支部主任なるものに課せられた役割分担との関連のなかで読めば、毛が労働組合運動について労働者の教育に力を注いでいることがわかる。そして、「生涯志望調査票」備考欄への記入に照らすなら、この時点で、毛は労働者教育をこそ自らの生涯の使命と考え、その十全な遂行のために、五年ほどロシアに留学することをも考えていたようだ。

革命の路線として、毛は、マルクス流の「恐怖の方法」を、「一字の不賛成」もなく支持したのであるけれども、革命の軸たるべきプロレタリアにたいしては、教育という方法によってその戦列へむけて組織化しようと考えていたということができる。クロポトキンの教育による人間解放という発想は、こうした仕方で毛のなかに引き継がれていることに注目したい。また、プロレタリアの組織化という目標設定のなかに、毛の第一回大会の決定にたいする忠実な姿勢を見て取ることも可能である。[★17]

毛沢東の活動は、第二回全国合議以後も、労働運動に向けられていた。二二年五月、湘区執行委員会成立とともに、毛は書記に選ばれ、粤漢線ストライキ、安源炭坑ストライキの指導などに当たり、いずれも勝利に導いている。二全大会後、国共合作へ向けて事態が大きく進展するのは、二三年一月の連ソ容共が打ち出される孫文ヨッフェ共同宣言と二月二七日の呉佩孚による京漢線鉄道労働者ストライキへの大弾圧、共産党員林祥謙の焼殺事件（二・七惨案）ののちに開かれる中国共産党第三回全国大会（六月、広州）と中国国民党の第一回全国大会（二四年一月、上海）以後である。

第三回大会の基調は、先に述べたように、結局コミンテルンの指導を完全に受け入れその線に沿って革命運動を展開するというものであった。これに参加した毛沢東の姿勢も、これと異なるものではない。張国燾の記憶によれば、毛は張の修正案（中国共産党は国民革命運動のなかでも労働者の組織を独自に進めるべきである、労働者の党員は必要な者以外は国民党に加入すべきではない、大量の労働者を国民党に加入させる政策はとるべきではない）に賛成の態度をとっていたが、これが否決されると「軽やかな語調で大会の多数の決定を受け入れることを表明した」[★18]という。

毛はこの大会の決議文の起草者とされたばかりでなく、九名の中央委員、五名の中央局委員のひとりに選出され、中央執行委員会秘書の要職に抜擢された。秘書とは委員長である陳独秀の助手であり協力者である。七月に発表された毛の「北京政変と商人」は大会の線に沿った連合戦線の形成を強く主張している。これらの事実は、第三回大会を画期として、陳独秀と毛との二四年の終わりころまでの短い蜜月時代が始まったことを示している。

国民党第一回大会での毛の活動は、コミンテルンの指導のもとに、国民党との連合戦線を結集すべく国民党内外において協力するという陳独秀の採用した方針を具体化するうえで決定的であった。毛は、この大会において、何回か人びとの印象に残るような発言をしている。郭華倫氏が採録するのは、毛沢東についての悪い印象である。

国民党党員は他の政党に加入することができないということを討論しているとき、突然湖南なまりのひとりが、うしろから大声で番号を叫んで発言を要求した。「主席、三九番発言します。私は本案の討論を打ち切り、即時表決に付するよう主張するものであります。」私はふり返って、この教養のない無礼な発言者を仔細にながめまわした。彼は綿入れの長衣だけを身につけ、中肉中背だった。顔色は青ざめている。態度は頑固そうで精悍な、初めて街へ出て来たばかりの田舎者のように、君子の風格など少しもなく、上品なところは出せそうもない人物であった（後刻姓名を調べてみると、彼が毛沢東だということを初めて知った）。この粗野で無礼な田舎者が、またどうして「この大会を指導した」ことなどありえようか。★19

同じような光景を反対の立場から述べたものもある。

一月二八日、国民党規約を討論したさい、広州代表の方瑞麟が、党内に党があることは許されないとして、国民党員は他の政党に加入してはならないという条文を書き入れるよう要求した。この提案が、共産党員が二重党籍をもつことと、孫中山の容共政策に反対したものであることは明らかであった。李大釗がまず方の謬論に反駁し、誠意をこめて共産党のやりかたを説明した。廖仲らが起ちあがってそれに支持を表明した。大会の雰囲気が国共合作に有利になったので、毛沢東は機に乗じて発言した。「議長！　議長！　三九号が発言します。本席は討論を停止し、ただちに表決するよう主張します」。その結果、方瑞麟の提案はいとも簡単に否決された。★20

その活動が大きな意味をもったことを認める当時の記録も残されている。[★21] 孫文その人も、毛の発言に強く印象づけられたようであり、大会後孫文じきじきの指名で、国民党中央執行委員会候補に任命された。[★22] 毛の発言は、国共合作反対動議の討論の中止・採決提案、比例選挙制の提案にたいする反対、研究会設立提案にたいする反対などが、その主要なものである。議事録が残されていないようなので、毛自身の発言の内容そのものを見ることはできないけれども、合作反対動議討論の打ち切り、即時表決提案などは、国共合作に向けての会議運営に関して、毛がタイムリーな発言によって会議を巧みにリードする役割を果たしたものといえるだろう。反対派に「悪い印象」を残していること自体が、毛発言のインパクトを証明している。毛は、コミンテルン指導にかかわる国共合作、中国国民党を国民革命の中心勢力であり、国民革命の指導的立場に立つべきだとする第三回大会宣言などの現実化にたいして、積極的な役割を演じたと考えて良いだろう。

第一回国民党大会後、国民党中央執行委員候補として、国民党上海執行部に派遣された毛沢東は、上海執行部長兼組織部長胡漢民、宣伝部長汪精衛その他国民党の錚々たるメンバーのもとで執行委員として働く。ちなみに、同じような部署に就いた共産党員として、沈沢民、邵子力、瞿秋白、蔡和森、羅章龍、向警予らの名前がある。この間の毛の活動を、『毛沢東伝』は次のように伝える。

合議のあと、彼は中央局秘書の身分で、一連の文書を起草し、また陳独秀と連名で一連の文書に署名した。たとえば「中共中央通告」第一四号（五月一九日）、第一五号（七月二一日）、第一七号（九月一七日）、第二一号（一一月一日）などである。これらの文書のなかには国共合作を堅持し右傾に反対するという重要な内容をふくんだものもある。一九二四年六月一日に、孫科らが「共産党分子を制裁する案」を提出し、一八日には国民党中央監察委員の張継、謝持らが「共産党を弾劾する案」を提出した。このような状況にたいして、第一五号「通告」の中で、国民党「右派」という概念を使用し、全党が一方では革命勢力の連合に心がけ、「分離の言論と事実をわが方から出さないようにし、わが方は忍耐に努め、合作してゆくよう」要求した。また他方では「国民革命の使命という見地から」、右派の言論、活動にたいしては「すべてじっとこらえるだけで是正しないということのないよう」要求した。毛沢東の国民党上海執行部で活動はこのような原則にもとづいていたものと思われる。[★23]

ここには、陳独秀の秘書として、コミンテルン(=陳独秀)路線の現実化に努める毛の姿がよく示されていると思う。また、国民党中央執行委員候補として上海国民党に派遣され、胡漢民を補佐する組織部秘書として、国民党員再登録の仕事などに携わる。『毛沢東集補巻2』には、毛沢東が国民党中央部へ提案した議案にかかわる議事録が収録されている。「市県および区の重要党部にたいして補助金を支給すること」[★24]など国民党の党活動を、実質的に活性化させ、合理化することを内容とした実務的な提案である。それらの提案は、規約上の理由で採用されなかったものもあるが、関係委員会の審査に委ねられることになったり参考に供されることになったりしたものもある。こうした実質的な提案の仕方を見ると、毛の国民党内での「党内協力」が通り一遍のものでなかったことがわかる。李立三が皮肉をこめて「胡漢民の秘書」とまで称したことも、よく知られている。[★25]

ともあれ、陳独秀との蜜月時代も、国民党上海執行部との協力関係も長くはつづかなかった。国民党右派との確執、右派による毛沢東追い出し工作、毛自身の過労などが、毛が郷里湖南へ帰休する理由として普通あげられている。[★26] 上海国民党改組工作失敗と「党内の批判」をあげる論者もいる。[★27] 一九二四年一二月、毛は上海をあとにして故郷韶山へ向かう。そして六ヶ月後、私たちは、中国共産党韶山支部、秘密農民協会、雪恥会などの組織者であるとともに、国民党支部結成に尽瘁する組織者毛沢東の姿を見いだすだろう。

彼の組織活動は、干魃による食糧不足、穀物価格高騰にたいする米価高騰において頂点に達し、ついに地主に安値で穀物を放出させるに成功するにいたる。湖南省の都督趙恒惕は、兵を派遣して毛を捉えようとする。これを逃れた毛は、八月末、長沙を経て広州に旅立つ。[★28]

この間にも、中国史は奔流にも似た激動の過程をたどっている。一九二五年一月には、中国共産党第四回大会が開かれている。毛はそれには出席していないが、そこでは、農民運動を重視すべきことが指摘されている。

大会は、農民が民族民主革命における基本勢力であり、労働者階級の同盟軍であると指摘した。共産党は可能な限り各地の農民を組織し、政治闘争および経済闘争を推進しなければならない。したがって、普遍的に農民協会と農民自衛軍を組織し、地主の政権ならびに武装に反対することを決定した。[★29]

大会の欠点は、農民の土地問題および革命軍隊の問題にたいし、いぜんとして払うべき注意を払わなかったことである……。しかも中には「軽率に農会によって減税運動を実行すべきではない」とする明らかに誤った規定さえもあったことである。★30

次いで、三月孫文の死去、胡漢民代理大元帥就任。全国的にゼネストが広がっていくさなか、上海で五月、五・三〇惨案が発生する。七月には広州国民政府が成立するが、同時に国民党を純化し中国共産党を排除しようとする戴李陶『三民主義の哲学的基礎』などが公刊される。こうした中国史の流れに照らしてみると、毛沢東の韶山における農民協会の組織や五・三〇の恥辱を雪ごうとする「雪恥会」の組織など、全体の大きな流れに沿って進むものであったことがわかる。毛は、陳独秀をいただく中国共産党の国共合作路線、新たに提起された農民運動重視路線の忠実な遵守者であった。

だが、国共合作路線は、連ソ容共を唱える孫文が没したうえ、国民党の純粋化透明化のために共産党排除・粛正を呼号して展開される戴李陶主義の拡延のなかで、いっそうむずかしさが募っていく。共産党は国民党の名前を借りて実質的に共産党の活動を展開して自らの勢力を伸張させ、国民党内部の分裂を図る「寄生虫」だという戴の指摘は、ある意味で事態の一面を言い当てているのであり、共産党内部にもある種の動揺が生まれてくる。中国共産党中央一〇月拡大合議は、こうした問題の発生に対応するものであったと考えられる。ここでも、陳を引用するのが有益だろう。

この年一〇月北京に中国共産党中央拡大会議が召集された。私は政治決議委員会に次のように提案した。戴李陶のパンフレットは、彼個人による偶然なことがらではない。すなわちブルジョアジーが自らの階級勢力を強固にしようと企図し、プロレタリアートを支配して反動に向から現われである。われわれは即時国民党から退出して独立を準備すべきで、それでこそ初めて自らの政治的面目を保ち、大衆を指導し、国民党の政策に牽制されないことになるのだ、と。しかし当時のコミンテルン代表および中央の責任ある同志は、一致して私の提案に厳しく反対し、これは中国共産党員大衆が、反国民党の道に進むことを暗示するものだと称した。断乎とした主張をしなかった私は、ついにコミンテルンの規律と中央の多数意見を尊重し、私の提案を堅持することができなかった。[★31]

共産党が国民党から退出することは否定されたが、中国共産党が「よりいっそう独立性を保つ」点では、拡大合議は陳独秀の意見を受け容れ、この合議は、国民党問題に関して二つの重要な決定を行なった。すなわち、

一、われわれは国民党に留まって左派と密接な連盟を結び、彼らが国民党を発展させるよう援助し、かつ右派に反対する。しかしわれわれ自身が左派にとってかわるべきではない。

二、われわれ自身の党は、政治上さらに独立の度を強めることとする。[★32]

ここでは、ともあれ国共合作の基本枠が維持されている。ただし、党内外での共産党の国民党にたいする一定の距離設定が明白に姿を現わしているといえるだろう。戴李陶の、共産主義を捨てるか国民党から退出するかいずれかであるという主張にたいして、共産主義を捨てもしないし、国民党から退出もしないという姿勢を明らかにしたものともいえる。毛は、同じ一〇月、広東の国民党中央宣伝部の職につき、一二月五日には、中国国民党中央宣伝部の刊行物「政治週報」を創刊し、以後精力的に寄稿する。刊行の目的は、むろん「反革命派の宣伝に反攻し、反革命宣伝を打破する」ためである。革命運動が一に「孫中山先生の戦略」にもとづいていることは、「昭昭として人の耳目にある」というのである。[★33] 毛のこの時期の行動は、「左派と密接に結び援助する」路線上のものであったといえるであろう。

だが、この間、毛には、故郷韶山における農民運動の六ヶ月がある。農民運動重視の動きもある。戴李陶の粛正主義の嵐も吹きすさんでいる。毛は、「中国社会各階級分析[★34]」をひっさげて、陳独秀にたいして「われわれの方針は正しいのか」と真正面から問いかけた。

2　民族問題と植民地問題についてのテーゼ

毛の問いかけは、のちに見るように、確認された合作路線そのものというよりは、その根底にある合作の内容そのものの捉え方に関する問いかけである。毛の問いかけそのものを検討するに先立って、そもそも、国民党と共産党との合作、ブルジョアジーとプロレタリアートとの統一戦線の結成なるものが、原理的に可能なのかどうかという古くからの議論にたいして一瞥しておくことは、やはり必要であろう。コミンテルンの指導と国共合作を「エゴイズムも、道徳的破廉恥もすべての行為が、崇高な目的のもとで免罪される」「独善的で偽善に満ちた自己意識によって構成されたひとつの政治路線」だとする中屋敷氏は、次のようにまでいわれる。

このコミンテルンの指示ほどに、矛盾に満ちた独善的な内容の文章は少ないであろう。……党派的独立性の維持と党内合作の維持、そして決裂の回避、この三つの相矛盾する課題をなんのトラブルも起こさず、成功的に遂行するなどということは、とうてい不可能なことであった。……この任務を成功的にやりとげるためには、相手の「諸矛盾を巧みに利用する」といった類の政治的策略や欺瞞、駆引きといった手段を駆使する以外にはないであろう。★35

そこに厳然として存在しているのは、国民党を自己の勢力拡大のために「利用」していこうという、非情な党派的エゴイズムである。★36

一九二七年三月、コミンテルン最高指導者スターリンは、モスクワ地区組織の活動家三千人を前にして、トロツキー派の「右派国民党と手を切れ！」という意見に反論しつつ、「右派を最後まで利用し、レモンのように搾り出し、それを投げすてなければならない」と演説しているのである。歴史は皮肉にも自分が「投げすてる」前に、自分の方が「投げすてられた」のであるが、ここに表現されているのは、自己の行為はすべてが免罪されるべきだという、一種の超越性に立つ意識の腐敗であろう。……このような意識の腐敗現象が、コミンテルン指導下の中国共産党の運動には、その後も一貫してつきまとっている。★37

また、緒形康氏はとりわけこの一〇月の拡大会議の決定について、次のように指摘される。

その意味で、今回の拡大会議の第一項はこれまでの中共の方針とくらべて、共産派が左派の工作を共有せず左派から一歩退くことを主張する点で右傾政策といえる。ところが、この右傾的な第一項は、中共は「独立の度を強める」べきだという「左」傾的な第二項をともなっているのである。……第一項はより右傾化し、第二項はより「左」に「左」傾化している。つまり、一〇月拡大合議の新路線が目ざすものは、西湖合議プランの基本枠組には手をくわえないまま、左右両極端の政策を併置することで、国共合作の合意事項の内実をまったく別のものに転換してしまうことにほかならない。右傾と「左」傾という「二つの路線」を併置し、とうてい同時には成就しがたい「二つの路線」の中間をジグザグにすすんでゆこうというのである。わたしは、この中共の新路線を「中間プラン」と呼ぼうと思う。★38

たしかにコミンテルンの指導には、困難な矛盾が潜んでいるように見える。とりわけ国共合作と農民の武装化＝土地革命とは「まったく矛盾する政策[39]」であるとさえ見えるであろう。そもそも、コミンテルンの指導、その根底にあるレーニンの植民地テーゼ（植民地——ここでは中国——の「共産党はブルジョア民主主義的解放運動を援助すべきだ」）とはいったい何を意味しているのであろうか。そのテーゼの前提には、ひとつにはレーニン自身のロシア革命論から照射された辛亥革命論（＝孫文論）がおかれている。まずその検討を通して、植民地テーゼの意味するところを明らかにしよう。

レーニンは、一九一二年、中国における辛亥革命と孫文の論文『中国革命の社会的意義』とを眼にしながら「中国の民主主義とナロードニキ主義」を書いた。レーニンは、ヨーロッパ的教育を受け、しかもロシアをまったく知らない孫文が、「純ロシア的諸問題[40]」をそこで提起していることに驚きの声を上げている。孫文の問題提起は、全アジア——レーニンは、ロシアのことを「もっとも野蛮な、もっとも中世的な、恥さらしにももっともおくれたアジア国家のひとつ[41]」だとしている——にもかかわる重大問題である、と。以下レーニンの所説を摘録しよう。

孫文の論文のなかには被搾取者勤労者にたいする熱い同情と信頼とに満ちた、中国の抑圧者とたたかう道を知っている偉大な思想、「特有の気品と英雄精神に満ちあふれた[42]」民主主義思想が述べられている。そしてそれは、「東洋が最後的に西洋と同じ道に立つにいたったこと、新に幾億もの人びとが、西洋が今まで努力してきた理想をめざす闘争に、これから参加してくる[43]」ことを意味している。このような思想が中国においていかにして成立したかといえば、まず第一の前提は、辛亥革命を結果したような「大衆の巨大な精神的、革命的たかまり」である。その根底に「圧迫者と搾取者にたいするこの上なく激しい憎悪」があることはいうまでもない。

ところで、この高揚した革命意識は、解放思想を欧米から借用した。ところがその欧米は、すでにブルジョアジーからの解放、すなわち社会主義が日程に上がっていた。そのため、中国の革命的潮流は、欧米の社会主義思想に共鳴し自らを社会主義として意識する(「主観的社会主義★44」)。

だが中国社会の現実は、まだ半封建的状況のなかにある。欧米が当面しているブルジョアジーからの解放という問題は、ここではいまだ未成立である。そのため中国の民主主義者は、主観的には社会主義者なのであるが、彼が現実に打ち出す革命のプログラムのなかでは、封建的搾取の廃止(だけ)が課題とされている。

彼らは主観的には社会主義者である、なぜなら、彼らは大衆の抑圧と搾取に反対しているからである。ところが、おくれた、半封建的な農業国である中国の客観的条件は、五億にも近い人民の生活のなかで、この抑圧とこの搾取の、ひとつの、特定の、歴史的に独特な形態すなわち、封建制度だけを日程にのぼせているのである。封建制度は、農業的生活様式と自然経済との支配にもとづいていた。いろいろな形態で農民を土地に緊縛していることこそ、中国農民の封建的搾取の源泉であった。この搾取の政治的代表者は、この制度の首長であるボグドイハンをいただく封建領主全体であり、またその一人一人であった。

そこで、中国の民主主義者の主観的には社会主義的な考え方と綱領から、実際にはただ「不動産」だけの「すべての法的基礎を変更」するという綱領、ただ封建的搾取だけを廃止するという綱領が出てくる結果になっている。ここに孫逸仙のナロードニキ主義の本質、彼の進歩的、戦闘的、革命的な、ブルジョア民主主義的農業改革の綱領と彼の自称社会主義理論との本質がある。★45

実際、孫逸仙が論文のはじめではなやかに、そしてあいまいに語っている「経済革命」とは、結局のところなにか？

国家への地代の移譲すなわち、ヘンリー・ジョージ式の単一税のようなものによる土地国有である。孫逸仙が提案し、提唱している「経済革命」には、これ以外に現実的なものはまったくなにもない。……資本主義の枠内でこのような改革は可能であろうか？

それは可能であるばかりではなく、まさにもっとも純粋な、最大限に徹底した、理想的に完成された資本主義にほかならない。……土地国有は、差額地代だけをのこして、絶対地代を廃止する可能性をあたえる。農業から中世的独占と中世的諸関係とを最大限にとりのぞくこと、土地の取引に最大の自由をもたらすこと、農業の市場への順応を最大限にたやすくすること、──マルクスの学説によれば、土地国有とはまさにこのようなものなのである。……アジアのもっともおくれた農民国のひとつで、土地にかんするもっとも進んだブルジョア民主主義的綱領がひろまったのは、どういう経済的必然性からであろうか？　あらゆる形態と現われにおける封建主義の崩壊の必然性からである。★46

封建制の廃棄だけを課題とする革命綱領は、資本主義の形成自体にも反対する「反動」的性格をもつ場合もあるけれども、孫文の場合は、そうではなく、一方で中国における資本主義的発達の展望が描かれ、他方で土地国有が提唱されて、農業にとってもっとも進んだブルジョア的発展の条件が追求されていることからして、いわばもっとも徹底したブルジョア民主主義的革命綱領だと見ることができる。農業のブルジョア的発展への志向がその民主主義的革命精神と結合している。

レーニンは、孫文の思想を以上のように見る。すなわち、レーニンは、一九〇八年の『ロシア社会民主党の農業綱領批判』において自ら展開した労農同盟の相手方である革命的民主主義的ナロードニキの中国版を孫文その人の思想のなかに見いだしたのであった。レーニンは、中国革命の将来を次のように展望して、この小文を結んでいる。

最後に、中国に上海の数がふえるかぎり、中国のプロレタリアートもまたふえるであろう。彼らは、おそらくなんらかの中国社会民主労働党を組織するであろう、そして、この党は、孫逸仙の小ブルジョア的ユートピアと反動的見解を批判しながら、きっと、彼の政治綱領と農業綱領の革命的民主主義的核心を注意ぶかく取りだし、まもり、発展させるであろう。★47

レーニンは、孫文の小ブルジョア的ユートピアと反動的見解への批判的な見方をはっきり表明しているが、それと同時に、その「政治綱領と農業綱領の革命的民主主義的核心」を、「取り出し、守り、発展させる」べきことを、中国で生まれるであろう社会民主労働党（中国共産党）の未来にこと寄せて言明している。レーニンにとって、孫文の思想は、ただ一時的にまた政治的に「利用し」、状況いかんによっては「レモンのしぼりかす」のごとく投げ捨てるようなものではなかった。それは将来とも守り、発展させられなければならないような性質のものであった。レーニンの労農同盟とは、革命権力成立以後も守り育てられねばならないものとして想定されていたことが、この記述からも確認されるであろう。

ブルジョア民主主義とプロレタリアとの共同というアイディアは、時として、そのときそのときの政治的な離合集散の一齣として捉えられがちであるが、レーニンにおいてはそうでない。ブルジョア的幻想は批判されるとしても、特有の気品と英雄精神に満ちあふれた民主主義思想は、プロレタリアによる革命権力が成立したのちにも、注意深く守り育てていかなければならないものとして考えられている。

そして、もっとも注目すべき点は、農民の小経営について、その順調な発達のための最善の条件を保障するものとしての農業綱領（土地国有）の継承発展が提唱されている点である。革命的民主主義精神だけが重要だといわれているのでなく、その精神の現実的物質的基盤としての農業システムを樹立すること、守り育てるべきことが主張されているのである。

レーニンの労農同盟、プロレタリアによるブルジョア民主主義運動の支援という発想は、もともとそうしたものであった。では中国におけるブルジョア民主主義運動として、実際にプロレタリア運動が支援すべきものはなんであったのだろうか。レーニンは、この点についても、一般的にではあるがかなり立ち入った分析を行なっている。植民地テーゼ（案）執筆に相前後して、レーニンは第三インタナショナルのための「農業問題についてのテーゼ原案」（以下農業問題テーゼと略称）をも執筆している（一九二〇年六月はじめに執筆、七月発表）。

レーニンは、書いている。

都市の労働者は、農村の勤労被搾取大衆を闘争に立ちあがらせるか、いずれにせよ自分の味方に引きいれなければならないが、これらの大衆は、すべての資本主義国でつぎのような階級にわかれている。第一は、農業プロレタリアート、賃金労働者（年雇、季節雇、日雇）である。彼らは、資本主義的農業企業にやとわれて働くことによって、その生活手段を獲得している。農村住民の他の群とは別個の、この階級の独自の組織（政治的、軍事的、労働組合的、協同組合的、文化＝教育的、その他の）をつくり、彼らのあいだで宣伝、煽動を強化し、彼らをソヴェト権力とプロレタリアートの独裁の味方に引きいれることが、すべての国の共産党の基本的任務である。★48

以下これにつづいて、レーニンが列挙する農村内部の各階級は、半プロレタリアートまたは零細農、小農、中農、大農の四階層である。それぞれにたいするレーニンの分析をあわせ確認しておこう。

まず、半プロレタリアートまたは零細農。「生活手段の一部を、資本主義的な農業企業や工業企業での賃労働により、一部を、ちっぽけな自作地または小作地――この土地は彼らの家族に食糧のある部分をあたえるにすぎない——で働くことによって、獲得する人びとである。農村の勤労住民中のこの群は、どの資本主義国でも、きわめて多数である」。レーニンは、彼らは、共産党が正しく組織すれば、「共産党の確実な味方」になる、なぜなら彼らの状況は非常に苦しく、彼らがプロレタリアートの権力から受ける利益はきわめて大きいからである、とする。

なお彼らに小作地を貸与するものとして、その対極に「地主」「大土地所有者」が存在することはいうまでもない。「地主」「大土地所有者」は、国によってさまざまな形態をとる。「地主、大土地所有者……は、資本主義諸国では雇用労働力や近辺の小農（ある程度はしばしば中農も）の系統的な搾取を直接あるいはその借地農業者を通じて行なっていて、肉体労働にはすこしも関与せず、その大部分は封建領主（ロシア、ドイツ、ハンガリアの貴族、フランスの復活したセニョール、イギリスのロード、アメリカの旧奴隷所有者）の子孫であるか、あるいはとくに富裕になった金融王であるか、あるいはこれら二つの部類の搾取者や寄生者のあいのこである」[★49]。彼らの所有する土地こそ、革命的プロレタリアートが、すべて即時無条件に没収しなければならない革命対象である。

次に、小農。「自分の家族と経営との必要を満たす程度のさほど大きくない地所を、所有権か小作権にもとづいてもち、他人の労働力をやとわない小農耕者である。この層は、プロレタリアートの勝利によって、層として無条件に得をする。プロレタリアートの勝利が、つぎのものをすぐさま、また完全に彼らにあたえるからである。（イ）大土地所有者にたいする地代または刈りわけ分の免除……（ロ）抵当債務の免除、（ハ）大土地所有者のいろいろの形態の圧制、彼らへの隷属からの解放（森林とその利用など）、（ニ）彼ら小農の経営にたいするプロレタリア国家権力の即時の援助……など」[★50]。レーニンは、かれらの一部には、無制限な私的所有権の自由な行使への動揺が起きるけれども、プロレタリアートが大土地所有者や大農に断固たる処置を執るならば、彼らは概してプロレタリア的変革を支持する、とする。

以上の三階層、すなわち、農業プロレタリア、半プロレタリア（零細農）、小農が農村住民の大多数を占める。彼らは、プロタリア革命によって利益をうる層であるので、農村においてもプロレタリア革命の成功は保障されているけれども、反共宣伝によって惑わされているために、革命勢力がはっきりと彼らの利益を守ることを実地に示してのち初めて、革命勢力を決定的に支持するにいたるであろう、とする。

次に中農。

経済学的な意味で「中農」というのは、やはりわずかな地所を、所有権か小作権にもとづいてもっている小農耕者をさすのであるが、それにしてもその地所は、第一に、資本主義のもとでは、通則として、その経営の家族をやっと維持させるだけでなく、すくなくとも、もっともめぐまれた年には資本に転化することができるほどの、ある程度の剰余をあたえることができる。第二に、他人の労働力をやとうばあいがかなり多い（たとえば、二つないし三つの経営のうち三はそうである）。先進資本主義国の中農の具体的な例としては、ドイツの一九〇七年の国勢調査における五ヘクタール以上一〇ヘクタール未満の農家群をあげることができる。この群の農家総数の約三分の一は、農業賃金労働者をやとっている。フランスでは特殊作物の栽培、たとえば、ぶどう栽培がもっとも発達しているが、これはとくに多くの労働を土地に投下することを必要とするものであるから、この中農群はおそらくもっと広範に他人の雇用労働力を利用しているにちがいない。[★51]

レーニンは、中農を革命勢力の味方とすることは困難であり、プロレタリアートとブルジョアとの戦いにおいて「中立の立場をとらせる」ことを目標とするに留まるとする。中農の場合には、所有者的世界観や心情が支配的であり、投機や商業の自由への関心が強力で、労働者にたいする敵意が露骨だからだという。だが、革命に勝利したプロレタリアは、地代の廃止をはじめとして彼らの状態の改善に努めるべきだとする。

プロレタリア権力は、大多数の国では、けっしてすぐに私的所有を廃止してはならない。ともかく、プロレタリア権力は、小農にも中農にも、彼らがその地所をそのままもちつづけることだけでなく、彼らが普通小作している分だけ全部その地所をふやす〔地代の廃止〕ことを、保障するだろう。この種の措置とブルジョアジーにたいする容赦ない闘争とが結びつけば、中立化政策を完全に成功させることになろう。集団農業への移行を、プロレタリア権力はきわめて慎重に、しかも実例の力で、徐々に行なうべきであって、中農にはどんな強制もくわえてはならない。[★52]

最後に大農（Großbauer）。これは農業における資本主義的企業家であり、通例数名の賃金労働者を雇っている。レーニンによれば、この層は数的にもっとも多く、プロレタリアが都市で勝利した後、ありとあらゆる反抗、サボタージュなどを行ない、反革命の露骨な武装行動を不可避的に起こすという。レーニンが体験したロシア革命においては、まさにそうであった。レーニンは、彼らをひとり残らず武装解除し、容赦のない壊滅的打撃を与えるために、農村プロレタリアートの武装と農村ソヴェトの組織を呼びかけている。

以上のスケッチからわかるように、レーニンの「農業問題についてのテーゼ」は、地主、大土地所有者、農業資本家の打倒と農村プロレタリアート、零細農、小農、中農の解放、を呼びかけるものであり、それを実現する革命戦線は、農村プロレタリアを軸に、零細農、小農を結集することで結成され、中農については中立化がめざされる。

この場合とりわけ注目されるべき点は、農村プロレタリアをはじめとする、農村の被抑圧階級の解放が、生産条件の改善、経営改善と結びつけて構想されている点である。以上の紹介のなかにも、一般的に地主等の抑圧からの解放というだけでなく、「地代または刈りわけ分の免除」「抵当債務の免除」「（大土地所有者によって制限されていた）森林とその利用」「小農の経営にたいするプロレタリア国家権力の即時の援助」など、直接かつ具体的に、彼らの経営にたいする支援がなされることが明示されている。

なかでも、小農と中農とにたいする措置として、「彼らが普通小作している分だけ全部その地所をふやす（地代の廃止）」としたことは、もっとも注目される必要がある。「地代の廃止」とさりげなく括弧書きされるにとどめられているけれども、この一語のなかには、レーニンのかつての労作「一九〇五年―〇七年の第一次ロシア革命における社会民主党の農業綱領」〔一九〇八〕に展開された「農業生産全体の順当な発展を促しながら、蓄積可能な農民的小経営の大衆的確立をもたらす」★53べきキー・ワードたる「土地国有」論が凝縮的にこめられていると見なければなるまい。その観点こそが彼の孫文論の核心であったことも先に見たとおりである。レーニンは、革命戦線の敵と味方との関係を、政治的な親近・対立関係とそれを根底において規定する経済的・生産力発展との関連とのなかで捉えているのである。この観点からすると、次の指摘もきわめて興味深い。

すべての資本主義国には、もっともすすんだ国にも、中世の遺物がいまなおのこっていて大土地所有者は近辺の小農をなかば賦役によって搾取している。ドイツの Instleute〔小作農〕、フランスの métayers〔分益農〕、アメリカ合衆国の刈分小作人（黒人が大部分の南部で刈分小作人として搾取されているが、それは黒人だけでなく、ときには白人もいる）が、その例である。こういうばあいには、プロレタリア国家は、これらの小農が小作している土地を、このかつての小作農に無料で利用させるべきである。なぜなら、それ以外の経済的および技術的基礎はないからであり、またそうした基盤を一挙につくりだすこともできないからである。★54

といった記述のなかにも、「経済的および技術的基盤」といった生産力的関心にもとづく配慮がにじみ出ている。ここだけではない。大農の経営する農場などについては、ロシアの「ソヴェト農場」の型にならって経営するのが正しいと認めはするのであるが、これを過大評価したり、大農場の土地を近辺の小農や中農に無償で譲渡することを「絶対にゆるさない」としたらそれは最大の誤りだとするところにも、レーニンの小農、中農の発展（「蓄積可能な農民的小経営の大衆的確立」）への強い関心を認めることができるだろう。そうした措置は、一時的に生産力を低下させることもあるかもしれないが、それにたじろいではならないとまでレーニンは説く。

また、中農の集団農場への移行は、「実例の力で」行なわなくてはならないともいう。つまり、集団農場の小経営にたいする生産力的な圧倒的優越という「実例」を見るならば、中農も自分で集団農場への参加を希望するであろう。そんな場合にかぎって、中農の集団農場への移行があるというのである。★55

以上の諸点からして、レーニンの植民地テーゼ、農業問題テーゼが、彼のロシア革命論、土地国有を軸とする労農同盟論の直接的な援用であることがわかる。孫文の土地綱領を土地国有論と見た視点とも、完全に符節を合している。その労農同盟は、ロシア革命の過程に照らし合わせて見るならば、黒百人組的地主的資本主義と闘うナロードニキ的民主主義的資本主義との同盟であった。コミンテルンがブルジョア民主主義運動への支援を呼びかけるとき、それは当然に、ナロードニキ的民主主義的資本主義運動に相当する運動を念頭に置いたものであったはずである。以上の農業問題テーゼの文脈に即していえば、ナロードニキ的ブルジョア民主主義的運動とは、地主的圧政と闘う被抑圧的農民の運動である。

繰り返しいえば、そしてその支援はそのときの政治状況に左右される便宜的なものでなく、彼らの保持している革命的民主主義的精神、農業生産力を高めていくための経済的技術的基礎など、そののちの社会主義建設のなかでプロレタリア自身が丹誠込めて守り育てていくべきものとの連帯なのである。ロシア革命の現実のなかでは、プロレタリア独裁のもとでのみ、農民の解放運動は実現するはずのものであった。

では、中国には、どのような「ナロードニキ的民主主義的運動」が存在したのだろうか。孫文率いる中国国民党は、レーニンが賛美したその領袖と同じように、気品溢れる若々しい革命的な政党であったのだろうか。また、こうした連関のなかに、あの一〇月拡大会議の決定を置いてみよう。それが左派といい、右派というとき、中国革命の現実において、具体的にどのような運動を念頭に置いていたのか、またどのような将来展望を思い描いていたのか、必ずしも明確ではない。国民党から退出しようという陳独秀と、合作を維持しようというコミンテルンとの妥協の産物として、「右傾と『左』傾という『二つの路線』を併置」したまさに「中間プラン」というにふさわしい曖昧さがそこにあったことはおそらく否定できない。

中国の共産主義者たちが、コミンテルンの指導を受け入れるとき、以上のようなレーニン労農同盟論の核心を受けとめる必要が不可欠であった。だが、いま見たように、一〇月拡大会議の決定は、なおその点の曖昧さを免れていない。その曖昧さの根底には、陳独秀の革命構想と、レーニンの植民地テーゼとのあいだのギャップがある。それがどのようなものであったかを、まず確認する必要があるだろう。

3　陳独秀の中国革命論

中国共産党第一回大会の決定が、先に見たように、マルクス『共産党宣言』をなぞった社会主義革命綱領であり、その理論的指導者が陳独秀であったとすれば、マルクスの革命理論の中国社会への適応可能性についてほとんど疑うことを知らない素朴さを指摘せざるをえない。ただ陳独秀にも、コミンテルンの批判に服従して自説を曲げたというだけではない、コミンテルンの指摘を自分のものとして消化しようとした彼なりの努力の跡を、先にも触れたが、見ることができる。一九二二年七月の第二回大会後、九月ころから書かれたと思われる「造国論」（二二年九月）「国民党是什麼」（二二年九月）「中国共産党対于目前実際問題之計劃」（二三年一月）「資産階級的革命与革命的資産階級」（二三年四月）を経て「中国農民問題」（二三年七月）「中国国民革命与社会各階級」（二三年一二月）にいたる著作活動は、国共合作の具体的内容を明らかにしようとする陳独秀の努力の跡をはっきりととどめている。

「国民党是什麼」（国民党とは何か）を見てみよう。コミンテルンから支援せよと指導され、中国共産党が党内外で合作することを要請された「国民党」とはそもそもなんであろうか。陳独秀は、二二年七月の第二回大会、八月の中共中央西湖会議後の九月、そのような問いを発している。

中国国民党の党綱領から説き起こせば、それは同盟会起源のものであり、同盟会の誓約のなかには「駆除韃虜、恢復中華、建立民国、平均地権」がある。この四つのスローガンは、同盟会が現在つねに三民主義を主張している中国国民党に直結することを示している。第一、第二のスローガンは民族主義であり、第三のスローガンは、民権主義であり、第四のスローガンは民生主義である。この三民主義は、中国国民党の党綱領の骨格である。……民生主義は、平均地権のほかにさらに土地国有、生産手段の国有、若者を国家の教育に委ね、老人を国家の扶養に委ねるなどの主張だというのが、国民党民生主義の最近の解釈であるといえよう。

中国国民党の党員構成分子からいえば、知識人（旧時のいわゆる士大夫、現在の職業は議員、弁護士、新聞記者、教員、官吏、軍人など）が半数以上であり、華僑および広東の労働者がおよそ十分の二三、小資本家がおよそ十分の一、無職がおよそ十分の一である。

以上の分析研究結果から照らし、その十幾年かの革命の歴史を参考にして考えれば、中国国民党は、国民運動を代表する革命党であって、一個の階級を代表する政党ではないということができる。……党員中資産階級の知識人と無産階級の労働者を代表するものは、ほとんどあい拮抗している。★56

このように中国国民党が雑多な分子の寄り集まりであるのは、資本主義の発達が遅れている中国社会の表われである、と陳はいう。それにもかかわらず、辛亥革命以来の中国史は、封建帝政に変わるべきあらたな資本主義・民主主義の展開の歴史であったとする。だが、産業未発達、ブルジョア階級未結集の植民地・半植民地にあっては、資産階級は大きく分けて三通りの形で存在するとして、次のように述べる。

第一は革命的資産階級であり、彼らは封建軍閥ならびに国際帝国主義による、大規模な商工業の発展の妨害により、革命に賛成する。中国の海外華僑や長江の新興商工業家がそれである。第二は、反革命的資産階級である。彼らはもともと外人の恩恵や国家財政機関、軍閥官僚勢力を利用することによって奇形的な商業資本を形成したものであり、もっぱら売国行為によって貨幣的富を増加し、おのずから軍閥官僚および帝国主義列強に依存する反革命であり、官僚資本階級ということができる。中国新旧の交通系統で、盛宣懐より張弘、王克敏にいたるものがすなわちこれである。第三が非革命的資産階級である。彼らはその商工業の経営規模が小さく、拡大の企図もなく、政治上直接的な要求がなく、民主革命についてはつねに消極的中立的態度を有する。この種の小商工業家は小資産家階級的中国社会のなかで最大多数のものである。[★57]

陳独秀にも、資本主義について、黒百人組的反革命的資本主義と革命的民主主義的資本主義という視点がないわけではない。彼は、中国において発展しつつある資本主義のなかに、帝国主義列強、軍閥、官僚と結合することによって富を増大する官僚資本主義の存在を指摘する。そしてその対極にあるべき革命的民主主義的資産家階級として、彼は、長江流域において形成された新興の商工業階級をあげる。

だが、この長江流域の新興の商工業階級が、はたして革命的であり民主的であるか、それともすでに「労働者の血にまみれたブルジョアジー」「徹底的に娼婦化した……ブルジョア化した封建領主に身売りしたブルジョアジー」★58への道をたどりつつあるものなのか、やはり問題であろう。たしかに、その起源は、官僚資本などの起源とは異なって、なにほどか自生的な資本主義であるかもしれないけれども、もしも革命のための同盟者を求めるのであれば、それが黒百人組的反革命的資本主義への傾斜をもっているか否かが問われなければなるまい。

また、その革命性がよってきたるゆえんについての陳の理解は、「大規模商工業」への発展が、体制によって妨げられる点にある。その裏側の判断として、そのような要求をもたない圧倒的多数の小規模資産階級は非革命的であるという断定が併存している。革命精神の基盤をどこに求めるかの点で、陳独秀のこうした発想は、すでにレーニンのそれと大きくずれているように思われるが、コミンテルンの指導を受け入れたのちの陳独秀の中国革命構想がどのようなものであったかを、その「中国国民革命与社会階級」のなかに探ってみよう。

第一に、陳独秀は、有産階級・無産階級が帝国主義の侵略と軍閥の抑圧に対抗する革命運動の性格を指摘する。すなわち、人類の経験する政治経済の大革命には、ブルジョア革命と植民地半植民地の国民革命との二種類があるが、植民地においては、経済政治はすべて「宗主国」の手中に握られており、全民族各階級はすべて「宗主国」によって圧迫されているがために、全民族各階級はすべて共同して独立を追求している。これが植民地国民革命の特徴である。経済は、外国帝国主義者の手に収められているが、政治権力は、形式上本国の貴族軍閥の手中にあり、全国の資産階級・無産階級は、外国帝国主義者と本国貴族軍閥の支配下にある。有産階級と無産階級は共同して、対外経済独立、対内政治自由を追求する、それが植民地国民革命の特質である、という。

そして、植民地国民革命とは、宗主国と貴族軍閥を革命対象としているから、資産階級革命という性格のものであるが、発達が遅れた中国の資産階級はいまだ一個の独立した革命勢力たりえていないし、その発達にともなって成長する無産階級もむろん独立した革命勢力でないので、革命運動の「形式と要求」は外国からの独立を達成する「国民革命」である、すなわち、資産階級革命が国民革命という形態をとる、というのである。

だが半植民地の中国は、領土こそ広大だが、交通不便、経済組織は地方的（全国統一性なし）、社会組織は家族的（血縁的）、言語は半象形的であり、国民革命は容易なことでなく、速やかに成就できるなどというのは許しがたい幻想であり、甲午の敗戦に始まる中国革命運動は、変法自強、辛亥革命、五四（学生工人運動）を経て資産階級が国民的革命運動に加わり、ようやくにして有産階級・無産階級が共同して外国帝国主義者と闘う国民革命の現段階を迎えた、というのである。

陳独秀の国民革命論の特徴は、有産階級を革命主体と考える点である。すなわち、官僚資産階級は、売国勢力と本国の貴族軍閥に依存するもので反革命。他方、資産階級はなお幼稚ながら、産業発達、とりわけ企業規模の全国化を追求するとき、軍閥争乱による戦乱によって被害を受けたり、外貨外資との競争によって圧迫されるなどの問題にぶつかることによって、政治革命の必要性を意識し始め、現在はまだ半革命的であるにすぎないが、将来は革命的となるであろうと予測する。資産階級は、まだ幼稚であるとはいえ、農民に比べて集中力が高く労働者にくらべても強力であるから、国民運動が資産階級を軽視したら大きな間違いである、とする。陳独秀においては、有産階級が中国の国民革命において重要な役割を果たすものと考えられている。

没落する小資産階級（手工業者、小商人）の革命における位置について、陳独秀は次のように分析する。すなわち、かれらは生活の不安から「浪漫的革命心理」に駆られる。小資産階級の知識人は、経済的基礎がなく独立階級でないので動揺的であり、革命運動中、その功績も少なくないが、罪悪も少なくない。かつては四民の首であり、貴族平民のあいだにあり、貴族に付属して政権を操縦し、自ら貴族となるものもあり、近時は、議員政客や軍閥の手先として害毒を流すばあいもあるが、他面、戊戌以後の国民運動は彼らの独壇場であり、現在将来の国民運動のリーダーとなるであろう。また、商人工人農民を結びつける役割をも果たす。無産階級の革命と彼らの階級利益が正面衝突する以前には、彼らは革命的態度を放棄するのを恥じる。知識人のなかの非革命的分子は、「不合作」「農村立国」「新村」「無政府」「キリスト教救国」「教育救国」などの革命回避のスローガンを掲げるが、それも小資産階級が、自己の主観内で社会を改造しようとする幻想であって、彼らの社会不安、不満足は、間接的ながら革命を促迫するひとつの力であるということができる、とする。小資産階級の状況や思想潮流について、陳独秀は、彼らも動揺性はあるけれども、国民革命のなかで少なからぬ役割を果たすものと考える。

また国民革命における農民の重要性を説く。中国人口の大多数を占めるのが農民であり、国民革命に農民が参加しなければ民衆革命は成就しない。しかし農民は勢力分散であり、保守的傾向が強い。土地が広く難を避けて他所へ逃れることも可能である。これが農民が革命運動に参加しがたい原因である。だが、外貨侵入、農業経営破壊、兵匪擾乱、天災流行、官紳魚肉（民を意のままに支配すること」などが農民を革命運動に駆り立てる原因であり、各地で農民の抗税罷租運動が普遍的に発生している。彼らも国民革命の一翼である、とする。

次に国民革命のなかで、無産階級が独立勢力でありえないこと、にもかかわらず国民革命に参加すべきことを説く。すなわち、通常、国民革命の勝利は資産階級の勝利である。工人階級、学生、農民は資産階級と異なる。工人は、物質上の力量の点で資産階級に及ばないが、心理上は生活の圧迫から革命の急先鋒となる。国民革命にあって工人階級は重要な分子である。植民地半植民地産業未発達のゆえに資産階級は幼稚であるが、工人階級はさらに幼稚である。工人階級は量質ともに非常に幼稚であり現在の中国工人階級を分類すると次の三つとなる。すなわち、一、宗法社会のなかに眠っていて、家族親族・地方の感覚が強く、独立生産者の環境に埋没していて、政治的要求なし。神権帝王の迷信中にあって、せいぜい零細的地方的経済運動に関与するが、国家的運動にはかかわらない。二、小数ながら、政治的要求をもち、国家的覚悟あるもの、もっとも進歩的なものが海員、鉄道員など。三、真の階級意識あるもの、極少数中の少数。ゆえに、工人階級は革命中の独立勢力たりえない、とする。

だが現在の中国の政治的課題は、対外的には外国帝国主義からの独立であり、対内的には、政治上の自由の獲得である。工人階級は、この国民革命に参加して、成功の暁に自己の地位や発展の機会を失うか、あるいは国民革命に参加せず、政治的にはなんの意味も果たさず、経済闘争などに萎縮するかの二つにひとつである。工人階級は、政治的地位を失うことを恐れず、国民革命に参加すべきである、とする。

最後に、中国社会の各階級が国民革命に参加すべきことを説く。すなわち中国社会は、すべて国際資本帝国主義と本国の軍閥との両層からの厳酷な圧迫のもとにある。ゆえに各階級が合作して国民革命を行なうことこそ目前の必要であり、また可能なことなのだ。大群衆の革命的熱狂のなかで、制度文化思想習慣すべてが革命の洗礼を受ける必要がある。たんなる軍事行動では国民革命は実現できない。個人の暗殺でできることではない。暗殺は封建的復讐であり、恨みを晴らすだけで統治階級を打倒することはできない。たんなる軍事行動は軍事的投機にすぎず、フランス革命ロシア革命のような社会革命ではありえない。国民革命は世界革命の一環であり、国民革命の成功時、工人階級が一定の権力を掌握すれば、工人階級も新しい世界の形成に何ほどか影響を及ぼすかもしれない、とする。

以上が、陳独秀の「中国国民革命与社会階級」に示された中国革命構想の概略である。ここには、彼の革命構想の問題点がことごとく出そろっている。とりわけ、いまだ独立の政治勢力たりえない工人階級も、この有産階級を中心とする国民革命に参加しなければならないが、この革命が勝利するということは有産階級が勝利することであり、無産階級は勝利を収めた有産階級の支配下に服することになるほかないとしたうえで、しかもそれを恐れず国民革命に参加すべきであるとする議論はきわめて特異である。陳独秀は、工人階級は、有産階級の勝利に終わる国民革命の過程において、その間に自らの勢力を蓄えて、勝利した有産階級に向けて無産革命を対置しようとするのであろう。陳独秀の二回革命論が、この議論の行間に浮かび上がっている。

こうした二回革命論が、レーニンの植民地テーゼとその内実においていかに異なるものであるかは、先に見た孫文論や土地国有論に照らすならば、きわめて明白であろう。だが陳独秀においては、中国における資産階級の外国帝国主義（これと結合した国内反動諸層）にたいするある「革命的」態度が注目され、それが国民革命の主体と捉えられる。もしそれが「支援」の対象であるならば、革命が達成された暁には、疑いもなく工人階級にたいする抑圧者に転ずるにちがいない。その点の陳独秀の予想は一点の曇りもない冷徹な予想である。だがレーニンの植民地テーゼは、はたしてそのような支援を求めているのであろうか。コミンテルンの指導を受け入れ、その内実の消化に努めたにもかかわらず、陳独秀はその意味をついに捉え得なかったというほかない。

植民地テーゼを農業問題テーゼと連関させて理解するならば、支援すべきブルジョア民主主義運動とは被抑圧農民の運動である。陳独秀は中国の農民運動についてどのような理解をもっていたのだろうか。通常陳独秀は、都市のプロレタリア運動を重視し、農民運動の重要性に気づかなかったとされるが、問題は単純ではない。農民の被圧迫的状況が、その保守的分散的性格にもかかわらず農民をさまざまな闘争に参加させることについて、陳独秀にははっきりした認識がある。のみならず、国民革命に農民が参加しなければ民衆革命は成就しないとまでの主張がある。陳独秀は、その農民問題論を、「社会階級論」に先立って著述された「中国農民問題」のなかで展開する。ひとまずそれについて、陳独秀の農民論の内実を検討してみよう。

陳独秀は、ここでも、人口の過半数を占める農民が、外貨侵入、貪官汚吏、劣紳軍閥、旱魃などの苦痛からおうおうにして激烈な大衆運動を引き起こす「偉大な潜勢力」であって、現在の国民運動において看過してはならないものだとして、考察をはじめる。

陳は、簡単な統計数字をあげる。中国の人口約六千余万戸、うち農民はじつに四千万戸（全人口一〇〇分の七〇以上）を占めるという。その農民はおよそ次のような一〇個の階層からなるとする。すなわち、大地主、中地主、小地主、自作兼地主、自作兼雇主、自作、自作兼小作、小作兼雇主、小作、雇工の一〇階級である。

大地主は一万畝以上の所有者で、各省一〇人前後にすぎず、前清朝貴族、旧官僚、軍閥などからなる。中地主は千畝以上の所有者であり、全国に少なくとも二三万人以上存在する。彼らは半ば郷村に居住し、半ば都市に居住する。地租によって生活を成り立たせているが、なかには小商工業を営むものもあり、高利貸しを営むものもある。小地主は百畝以上の土地を所有し、通常郷村に居住し、小商業を営むものもあり郷村のボスなどもある。

最大多数を占める農民について、陳独秀は、民国七年の農商部統計を紹介している。それによると、農戸総数四三、九三五、四七八戸、自作農二三、三八一、二〇〇戸、小作一一、三〇七、四三二戸、自小作九、二四六、八四三戸である。

さて自作農のなかには、地主を兼ねるものもいくぶんあり、地主兼雇主もあり、これが多数である。この二種の農民は土地を所有し、地主にたいして貢租納入の義務なく、さらに資本主義的方式によって他人の剰余労働を収奪しており、一家の生活を支えるだけでなく、豊年時には、わずかではあるが剰余を獲得してこれを資本として蓄積することが可能である。この種の農民は中産階級に属する、とする。

純粋自作農も少なくないがその耕作面積ははなはだ少なく、自作兼小作はあまり多くなく、この二種の農民は、他人労働を収奪する機会はなく、豊年でも多くの剰余を生み出して資本蓄積することは困難であり、土地と農具の所有権を保持しているという意味で小有産階級に属する、とする。

小作兼雇主は労働力不足で人を雇うものであり、純粋小作は家族労働だけで他人を雇わないもの、土地耕作にさいしては自分の生産工具などを用い、生産物の一半を地主に納入するもので、他人労働を搾取せず、地主に搾取される存在であり、生産用具や生産物の一部を占有するものであるので、半無産階級に属する、とする。

雇農は、各層の農民に雇われる存在であり、成人工、重工、長工、短工などがあり、食事、衣類を地主から供される存在で、生産用具を所有せず、生産物にたいする権利もないので、無産階級に属する、とする。

以上七種の農民のなかで小作兼雇主、小作、雇農の三種はすべて無所有者であり、全国農民数の四〇パーセントを占め、九千万人以上にのぼり、自作農は、上の統計のようであれば、小作の倍はあるけれども、雇農を以上の三種に加えれば、無所有者の数は、自作農の数に近くなる、という。また土地所有者についても、所有規模は零細であり、土地集中の傾向はなく、むしろ分散化傾向が認められる、とする。

これらの農民各層は、一般的に、外貨輸入にもとづく物価高騰、軍閥戦争、水害旱魃、土豪劣紳の貧農搾取などの被害を被り、農戸数が減少傾向をたどるほどであり、自作農は官吏の追徴に苦しみ、抗糧などの農民暴動の原因となり、小作、雇農は地主の過酷な要求に苦しめられ、生活費を高利貸しに借りるために、高利貸しの苛欽誅求にも苦しんでいる、とする。

以上の苦痛から、農民を解放するために教育宣伝を行ない、「排斥外力」「打倒軍閥」「限田」「限租」「土豪劣紳を打倒せよ」などのスローガンを宣伝するとともに、「農会」（構成員を純化し、貪官劣紳に反対し、「消費組合を組織せよ」「農民のための金融機関を組織せよ」「穀価の公議機関を設置せよ」などの運動を展開する）、「郷村自治会」（兵匪を防ぎ、水利を改良し、「県長民選」などを要求する）、「小作協会」（「限田」「限租」など小作特有の運動を展開する）、「雇農協会」（賃金交渉を主要任務とする）などを組織する、としている。

以上の陳独秀の中国農民論は、疑いもなく、レーニンの農業問題テーゼを参看しながら執筆されたものと思われる。地主、資本家の支配下において、階層分解を遂げている農村構造についてのレーニンの分析を手がかりに、中国農村の骨格を把握しようとした労作であるといえるだろう。とりわけ農業問題テーゼの中農に関する特徴的な規定を念頭に置くならば、陳独秀のこの農民問題論が、ある点ではレーニンの引き写しであるとさえ考えられる。さきの「もっともめぐまれた年には資本に転化することができる」「ある程度の剰余をあたえる」★59というレーニンの指摘を想起してほしい。

この指摘が、いま見た「この二種の農民は、土地を所有し、地主にたいして貢租納入の義務なく、さらに資本主義的方式によって、他人の剰余労働を収奪しており、一家の生活を支えるだけでなく、豊年時には、わずかではあるが、剰余を獲得してこれを資本として蓄積することが可能である。この種の農民は、中産階級に属する」という指摘とそっくりであるということができる。中国においてはたして、レーニンが描き出したのと同じ意味での農業における資本主義の展開を見いだしうるか否かについては検討の余地がある（後述）けれども、この陳独秀の指摘が、レーニンのテーゼと軌を一にするものであることは確認できると思う。

ただし両者の類似はここまでである。これらの農民各階層とプロレタリアとの、陳独秀における連携方法はレーニンの説くところと大きく隔たる。先に見たように、レーニンにとって、農業プロレタリア、半プロレタリア層こそ、プロレタリア独裁権力の「味方」として同盟を結ぶべき友である。小農については、動揺性は免れないが、プロレタリア独裁が彼らの権利を守りその便宜を図るかぎり、その支持を受けることができると考える。中農に関しては、中立を勝ち取ることを追求すべきだとする。そしてもっとも注目すべき点は、先にも触れた点であるが、プロレタリア独裁のもとで、小農、中農ともにその借地については地代を廃止（土地国有！）し、その集団農場への参加は、彼らが集団農場の優越を実感し、進んで参加したいというのでないかぎり、けっして強制してはならないとしている点である。

この点について、陳独秀はどうかといえば、自作農以下農民各階層は、外力、軍閥、公租、旱魃などに苦しみ、自作農は抗租をはじめ、各種農民暴動の原因であるとし、農民運動の組織化を提起している。にもかかわらず、将来共産革命を迎える段階において、彼らがどのように位置づけられるかについては一言も触れていない。レーニンにあっては土地国有のもとで、小農民の経営の順調な発達の条件が保障されるべきことが明記されているにもかかわらず。

陳独秀は、たしかにレーニンのテーゼによったと思われる。しかし、プロレタリア独裁下（革命権力奪取後）の中農と小農との位置づけについて、陳独秀はレーニンの位置づけを拒否している。

少なくともそれによることができないでいる。レーニンは、あの気品高いブルジョア的民主主義的革命的精神の物質的基盤として、封建的等々の圧迫と闘う農民各層を想定した。だからこそ、彼らがプロレタリアがともに闘う盟友であり、権力奪取後も彼らの経営とその革命精神とを注意深く取り出し、守り育てることをめざした。繰り返しいえば、それこそがレーニンによるブルジョア民主主義運動への支援という考え方の核心である。だが不幸にも、まさにその点において、陳独秀はレーニンとすれ違う。

陳独秀にとって、小所有者たる農民は、共産革命を追求するプロレタリアにとっての敵対者なのである。陳にとって農民とは「共産革命」は対立するほかない存在なのである。独立生産者たる手工業者農民には共産革命はできない。農民の私有観念はきわめて強固であり、半数の農民は自作農で、すべて中資産階級に属する。共産社会革命は彼らの利益と正面から衝突するほかないというのが、陳独秀の見通しであった。半無産階級たる無地の小作農といえども、それが地主に反対するのは地主の土地を自分のものにしたいという私有観念からにすぎず、陳はそこにも小農民の予備軍を見るのである。

こうした陳の見通しが、将来の大規模集団農場の展望と結びついていることも当然であろう。共産革命は、農民の同情と協力が必要だが、強大な無産階級の主力軍が必須である。大規模共同生産を可能にするのはプロレタリアートであって、雇農は無産階級であるが、少数で集中していない。ゆえに中国の農民運動は、国民革命の完成を待たなければならない。そののち国内産業が勃興し、農業の資本主義化が普及し、しかるのち農業無産階級が発達集中したあと、初めて農村に真の共産社会革命の要求と可能性とが生まれるのである。したがって現時点で農業共産化のスローガンのもとに、農民群衆を運動に加入させようとするならば、目下の国民革命は最大の損失を受けるだろうとするのである。

陳独秀には、すでに二回目の革命、ブルジョア（小所有者農民）を打倒するプロレタリア（共産）革命がすでに意識にのぼっている。陳にとって、（小）所有者はあくまでもプロレタリア（共産）革命の敵対者なのだ。陳独秀が、こうした認識のもとに、コミンテルンの指導を受け入れているのだとすれば、その国民革命の見通しは、ある意味であまりにもアイロニカルなものとならざるをえない。現に、先にも触れたところであるが、陳は、「工人階級は、この国民革命に参加して、成功の暁に自己の地位や発展の機会を失うか、あるいは国民革命に参加せず、政治的にはなんの意味も果たさず、経済闘争などに萎縮するかの二つにひとつである」としている。「国民革命の成功時、工人階級が一定の権力を掌握すれば、工人階級も新しい世界の形成に何ほどか影響を及ぼすかもしれない」というのが、国民革命成功にさいしての最大限のポジティブな見通しであった。陳独秀によるコミンテルンおよび中国共産党への決別は、すでにこの時点で約束されていたとさえいえるのではないか。

ともあれ、陳独秀の中国革命構想は、彼がコミンテルンの指導を受け入れ、その方針のもとに運動を展開していた一九二三年の時点において、その内実はここまで大きく食いちがっていたのだった。そうした原理的な対立を根底に秘めたまま、妥協的にまとめられたのが一〇月拡大会議「中間プラン」であってみれば、それが致命的な限界を含むものであったことはあまりにも当然のことだったのである。

毛沢東の「中国社会各階級分析」は、陳独秀の革命構想の限界へ向けて放たれた批判の矢である。それは、レーニン植民地テーゼとの距離をどのように埋めるものであったのだろうか。

4 毛沢東「中国社会各階級分析」

毛沢東のこの論文についで触れるにさいして、逸することのできない画期的研究がある。今堀誠二『毛沢東研究序説』である。本書は、毛沢東神話全盛時代の一九六六年に公刊されている。本研究は、毛沢東文献が聖典化の道をたどりつつあった時期に、『毛沢東選集』がその刊行時に多くの添削を施したものであることを明らかにし、刊行された選集をもとにして、毛沢東の実相を探ることの非を指摘するものであった。生きた毛沢東を知るためには、作品が初めて書かれたときのオリジナルにつかねばならない、と。

そして、その主張を実証するために素材とされたものの最初が、毛沢東選集の冒頭を飾るこの論文であった[★60]。今堀氏の「分析」論の要点は、一二五年のオリジナル（今堀氏は「原文」と略称されるが、本章では、以下二五年版と略称する）が「富の大小による階級区分論」であったのにたいして、五一年の新選集版（以下五一年版と略称）では、「生産関係にもとづく区分」に変更された。しかし、「階級観念が根本的に変わっているのに、なるべく原文を生かしたいという態度をとったため、各階級の説明はいびつ」となり、不十分、矛盾、脱落の多い作品となった[61]、というにある。また五一年版に見える書き換えは、「資本主義生産・小商品生産・細小商品生産・社会主義生産を代表する各階級を、おしなべて社会主義の大河に流しこむこと[62]」をめざしたものであって、そうした欠点にもかかわらず、その時点での指針として有益なものであった、とする。

五一年版の「分析」が、まさしく五一年当時の課題を見据えるものであり、二五年版が、二五年当時の課題に応えるものであったという指摘は、指摘されればあまりに当たり前であるけれども、それをこの時点で明言した点に、今堀氏の研究の画期的意味がある。富の大小による区分から生産関係にもとづく区分への変更という指摘については、やや問題がある（後述）と思われるが、私は、二五年版が二五年当時の課題に応えるものという指摘を受け継ぐとともに二つのテキストの違いをも参照しつつ、二五年の問題状況をいま少し毛に内在してさらなる考察を加えたいと思う。

選集の冒頭を飾るべき論文として、彼の初期の少なからぬ著作のなかから選び出された、毛にとって記念すべきこの論文は、しかしながら、すでによく知られているように祝福されて誕生したわけではない。毛は、この論文を当時の共産党の理論誌たる「嚮導」に寄稿したが、陳独秀の「拒絶」にあい、「中国農民」に掲載した。「中国農民」は、いうまでもなく中国国民党農民部の機関誌である。ついで、中国共産主義青年団の機関誌「中国青年」へも掲載された。ともあれ、毛の「分析」が、中国国民党を背景としてひろく日の目を見たことは、さまざまな意味から注目されて良いと思う[63]。

さて、五一年版は、二五年版のある部分を大幅に削除している。もっとも顕著な部分のひとつは、最初の総論に当たる部分であり、二五年版が縷々二頁にわたって展開している部分が、五一年版では五行に圧縮されている。有名な冒頭「誰がわれわれの敵であるか？　誰がわれわれの友であるか？」に引きつづいて、五一年版は、簡潔に「この問題は、革命の第一の重要問題である。中国のこれまでのすべての革命闘争は、成果がはなはだ少なかった。その根本原因は、真の友を結集して、真の敵を攻撃することができなかったからである。……われわれの真の友を結集して、われわれの本当の敵を攻撃することに注意しなければならない」とする。

これにたいして、二一年版は、次の通りである。

中国革命が三〇年にわたり、しかも成果がはなはだ少ないのは、目的が誤っているからでなく、完全に策略の誤りである。いわゆる策略の誤りとは、（真の友を結集して、真の敵を攻撃することができなかったことである。）このようにすることができなかったのはすなわち、誰が敵であり誰が友であるかを明確に区別していないからである。（革命党は大衆の先導者である。）軍隊の中にあって、その指導者が道を誤まって、しかも、勝利を得ることができるようなことはない。われらはすべて革命党であり、すべて大衆の指導者である。この大衆の指導においで、われらは自問自答しないわけにはいかない。われらはこの本領を発揮しているかいないか？　われわれは大衆を誤った道に導いているのでないか？　われわれは必ず成功することができるであろうか？　国民党の第一次全国大会の宣言は、この策略における決定的な敵と友との分別を宣告している。とはいえこの宣言はきわめて簡単である。われわれは、この重要な策略を認識しなければならない。この（真の敵と味方を見わけるためには、中国社会各階級の経済的地位、）階級性、人数、（と革命にたいするその態度についてだいたいの分析をしなければならない）。★64

このとき毛沢東は、国民党宣伝部員であるから、論文発表が国民党の立場からのものであり、国民党の第一次全国大会宣言の線上にこれを深めるのだという姿勢が明記されるのは当然であり、それが五一年版で削除されるのも自然である。だがそれに先立つ部分は、革命運動の方法論にかかわる重要な内容を含んでいるという読み方もある。★65 また、われわれの指導は正しいのか、われわれは成功できるのだろうか、という自問のなかにはある深刻な響きがある。こうした重要な内容、こうした深刻な自問が、なぜ五一年版では削除されねばならないのであろうか。

統一戦線を組む相手を選ぶ選び方において、自分たちの方針には誤りがあるのではないか、いや誤りがあるのだということこそが二五年の状況であり、それこそがこの論文の書かれた意味なのではないだろうか。そして、たしかに五一年段階党権力を完全に掌中に収めている毛には自分の立てた方針にたいして疑いを抱いてはいない。この深刻な響きを帯びたくだりは、五一年には無用なのである。

今まで通観してきたように、毛の共産党ないし国民党での活動は、おおむね全体の方針の枠内での、その具体化のための運動であった。そうした毛の活動のなかで、中央の方針にたいして間違っているのではないかという問題を積極的に提起したのは、じつにこの「分析」が最初のものである。

毛は、それまで陳独秀を「仲甫」と字で呼び、思想面でも政治面でも尊敬すべき師として接してきた。そうした毛と陳との関係からすれば、尊敬すべき陳にたいして、いわば面をおかして、考えなおしてほしいと呼びかけるに等しい出だしなのである。だが、その毛の呼びかけがどのように処理されたかは、私たちはすでに承知している。陳はそれをいわば権力的に握りつぶした。同志的な対話の関係から、権力的な闘争関係への転換が始まる。またそこにコミンテルンの権威には服従するけれども、同志的な批判には耳を傾けようとしない陳の体質を見ることも可能かもしれない。そうした不快な記憶とつながるこの部分が、バッサリと削除されるのは、まさに不可避的な必然だった。陳にたいしておされる「右翼日和見主義」の烙印も、この意味からすれば当然なのかもしれない。★66 ★67

以上の引用につづく以下の部分も、五一年版では全面的に削除されている。

いかなる国であるかに論なく、天造地設、国内には、すべて上等中等下等の三等の人がいる。詳細に分析すれば、五等となる。すなわち、大資産階級、中資産階級、小資産階級、半無産階級、無産階級の五等である。農村についていえば、大地主が大資産階級であり、小地主が中産階級であり、自作農が小資産階級である。半自作小作農が半無産階級であり、雇農が無産階級である。都市についていえば、大銀行家、大商業家、大工業家が大資産階級である。銭庄主、中等商人、小工場主が中産階級である。小商人、手工業主が小資産階級である。店員、小販、手工業人が半無産階級である。産業工人、苦力が無産階級である。これら五種の人びとの経済的位置は相異なり、それぞれ相異なる階級性を有する。これによって現代革命にたいする相異なる態度すなわち、反革命、半反革命、中立、参加、革命主力が発生する。中国の各階級が民族革命にたいしてとっている態度は、西ヨーロッパ資本主義国の各階級が社会主義革命にたいしてとっている態度と、ほとんど完全に一致する。〔中略〕現代の革命はひとつであり、目的と手段も、均しく相同じである。国際帝国主義の打倒を目的とするという点で同じであり、すべての被圧迫民族と被圧迫階級が、連合して戦闘するという手段をとる点でも、同じである。これらのことこそ、現代革命が、歴史上のすべての革命と異なる、最大の特徴点である。★68

この記述は本論文の簡潔明快な要約であり、二五年版の末尾に付された表とともに、毛の考え方を明白に語っている。すなわち中国社会は、その他の国々と同じように、経済的地位の強大なものと弱小のもの、そしてその中間のものとからなり、強大なものは現状を守ろうとして反革命となり、弱小なものは革命的であり、中間者は中立であり、中国各階級の民族革命にたいする態度は西ヨーロッパ資本主義国の各階級の態度と相等しい。したがって革命党であるわれわれの敵は強大な大資産階級であり、味方は、弱小者のうち革命参加の姿勢を有する半無産階級であり、無産階級こそその主力軍である。この民族革命は、被圧迫民族と被圧迫階級とが連合して闘う国際的な戦列に加わるものにほかならない――このパラグラフはこう語りかけているのである。

そして、このメッセージが、レーニンに由来するコミンテルンの植民地テーゼと農業問題テーゼとを念頭に置くもの、ないしそれを換骨奪胎するものであることも、疑いの余地がない。形のうえ

階級		人数	対于革命態度
大資産階級		一百万	極端反革命
中産階級		四百万	右翼鄰于反革命・左翼有時可参加革命 但与人妥協・全体看来是反革命
小資産階級	富資部分——右翼	千五百万	平時近似中産階級之反革命・戦時・可附和革命
	自足部分——中央	七千五百万	平時中立・戦時参加
	不足部分——左翼	六千万 六千万五千万	歓迎
半無産階級	半自耕農	五千万	参加
	半益農	六千万	積極参加
	貧農	六千万	勇敢奮闘
	手工業工人	二千四百万	同半益農
	店員	五百万	同半益農
	小販	一百万 共二百万	同貧農
無産階級	工業無産階級	二百万	主力軍
	都市苦力	三百万	次手工業無産階級的主力軍
	農業無産階級	二千万	勇敢奮闘
	遊民無産階級	二千万 共四千五百万	可引為革命的力量

（25年版　末尾の表）

からいえば西欧資本主義国における革命運動との一致を明言する点にそれが現われている。また、内容面からいっても、そもそも誰を敵とみるか誰を友と見るかという問いそのものが、ブルジョア民主主義運動を援助せよという植民地問題テーゼを前提にして初めて成立する問いであることからしても、両テーゼとの関連のなかで書かれたものであることがわかる。

それだけではない。レーニンの農業問題テーゼは、社会農業面で分析して、地主以下、大農、中農、小農、農業プロレタリアート（半プロレタリアートもしくは零細農を含めて）五つの階級に分析するものであった。それにたいして、ここでは、都市農村を含めて、社会階級が、五個の階級（天造地設！）に配当して捉えられている。そして、「農村プロレタリアを軸に、零細農、小農を結集すること」に対応して、無産階級（雇農、苦力、産業工人）（＝革命主力）と半無産階級（半自作農、小作農、小販、店員、手工業工人）（＝革命に参加）とを結び、自作農などの中立化を説くこのメッセージは、民族植民地テーゼ＝農業問題テーゼの換骨奪胎である。

換骨奪胎というのは、農業問題テーゼでは、地主、農業者（大農、中農、小農）とされるように、大中小は、農業経営の規模にもとづく区分であるが、毛沢東においては、大資産（大地主、買弁、官僚など）、中資産、小資産というように、それは、都市農村を含めた階級区分であって、テーゼそのものの区分がそのまま踏襲されているわけではないからである。

この階級区分と敵味方関係の確定こそが、有産階級を国民革命の主体と考え、農民各層との強力な同盟関係を説くというよりは、むしろ共産革命段階での衝突に筆を割く陳独秀の階級分析＝農業問題にたいする決定的な批判なのである。「われわれの指導は正しいのか、われわれは成功できるのだろうか」の問いが発せられざるをえなかった所以がきわめて簡明に提示されていると言える。だが、なぜ、ここまで明快な要約が削除されねばならなかったのか。たしかにここには、世界各国に共通した民族・植民地問題が発生し、共通した農業問題が発生するかについて、これをアプリオリな自然法則（「天造地設」）とするような素朴な書き方があり、国際共産主義運動の権威に無条件的に依拠している点など、五一年の時点で見るならば、不適切と考えられたのであろう。[★69]それとは別に、自作農について「中立化」を指摘するこの要約と、本文での自作農についての立ち入った叙述とのあいだにある微妙な差異なども、削除の理由となったのかもしれない。

さていよいよ本文である。

第一、大資産階級

経済的におくれた半植民地の中国では、地主階級と買弁階級は、まったく、国際ブルジョアジーの従属物であり、その生存も発展も帝国主義に依存している。[★70]

買弁階級――外国資本と密接な関係のある銀行家（陸宗輿・陳廉伯ら）商業家（唐紹儀・何東ら）、工業家（張著・盛恩照ら）――

大地主（張作家・陳恭受ら）

官僚（孫宝埼・顔恵慶ら）

軍閥（張作霖・曹琨ら）

反動派知識階級――上の四種の付属物で買弁的な銀行商工業の高級スタッフ、財閥、高級官僚、政客、一部外国留学生、一部の大学教授と学生、大弁護士など——。

この階級と民族革命の目的とは完全に相容れず、終始帝国主義の側にあって、極端な反革命派である。その人数は、およそ百万を超えず、四億人中の四〇〇分の一でしかない。民族革命運動中の死敵である。★71

「大資産階級」という表題そのものが、そして買弁階級、大地主、官僚、軍閥、反動派知識階級というその内実そのものが、陳独秀の階級区分論にたいする真っ向からの批判である。陳独秀には、大資産階級と中資産階級という区分が欠如していたし、(大)資産階級の内実として、地主にたいする言及がない。陳独秀には、体制としての地主制自体の認識がぼんやりしている。ともあれ、革命の対象たるべき買弁階級、大地主、官僚、軍閥、反動派知識人らとともに革命化する可能性を有する(と陳が考えた)一部資産階級とを一括して捉える捉え方の曖昧さにたいする批判が、この表現から明らかに見て取れる。
以上のように、二五年版において、買弁・地主・官僚・軍閥・反動派知識人といった中国革命の死敵の姿がきわめて具体的に描き出されている。それにたいして、五一年版では、これらの陳独秀批判の核心部分が、大幅に削除されている。右の引用のうち、「買弁階級……死敵である」までが削除されて、代わりに、
これらの階級は中国のもっともおくれた、またもっとも反動的な生産関係を代表しており、

中国の生産力の発展を阻碍している。かれらと中国革命の目的とはまったく相容れない。とくに、大地主階級と大買弁階級は、終始、帝国主義の側にたっており、極端な反革命派である。その政治的代表は国家主義者と国民党右派である。[72]

という一文が新たに書き加えられている。ここでは、革命の標的たる地主階級と買弁階級の姿が抽象的に国家主義者・国民党右派と表現されるにとどまる。これらの表現が、「一九五一年段階の革命」[73]に対応するものであることはいうまでもないであろうが、こうした削除改変には、いわば論理内的な必然性もある。

まず先に触れたところであるが、冒頭の課題設定における書き換えと、ここでの改変とが相呼応している点である。すなわち、「この（真の敵と味方を見わけるためには、中国社会各階級の経済的地位、）階級性、人数、（と革命にたいするその態度についてだいたいの分析をしなければならない。）」とされるように、五二年版では、経済的地位を分析するとして、「階級性、人数」[74]については分析対象として除外されている。

次に、五二年版では、先の引用につづけて、「これらの階級は中国のもっともおくれた、またもっとも反動的な生産関係を代表しており、中国の生産力の発展を阻害している」[75]と述べられている。冒頭における分析対象の「経済的地位」への限定と、「生産」を軸とする「階級」把握の試みとが照応しているということができる。だが、生産力、生産関係などといったマルクス用語を用いれば、階級分析が経済学的に純化され、具体化されるというものでもない。

> 新選集本では大資産階級の中に含まれていた官僚・軍閥・反動的知識分子に関する記述を、すべて省略し省略された部分は、新選集本では、地主、買弁階級としては、取り扱わない形になっており、この中には含まれていないものと解釈される。原文（五一年版）の「大資産階級」を「地主と買弁階級」に改めたのは、大幅な変更であるが、それでいて他の階級の項下では、この変更による余波を十分考慮して、補訂を施すという配慮を払っていない。たとえば地主買弁の項では軍閥の説明を行なっていないのに、「中産」以下の項では、ブルジョアジーが軍閥の圧迫をうけていることを、原文のまままくりかえしのべている……。★76

とは、この点についての今堀氏の批判であり、マルクス用語の使用がもたらしたマイナスの波及効果を丁寧に指摘したものといえる。分析を経済＝生産に限定純化しようとするならば、軍閥、官僚、知識人といった非経済的カテゴリーは、「経済」なるものの歴史的内容についての顧慮を欠く場合には、その視野の外に放逐されるほかないかもしれない。近代的な政治と経済と峻別する経済観からすれば、官僚＝行政、軍閥＝軍事、知識人＝学術などの分野は、経済とも生産関係とも別次元の現象であるからである。

　だが、封建的な経済＝生産に目を移せば、そこでの経済過程は生産物の一部が経済外的強制によって生産者から奪い取られるという非経済学的過程である。ここでは、経済と政治（＝権力的強制）とは不可分に結合している。そして、それを道徳的義務として説く「知識人」とが分かちがたく結合している。むろん当時の中国社会が、純粋に封建的な段階であったのでなく、ある種の「商品生産」も始まっておれば、外国帝国主義の侵略をもうけている社会であるが、その社会の基本原理は経済外的強制にあった。

二五年版は、そうした中国社会の基本原理への洞察、直感的な洞察が素朴ながら生き生きと表現されていた。が、五一年版では、経済学的純化の試行のゆえであろうか、革命の死敵たる要素が叙述表面から欠落している。二五年版にも、中国社会をいかに学問的に把握したらいいのかについて萌芽的な関心がないわけではない。ブルジョア革命を経過した西欧社会と、いまだこれを経過していないアジアの社会との相違はいかにして発生したのか。西欧封建主義の分権的形態と旧中国の集権的形態、この差異をどのように理解したらよいのか――そうした問いかけが、毛のなかに萌していたにちがいない。たとえば毛も熟読したはずの陳独秀の「資産革命的革命与革命的資産階級」は、「人類社会組織の歴史的進化について、過去現在から将来を見るならば、その最大の変化は遊牧酋長時代から封建時代資本主義時代を経て無産階級の時代にいたる変化であり、その時代の必然的推進、すなわち時代の潮流が到来するならば、人力をもって抵抗することはできない」[★77]と、プロタリア革命の必然性を説くものであるが、やや微視的に西欧とアジア、ロシアと中国などの歴史的差異について目を向けるならば、歴史の一般的必然的潮流と特殊的民族的差異をどう捉えたらいいのか、という問いは生まれざるをえないだろう。だが、それについてのレディ・メイドの解答はない。その問いはとりあえず留保される他ない。「いかなる国であるかに論なく、天造地設、国内には、すべて上等中等下等の三等の人がいる」といった叙述のなかに、私は留保された問いかけの痕跡を見るのである。

問いかけは留保された。しかし、中国革命の死敵たるものは、度重なる「惨案」の血潮中から否定すべくもない苛烈さでもってその姿を現わしている。二五年版「大資産階級」への指摘は、素朴ではあるが圧倒的な迫力を帯びている。毛は、直感的に中国社会の半封建的な★78階級構造と中国革命の目標を一点の疑いもない鮮明強烈な色調で描き出すのに成功している。だがそれが直感的なレベルにとどまっているという限界は否定しえない。二五年版には、その点の意識化が萌芽的に姿を現わしている。だが、その死敵を打倒したのちの五一年版には、かつての迫力はすでに失われている。のみならず、マルクス用語の使用に伴われて、封建的世界における経済・政治・学術の構造連関如何という問題へのかすかな予感が現われはしたものの、その点への学問的解明がなされたとはとうてい見なしえない。なされているのは、必要な論述を欠いた不細工な前後撞着だけである。革命、すなわち権力奪取という観点からすれば、こうした学問的不備はほとんど問題にならないかに思われるかもしれない。だが、革命をたんなる権力奪取という局面にだけ矮小化して捉えるならばともかく、それに引きつづく新しい社会の建設をこそその重要な課題であると考えるならば、この点の不備はほとんどfatalな間違いにつながる。

新しい社会の建設とは、理論的なレベルで整理すれば、旧い仕方での経済・政治・学術の結合の仕方に替わる、新たな結合の仕方を建設することなのだから、破壊するときには、その間の結合関係が明確でなくとも、基礎にあるもの――それが地主制であることを毛が見抜くことはやがて文献史的にも確認されるが――何かが捉えられ、それへ向けての攻撃がなされれば、それでとにかく目的は達成されるだろう。だが、新に創り出すとき、明確な設計図なしに、どのようにして新しい社会を構築するのだろう！

「第二、中産階級」に移ろう。ここでも、二五年版から五一年版への視角転換が、内容上のかなり大幅な添削を結果している。二五年版は、旧中国社会の階級構造への直覚的な把握が見られる。中産階級についての叙述もそのようなものとして一貫している。華資銀行工商階級、小地主、高等知識階級が中産階級に当たる。華資銀行工商階級とは、別の言い方をすれば民族資本のことであり、民族資本は中産階級以上にはなれないという考え方である。[79] 知識分子としては、民族資本の従業員、大部分の外国留学生、大部分の教授学生、下層弁護士などがそれに当たる。

「この階級の欲望は、大資産階級の位置に到達することであるが、外国資本主義の打撃や軍閥の圧迫を受けて発展することができない[80]」がため「中産階級は左右を問わず、多くの危険な成分をふくみ、革命の道を勇敢に進むことはのぞみ得ないのであって、ごく少数のものが、歴史と環境上の特別な事情から、これに加わるにすぎない[81]」というのが彼らの革命にたいする態度であり、小地主もまたその点で軌を一にする。それが中産階級に配当されるゆえんである。

この点の叙述も、陳独秀にたいする批判であることはいうまでもない。陳独秀にあっては、資産階級のなかに政治革命の必要性の認識が生まれ、革命化する可能性が認められ、「資産階級は、農民に比べて集中力が高く労働者にくらべても強力である。したがって、国民運動が資産階級を軽視したら大きな間違いである」とされていた。毛沢東はこれを退け、極少数の例外だけが革命の道を歩むとし、むしろ叙述の力点はその危険な動揺性の指摘に置かれた。

彼らは現在はまだ半反革命的であり、われわれの正面の敵ではないけれども、工農階級の脅威が日に高まると思われるときには、……彼らの一部〔中産階級右翼〕は、必ず帝国主義につき、必ず完全な反革命となり、必ずわれわれの正面の敵となる。[★82]

中産階級左翼は、帝国主義とは完全に無縁であり、外貨の潮流が激しくなるようなときには、革命性が強くなる。ただその持ち前の無内容な和平観念がきわめて強く、しかも、いわゆる「赤化」にはつねに恐慌を来たし、革命にたいしてきわめて容易に歩み寄るが、長くもちこたえることはできない。[★83]

といった叙述も、五一年版では削除されている。二五年版では、右派への警戒心と左派への不信とが基調であり、陳独秀の資産階級論にたいする厳しい批判が中心となっている。

反面、経済学的に階級概念を純化しようとする五一年版においては、「中産階級は中国の都市と農村における資本主義的生産関係を代表している。中産階級とは、主として、民族資産階級である[★84]」とされ、小地主や知識分子に関する叙述が削除された。今堀氏は、民族資本を近代資本主義と性格規定したがために、二五年版の内容的記述のかなりの部分が、「バッサリと削除」されてしまったとしながらも、「ブルジョアジーをどう規定するかは、革命の成否を左右する、ひとつのポイントであるが、原文では生産関係にもとづく階級理解に到達しておらず、新選集において正しく修正されたことは、民族資本の実態の把握とともに、過渡期の総路線を成功に導く一因となった。新選集が、民族ブルジョアの革命性を正しく評価して統一戦線にまき込み、平和革命の路線を引くと同時に、ブルジョアを主体として社会主義革命を起こすことの『幻想』をうちくだき、平和革命における反右派闘争に布石を打ったわけである。新選集本は階級区分について、正確な分析を示したといえる[★85]」と肯定的に評価される。こうした評価が可能かどうかは、別問題であるが、五一年段階での中産階級への関心が、戴李陶主義による共産党粛清の嵐が吹き募った二五年段階での関心とはまったく別のものに転換していることは疑いない。

「第三小資産階級」は自作農、小商人、手工業主、小知識階級（小役人、小事務員、中学生、中小学校教員、下層弁護士）などである。これらの層にも右派と中間派と左派とがあるが、革命の進行過程のなかで、左派が革命に参加するばかりでなく、中間派も参加するし、右派までが革命についていくほかなくなるとして自作農の革命化に注目しながらも、共産革命時の対立を予想して、この層との連合にたいして心理的な躊躇を禁じ得ないでいる陳独秀を厳しく批判する内容となっている。

二五年版、五一年版との異動について触れると、両版ともに小資産階級の上層に「剰余」のあることを指摘している。二五年版においては、この層について「いわゆる資本の初歩累積」がなされると指摘されているが、五一年版では削除されている。なお五一年版の毛沢東選集出版委員会による注には、「毛沢東同志はここで中農のことをさしている」とある。

「剰余」「資本蓄積」についての指摘が、レーニン農業問題テーゼにおける「その地所は、第一に、資本主義のもとでは、通則として、その経営の家族をやっと維持させるだけでなく、すくなくとも、もっともめぐまれた年には資本に転化することができるほどの、ある程度の剰余をあたえることができる」に由来するものと見てまず間違いあるまい。

またこの点は、陳独秀の中産階級（地主兼自作、地主兼雇主）についての指摘と軌を一にするといえるだろう。先に見たように、陳は「さらに資本主義的方式によって、他人の剰余労働を収奪しており、豊年時には、わずかではあるが、剰余を獲得してこれを資本として蓄積することが可能である」としている。

二五年版の指摘が、これらによって誘発されたものと見ることができるが、五一年版において、「資本の初歩的蓄積」との規定が削除されたのは、中国における自作農における剰余が必ずしも資本蓄積に向かうのではないという、中国農業の特質★86についての理解が深化したからであるのかどうかについては、今後の研究に委ねるほかない。いずれにせよ、レーニンにおいては、中農と並んで大農の存在が想定されていたのにたいして、陳独秀にも毛沢東にも「大農」についての記述はない。それは中国農業の現実であろうし、自作農（中農）の手中に蓄えられた剰余が単純に「資本」として蓄積されるとは考えられないという理解を暗示しているともいえる。

なお、認識の当否は別として、二五年版にも「資本の初歩的蓄積」の可能性を指摘する蓄積論的な視点が存在していることは否定できない。二五年版が「富の大小」といった観点だけで書かれており、他方五一年版になってマルクス的経済学的視点が導入されたという今堀氏の主張はこの点からしてもやや一面的であると思う。

次いで、第四半無産階級、第五無産階級についての指摘がつづくが、それがいずれも都市と農村とを通観するものであり、これらの階級に属するものが、小資産階級と並んで、「われわれの友である」とする結論につながる叙述がある。労農同盟についての、きわめて明確な展望が描き出されて、農民を将来の共産革命の敵対者と見る陳独秀にたいする批判が最終的に貫徹されている。「動揺常ない中産階級の右翼は、われわれの敵となるものと捉えなければならない——すなわち現時は敵ではないけれども、やがてまた敵となる。その左翼は、われわれの友となるべき者として捉えることができる——真の友ではないけれども」★87といった叙述のなかにも、もし将来のことをいうのであれば、中産階級についていうべきであって、小資産階級、半無産階級、無産階級に属する農民についていうべきでない、といった批判的なニュアンスも込められているといえるだろう。

以上のように、毛沢東の「分析」、とくに二五年版は、陳独秀批判として首尾一貫している。その内容は、革命の友を明確に捉え得ず、「資産階級」を国民革命の中心と考え、「労農同盟」の内容を大きく誤解している点に絞られている。それはたしかに、陳独秀はじめとして中国共産党が、レーニンの植民地テーゼ＝農業問題テーゼの未消化であったことに警鐘を鳴らすものであり、その理解吸収をよりいっそう深化させるものであったということができる。だが一歩進んで、レーニン労農同盟論の核心部分が毛によって的確に理解されたということができるだろうか。

先に見たように、レーニンにおける労農同盟の同盟たるゆえんは、一時的な政治的な策略上のものではない。プロレタリア権力のもとにおいて、小農、中農については、土地国有＝地代廃止によって、その経営発展の条件を保障することが予定されている。小農、中農の自立的な小経営もまた生産力的基盤であるとともに、ブルジョア民主主義的な革命精神の源泉となりうるものであるのだから。

だが陳独秀にあっては、かえって彼らの所有者的な閉鎖性がクローズアップされ、共産主義革命の対立物と考えられた。陳独秀批判を課題とする毛沢東の「分析」は、その点でどのような陳独秀批判を行なっているだろうか。農民を革命の友とする点できわめて明晰であって共産革命時の衝突について何も語らない毛沢東であるが、反面、この点に関してもついに一言半句も発してない。レーニンとの不幸なすれ違い、おそらく中国革命の全過程に影響するかもしれない不幸なすれ違いは、毛沢東の陳独秀批判においても解消されなかった。少なくとも書かれたもののうえでは、その痕跡を認めることはできないのである。

おわりに

毛沢東の「中国社会各階級分析」は、陳独秀の中国資本主義論ないし中国革命論にたいする批判として書かれたものである。陳独秀が、コミンテルンの指導を受ける過程で、レーニンの植民地テーゼ、農業問題テーゼを彼なりに消化しようと試みたいくつかの階級分析にたいして、その中国資本主義の革命性についての誤解を批判し、レーニンのテーゼを初めて本格的に中国社会に通用し、中国革命論を当時の国際共産主義運動のレベルにまで高めたものであった。

むろんその理論枠はレーニンによって設定されたものであり、その中国への適用の試みの先例は、陳独秀のものも含めていくつかある。その意味では、この論文には、毛沢東の「真の独創性」などというものはないかもしれない。[88] しかし、それは、中国革命とレーニンのテーゼとの関連を、中国革命の路線を問うなかで初めて具体化したという点では、やはり決定的な意味をもった作品である。「すでにくり返しくどくどと分析されてき」たものの「剽窃」だなどという評価は、取るに足りない。

この論文によって、中国の革命党は自らの「友」とすべき存在を特定し、その後大きな成果を上げはじめる端緒を得たということができる。その意味でこの論文は、毛にとって特別の意味をもつものというばかりでなく、中国革命そのものにとってもひとつの記念碑的意義を有するものであった。ただしここでも、陳独秀とレーニンとのあいだにあった不幸なすれ違いは克服されるにはいたっていない。それが、以後、中国革命の全過程に、どのような影を落としていくのか、その具体的な追跡が以下の諸章の課題である。

第五章　「湖南農民運動視察報告」について

――毛沢東（一九二六―一九二七）

はじめに――毛の「独創性」

緒形康氏は、毛沢東の「中国社会各階級の分析」について、次のようにいわれる。

ところで、この文章が書かれた二五年一二月といえば、陳独秀らが一〇月拡大合議で「中間プラン」[★1]を策定、戴李陶主義を批判した直後である。国民党第二回全国代表大会を目前にひかえ、国民党中央委員会のポストを確保するため、中共中央が国民党右派と妥協的な取り決めを交わしたと非難される時期でもある。「中間プラン」は中共広東区執行委員会の激しい批判にさらされていた。

毛沢東の「中国社会各階級の分析」はまさに、この時代に執筆されたのだった。そして、中共広東区委の諸決定と比較してみればわかるとおり、毛沢東の階級分析と戦略は、その広東区委の極左プランを忠実になぞったものだといえよう。毛沢東はこのとき、国民党中央宣伝部長代理として広東工作に従事しており、中共広東区執行委員会との関係は緊密なものであったはずである。したがって、毛沢東の文章を広東区委の政策と切り離して論ずるならともかく、そこに毛沢東の独創性を認めることは非常に困難である。〔中略〕

わたしの考えでは、毛沢東がその思想において真の独創性をあらわにするのは一九二六年九月のことである。「選集」には未収録のこのときの文章こそ、わたしたちが今日、毛沢東の思想として要約するものの起源に相当するのだ。★2

このように述べて、緒形氏は、毛沢東の「国民革命と農民運動」こそ、緒形氏の考える毛沢東の思想の起源をなすものであり、そこにこそ毛沢東の思想の真の独創性が表われているとされる。私は、革命運動におけるさまざまなアイディアについて、学問的な意味での、また個人的な意味での「独創性」を問題にするものではない。それは基本的に集団的思考であり、集団的な革命的実践のなかで積み上げられていくものだからである。

とはいえ、集団的な思考においても、個人の役割が消えてしまうというのではない。集団的思考や実践のなかから、歴史の方向を決するような試みや視点を、他のものからより分け、選び出して、新たな方向を切り開くうえで、個人の果たす役割はまたきわめて大きい。そうした意味で毛個人の独自な役割を考えるとき、当時の毛の一連の著作をはたして緒形氏のように意味づけることができるであろうか。

その点について、わたしにはある疑問がある。そこで、毛の「中国社会各階級の分析」(一九二五年一二月)、「湖南農民運動視察報告」(一九二七年三月)、そしてその中間に位置する「国民革命と農民運動」(一九二六年九月)が、中国革命のどのような流れのなかから生まれてきたものであるかについて、また、それがどのような意味をもつことになるかについて、若干追跡し、それが、中国農民の大衆的なうねりによってうみだされたものであること、そしてそれだけが旧中国社会を根底から覆すものであったこと、そしてさらにまさにそのこと――毛の指導による土地改革が、中国革命にたいして、ある決定的な限界を刻印づけるものとなっていく経過を確認したいと思う。

1　国民革命と農民運動

緒形氏の所説をいま少し追いかけよう。緒形氏は「国民革命と農民運動」の内容を三点にわたって整理する。まず第一点は、農民の中国革命における地位について、「農民問題は国民革命の中心問題」であり、「農民が立ち上がって」革命に参加し、擁護するのでなければ国民革命の成功はありえないとしていること。

第二点は、農民問題の研究を強化し、農民運動の工作を強化する必要を強調すること。「労働者を組織し、学生を組織し、中小商人を組織する多くの工作のほかに、多くの同志は一大決心をして、あの農民を組織するという偉大な工作に赴かねばならない」。

第三点は、中国の農民闘争は、たんに社会的地位の上昇をめざすのでなく地主政権の打倒そのものをめざす政治闘争であると指摘すること。「農村の農民が立ち上がるや、彼らは幾千年にわたって農民を搾取してきたあの土豪劣紳・大地主の政権にぶつかり〔この地主政権は軍閥のまさに基礎にほかならない〕、この搾取政権をくつがえさないかぎり、農民の地位はありえないのだ」。

この三点を総括していえば、国民革命とは、地主制を打倒する農民の政治闘争にほかならないということにつきるだろう。毛自身、端的に「いわゆる国民革命運動とは、その大部分が農民運動なのだ」と締めくくっている。★3

こうした「農民運動」について緒形氏が先に見たように、「毛沢東の思想」と呼ぶべき「真に独創的な」思想の起源とみるについては、緒形氏独自の「ディスクール」論からする次のような意味づけがある。

思えば一九二二年九月、陳独秀は西湖会議プランを受容する前提として、国民革命が政党（シニフィアン）－階級（シニフィエ）という表象関係を逸脱する「浮動するシニフィアン」であると述べた。そして二六年一二月の漢口中央特別会議にいたって、この「浮動するシニフィアン」には、とりあえず三大政策（連ソ・連共・扶助工農）という「意味」があたえられた。だが毛沢東にとって、国民革命は「農民運動」を直接に表象するものである。国民革命は「浮動するシニフィアン」でもなければ、都市ブルジョアジーの運動である三大政策を「意味するもの」でもない。農民運動を再現前させ、それを「代理」するものとして国民革命はある。だからこそ、かれは中国共産党に向かってこう問いかける。なぜ、農民のもとに赴き、かれらの苦悩や希望に耳を傾けないのか。なぜ、農民とともに、夏は酷熱の太陽にさらされ、冬は厳寒の風雪に耐えることをいとうのか。★4

換言すれば、陳独秀にとって「国民革命」とは、共産党＝労働者階級の革命というカテゴリーに収まらないにもかかわらず、コミンテルンの指導によってやむなく採った中国共産党の運動であったが、毛沢東にとっては、国民革命とは農民運動によって追求される地主体制の打倒そのものであり、中国社会にとって必然の課題であることが把握された。「国民革命と農民運動」こそ、この視点を初めて打ち出した、毛沢東の真に独創的な視点であり、毛沢東の思想とはまさにこの視点を核に形成されるのだ――緒形氏はこのように考えるのであろう。だがはたしてそうであったろうか。ともあれ毛沢東が広東で活動し、広東区委と深く結びついていたという事実は疑い得ないことであるので、そこでまず、広東区委の指導のもとで展開される農民運動・農民運動論と、毛沢東の「分析」、「農民運動」、「調査報告」との関連を振り返ってみることにする。

広東省档案館・中共広東省委党史研究委員会弁公室編『広東区委党、団研究資料（一九二一―一九二六）』が、広東区委下の革命運動について回顧するに便利な資料集である。ここに収められた資料のなかから、この地域の農民運動を年代を追って追跡してみる。

この資料のなかでもっとも早く姿を現わす農民関連運動は、一九二一年の「広東共産党的報告」の「四。向農民進行宣伝」であろう。わずか三行の記事であるが、マルクス主義小組に属する某がその共産主義思想を実現するために「新農村」を創刊したので、我々はこれを助けて、その影響が広まるよう宣伝する必要がある、といった記述である。[★5]

二二年には、関連記事がなく、二三年に入ると、農民運動関連の記述が、頻出するようになる。二月の「辟云給社会主義青年団中央執行委員会的報告」は、海豊農村の状況として、一帯の地主が農民勢力が日に日に膨張するのを恐れており、片や農民の階級意識が非常に発展しているとしている。[★6]

また同年二月中旬のものと思われる「辟云給子由兄們」には、「農民こそわれわれが手助けすべき最重要分子」だと考えるにいたったが、そう考える人がはなはだ少数であるので、農村運動に参加し、現在では、農村方面だけでなく、工人方面でも積極的な活動を行なうにいたっている云々という記述[★7]が見られる。

翌二三年になると、海豊農会は去年八月成立して以降、はじめ入会者を海豊人だけに限っていたのが、のちには陸豊、帰善、紫金、恵来、普寧などの諸県人にも広がり、会員は十万人以上に達し、名称も海豊農会から周辺の農会を連合して広東農会を称するにいたった(「広東農会之組織及経過」)という。その綱領は、生活改善、農業発展、農村自治、農民教育をはかるべきことを謳っている。[★8]

十万人を超える農会は、その綱領から見て必ずしも革命的な性格をもつものとはいえないし、その急速な発展から推して旧来の農村リーダーの組織力に依拠する面があったものと考えられるが、しかしこの急速な農民運動の展開は、軍閥の警戒心を呼んだのであろう。二四年の彭湃から劉仁静にあてた手紙には、農会が軍閥・陳炯明の弾圧を受けたことを報じている。

彭湃は、この弾圧経験を通じて、農民の階級認識がますます鮮明を加え、陸続として農会に入会してくる状況を認識する。それというのも、軍閥、官僚、貴族、紳士、警察、地主、金貸しなどから物価高、風災水禍すべて農民の苦痛でないものはなく、農民は武器を取って立ち上がろうとするまでに激化している、と伝えている。

だが農民は軍閥に反対する運動だけでなく、土匪の略奪にたいする自衛運動をも始めねばならなかった。そのうえ意気軒昂たる彭湃が追放されたのち、海豊での農民運動も、組織化が始まったばかりで基礎は未だ強固でなく、リーダーはきわめて少数であり自分で戦う農民自身はさらに少なく、停滞を余儀なくされた（広東農人状況[★9]）。

順徳では、兵匪から防衛するために、農団が組織された。農団とは、普通劣紳の支配下におかれる「民団」とは区別される、一般純粋青年農民が共存防衛の役割を果たそうとして組織したものであり、農会とも異なる。その他の地域にも農民義勇団が組織されており、民団とは性格の異なるものもあるが、城北一帯は残念ながら劣紳の支配下におかれた民団である云々（広東農人状況[★10]）。

別の報告は、次のように報じている。「富農、貧農、小地主、自作農、雇農らをひとつのグループに組織連合して、防衛策を講じたもの」が、「武装していれば、すなわち農村中の『民団』である」。それは、もともと政治的なものでなく、階級闘争の意識などはまったくない。都市のような階級化はまだ露わになっていない。が、もしわれわれがこの活動に参加せず、宣伝に従事しないならば、容易に農村の軍閥に変成し、将来、都市で革命がなるならば彼らは必ず復辟を主張するだろう。それは国民革命に障害があるだけでなく、「社会革命においてさらに障害がある」(一年来之S・Y。粤区、一九二四、四、四)。[11]

こうした動向を受けてのことであろうが、「農民にたいして、階級闘争の観念を鼓吹し、団結させ、同時に迷信の攻撃からしばらく避免させなければならない」(「広寧報告的決議案」一九二四、五)[12]「農民協会の分子は、(一)佃農、(二)雇農、(三)半自耕農、(四)自作農とし、自作農の入会には特別注意しなければならない。時には農会の職員とすることを許さない」(「広東農民運動決議案」一九二四、五)[13]「農民に佃主紳士官吏を敵であると認識させるべきである。農会に相当の力があれば、佃主に向かって挑戦し、一面では、佃主でない紳士や官吏にしばし親善的態度を示し、遠交近攻の策を採ることもありうる」(同上)[14]。六月には、広寧農会加入者六万余人という報告がなされている(阮比力、彭湃為広寧、花県農潮事的報告、一九二四、六)[15]。

むろん農会があり、しかもそれが相当な力をもつとは限らない。ところによっては同志が若干名しかおらず、活動の余地なく、農民自衛軍を組織し、新式銃を一〇〇丁あまりも保有するにいたっているけれども、すべて紳士の独断専行に任されているといったケースの報告もある。ただしそんななかでも宣伝に努め、農民の自覚を引き出し、改組を追求する動きが認められるという(「劉爾崧給社会主義青年団中央報告第三号、一九二四、七」)[16]。

やや時代が飛ぶが、一九二五年五月一日広東区委と中国共産主義青年団広州地方委員会とは次のメーデー・スローガンを提起している。

今年の五・一は、中国の第二回労働大会であり、また、広東省農会の開幕日でもある。そこで、我ら共産党および共産主義青年団は、謹んで次のスローガンを全国工人農人の前に提出する。

帝国主義、その走狗ども、軍閥、官僚、資本家、地主、土豪、工賊および国民党右派を打倒せよ！

工人農人は組織せよ！

工人農人を、自己の党——共産党に加入させよ！

国民党、広東革命政府、および真正革命軍を守れ！

第二回全国労働大会万歳、広東省農会万歳！

工農大連合万歳！（「慶祝〝五一〟労働節！」）★17

以上のスケッチからも、広東区委員会の革命方針、農工対策の概略が浮かんでくる。すなわち、「田主紳士官吏」を敵として認識し、他方、「(一) 佃農、(二) 雇農、(三) 半自耕農、(四) 自作農（自作農の入会には特別注意）」を、農会に組織する対象とするという敵味方関係の認識である。

また、一九二六年の五月開催の「広東第二次全省農民代表大会」の報告である「広東農民運動報告（節録）」（一九二六、一〇）には、事後的な報告であるが、「農民は、国民党右派の鄒士琦から自称左派の廬振柳まで、いずれも彼らの戦いを助けず、むしろ彼らを圧迫しようとする地主方面に傾いていることが見られるので、農民の階級意識は高まりつつある★18」とする記述がある。

ここには、中央「中間プラン」の党内合作方針である「団結左派、連絡中派、打撃右派」にたいする広東区委の批判である「拡大左派、孤立中派、打撃右派」を直接的に彷彿させるものさえあるといえるだろう。

広東省における農民運動は、たしかに緒形風にいえばいわゆる「極左プラン」として総括することができる。革命の友として下層農民をこそ革命の友とし、中農（自耕農）を中立化させようとしている毛沢東の「分析」が、この広東区委の「極左プラン」を定式化したものであることはおそらく間違いないであろう。毛の「分析」は彼の独創などではない。数え切れないほどの犠牲をともなう多数の革命的な労働者農民知識人の命がけの試行のうえにつかみ取られた中国革命の基本方向だったのである。

だがそのことを承認するならば、「国民革命と農民運動」こそ「毛沢東の思想の起源をなすものであり、そこにこそ毛沢東の思想の真の独創性が表われている」といった理解はおそらく成立しないのではないかと思われる。中国国民革命の中心は農民革命であるの一語に集約される観点もまた、毛個人の独創であるよりは、これまた同様に中国の工農知識人の大衆的実践の帰結だったというべきだとおもわれる。

中国の国民革命のなかで、農民革命が重要な位置を占めるという考え方そのものは、広東区委にとって珍しい考えではない。先に引用した一九二六年五、六月開催の広東第二次全省農民代表大会に関する「広東農民運動報告」のなかには次の一節がある。

広東には現在農民協会の組織がある地方が、合計六〇余県ある。この六〇余県のうち、一五、六県の会員は一万人以上である。もしわれわれが農村にいけば、われわれは信じているのだが、経験のある地方では、必ず農旗が林立しており、農会組織が全広東にくまなく広がっていると言うことができる。各地の農会は、政治的な運動がなされるときはいつも、すべて積極参加することができるし、はなはだしい場合には、また各界を連絡して、当地の群衆を指揮し、各界すべてに農民協会を信頼させることさえ可能である。最近農会は各界を連絡して人民治安委員会を立ち上げ匪賊を討伐することができた。農民は自分の力を出し、商人は金を出し、工人は情報探索の責任を負い、学生は宣伝工作を担当した。さらに、一致して土匪の侵攻に立ち向かうことができた。これこそ広東農会が各界協同利益の基点のうえに立ち、各界連合戦線を促成することの証明である。ゆえに広東農会は、現在すでに国民革命のきわめて重要な地位を占めているといえる。★19

むろんここでの指摘は、国民革命に結集する諸勢力のなかで、農民組織が主要な一翼を形成しているといっているまでで、国民革命の課題のなかで農民運動が担う課題の位置づけについては、直接語っていない。しかしながら、先に見たように、広東区委は紳士田主を敵と考えそれを打倒目標としているのであるから、農民運動の目標は国民革命の目標そのものである。

この考え方は、毛の階級分析をはぐくんだ広東区委の思考からすれば必然のものである。別の言い方をすれば、毛の階級分析のなかで、農民運動の部分をズームアップすればおのずから中国国民革命の中心が出てくるということにほかならない。ズームアップしたこと自体が毛の独創であるかといえば、それも広東区委の実例がそのモデルとなっているというべきであろう。

革命の真の友は農民であるとする階級分析、国民党と合作するというとき、国民党のどの部分、国民党が代表しているどの部分と合作すべきかといえば、農民にほかならないとする毛の階級分析は、すでに国民党と合作して遂行する国民革命とは農民革命にほかならないという命題を内包しているのであり、そうした思考をはぐくむ母胎が広東区委によって展開された運動であったということは改めて指摘するまでもないことであったというべきであろう。

にもかかわらず、事実上そのような運動を展開していたということと、それを「革命の友」は誰か、合作すべき対象は誰か、と正面切って問い、それはほかならぬ「農民」であると明言することとは、やはり意味が違うだろう。それを陳独秀をはじめとする中国共産党中央に向かって明言した「階級分析」のもつユニークな意味を否定することはできない。そしてそのなかには、いま指摘したように、農民革命をこそ中国国民革命の中心だとするアイディアがすでに内包されているのである。むろん事実上内包されている論理を実際にズームアップするのもまたひとつの独創であり、この点にも毛の独創があることを私も否定するものではない。「階級分析」は非独創、農民運動論こそ独創とする見方は、一面的であるというのである。

2　農民運動論の形成

「階級分析」のうち農民運動の部分をズームアップすれば、それが農民運動論となることは以上に見たとおりである。そして革命を国民党と合作して遂行する国民革命に限定するならば、このズームアップは必然的な帰結である。対象からいえば、中国社会の封建権力を打倒するというまさに中国におけるブルジョワ革命の課題に絞られるということでもある。広東区委のなかで、事実において農民運動の比重が相対的に拡大していた。またその他の地域、たとえば湖南においても、自然発生的に農民運動は拡大しつつあった。この事実をとらえ、自己の論理のなかに位置づけ、それこそが国民革命の中心であると定式化・論理化する思考は、毛のなかでどのように形成されていったのであろうか。

まずこの点を考えるために、国民党と合作して遂行する中国国民革命について、毛がどのような理解をもっていたのかを一瞥する必要がある。一九二六年一月一〇日の日付が残されているが、毛は次のように述べる。やや長文にわたるが、ここに「分析」から直接に導かれる中国国民革命の像がくっきりと示されるので、引用しよう。

国民党が現在また分離して一右派が分離していき、党内左派分子はそれに強く心を煩わしており、これは中国国民党と中国国民革命の不幸である、と言う人がいる。だが、この意見は正しくない。半植民地の中国の国民革命政党は、今日にあってはこうした分裂があって当然なのである。これは一種必然的現象なのである。われわれとて、こうした事態を必ずしも喜ぶものではないけれども、むしろさほど不幸なことではないと断定するものである。その理由を知るためには、ただ近代の時局を見れば、すなわち、ただ興中会より現在にいたる中国国民党の歴史を見れば、完全に明白となる。一八世紀末から一九世紀中期にいたる欧米日本の資産階級が封建貴族階級に反抗した民主革命と、一九世紀末より二〇世紀初期にいたる植民地半植民地の小資産階級、半無産階級、無産階級が合作して帝国主義とその道具である官僚軍閥買弁地主階級に反抗する国民革命とは、性質がまったく違う。それだけではない。辛亥の年の革命と現在の革命とも、性質はまた等しくない。さきの、イギリス・フランス・ドイツ・アメリカ・日本各国の資産階級革命は、資産階級一階級の革命であり、その対象は、国内の封建貴族であり、その目的は、国家主義的国家、即、資産階級一階級が支配する国家の建設であった。そのいわゆる自由平等博愛は、当時の資産階級が、小資産階級、半無産階級、無産階級を籠絡し騙す為に利用した一種の策略である。その結果、彼らの目的である国家主義的国家の建設に到達した。その終極は、全世界を植民地半植民地にする国際資本帝国主義の発展である。現在の植民地半植民地の革命は、小資産階級、半無産階級、無産階級の三階級が合作した革命であり、大資産階級は帝国主義に付属して反革命勢力に転化しており、中産階級は革命と反革命とのあいだを動揺して定まらず、実際に革命的である小資産階級、半無産階級、無産階級の三階級が一個の革命連合を形成しているのである。その対象は国際帝国主義であり、その目的は革命的民衆が合作して支配する国家の樹立であり、その唱えるところの民権民生主義は、ある一個の階級がある一個の階級を籠絡欺瞞して自己のために利用する策略ではなくして各革命階級の共同の政治的経済的要求であり、彼らの代表者（孫中山先生）以来引きつづき彼らの政治的綱領と為したものである。その結果は、各革命的民衆の支配する国家の建設に到達することである。そしてその終極は、全世界の帝国主義の消滅と一個の真に平等自由な世界連盟（すなわち孫先生の主張する人類平等世界大同）の建設である。辛亥の年の革命と現在の革命との違いをもう一度見てみよう。辛亥の年の革命は、その本質は当然国際帝国主義に反対することであるべきであったが、当時の多数の党員はまだこの点を明確にとらえることができず、黄興・章炳麟・宋教仁ら右よりの指導者たちは、ただ国内の満清貴族を敵とすることだけを知り、革命のスローガンもたんなる「排満」に萎縮していた。党組織と内容もいたって簡単であり、作戦の隊伍はきわめて孤立して弱かったが、それは当時まだ組織された工農が存在しなかったが為である。当時国内には、まだ無産階級の利益を代表する中国共産党が存在しなかった。国際的局面では、いくつかの強国が全世界を支配していた。ただ存在したのは圧迫階級の反革命的連合だけであり、被圧迫階級の革命的連合は存在しなかった。ただ資産階級の国家だけがあり、無産階級の国家は存在しなかった。これによって中国の当時の革命は、国際的援助がなかった。現在の局面では、辛亥の年と完全に異なる。革命の目標がすでに国際資本帝国主義に転換しているし、党の組織は次第に厳密なものとして完備されてきている。工農分子の加入により、工農階級が同時に一個の社会的勢力として形成された。すでに共産党がある。国際関係においても、無産階級国家ソ連と被圧迫階級の革命的連合第三インタナショナルが実現されて中国革命のための有力な後援をしている。このゆえに、辛亥の年の革命に参加した人も、現在では少数の革命の意志強固な人をのぞいて、大多数はすべて現在の革命を恐れて革命事業を放棄してしまった。あるものは反革命の隊伍のなかに向かって駆け込み現在では国民党の反対者といっしょになっている。これによって、古くからの右派も新しい右派も革命の発展と国民との進歩とに応じて、筆の穂先が軸から抜けたように、バラバラに分裂したのである。[20]

毛によれば、現在の中国国民革命は、欧米（日本をも含めて）の資産階級革命と、次の点で異なる。第一に、欧米のものが資産階級単独の封建権力にたいする革命であったのにたいして、中国のものは、小資産階級、半無産階級、無産階級の三階級が合作して行なう反封建革命であること。第二に、欧米の資産階級が唱えた自由・平等・博愛は、小資産階級、半無産階級、無産階級を籠絡するための欺瞞であったのにたいして、中国革命の唱える民生主義・民権主義は、真実のものであって他の階級を籠絡欺瞞するものでないこと。[21] 第三に、欧米のものは究極的に全世界を植民地半植民地とする帝国主義であるのにたいして、中国のものは真に平等自由な世界連盟の樹立であること。

また現在と辛亥の年の革命とは、次の点で異なる。第一に、辛亥の年の革命は、国内の封建権力だけを課題として国際帝国主義に反対する視点がなかったが、現在のものは反帝国主義の視点があること。第二に、辛亥の年の革命組織が貧弱・孤立的であったのにたいして、現在は工農の組織があり共産党があること。第三に、辛亥の年の革命においては、ただ資産階級の国家があっただけだが、現在は、無産階級国家ソ連があり被圧迫民族のための第三インタナショナルもあること。

こうした革命情勢の展開のなかで、この革命に畏怖するものが革命の戦列から逃れて、反革命の戦列に走るのはあまりにも必然のことであって、国民党右派が次々と分裂していくことには、なんの不思議もない必然の事態だというのである。★22

この毛の状況認識は、彼の「分析」の直接の適用であることがまず確認されるだろう。毛の「分析」は革命の友を見分けるための分析基準であったが、それは同時に、眼前に生起する政治状況を分析するための基準としても、このように活用されているのである。

「分析」は、革命の友、すなわち革命主体とその友を、小資産階級、半無産階級、無産階級に求めた。この革命主体と同盟者との設定が、欧米ブルジョワ革命と中国国民革命との世界史的な差異を映し出す基準となっている。同様に、革命の死敵としての帝国主義、買弁、官僚、軍閥、地主の設定が、欧米ブルジョワ革命、ならびに辛亥革命と現在の中国国民革命との差異を映し出す基準となっているのである。

「分析」は、じつに毛による中国国民革命をめぐる諸問題を分析し出すための基本視座であった。この基本視座の指し示すところによれば、中国国民革命とは帝国主義、買弁、官僚、軍閥、地主にたいする小資産階級、半無産階級、無産階級による革命である。しかりとすれば、この革命の中心課題として、この三階級からなる農民の反軍閥、反地主闘争が浮かび上がってくるのは必然である。分析は、論理的に、「中国国民革命の中心は農民運動」という命題をすでに包含している。

では、その命題が、現実に毛によってどのように紡ぎ出されるかを若干追跡してみよう。いま見た「中国国民党右派分離論」（一九二六年一月一〇日）が書かれた数日後の同年一月一九日付で、毛は、

「関于農民運動決議案」を、中国国民党第二次全国代表大会決議案として書き残している。そこで毛は、「中国の国民革命は、はっきり言えば農民革命である」と断言している。

中国は現在なお農業経済、農民生産を脱していない。農民はすでに全生産の百分の九〇を占めている。総理の三民主義を実行しようとするならば、第一に農民解放がなされねばならない。我が国の人口はすでにしかり、じつに農民が百分の八〇以上を占める。くわしくいえばわが国四万の人口のなかで、農民はじつに三万有余を占めるのである。だから中国の国民革命ははっきり言えばすなわち農民革命なのだ。国民革命の基礎を固めようとするならば、まただ第一に農民を解放することである。以上の観点からするならば、中国国民党はいついかなるときでもつねに農民運動を基礎としなければならない。政治運動、経済運動を問わず、農民運動を基礎としなければならない。党の政策の第一は、農民自身の利益に着眼しなければならない。政府の行動もまた農民の利益を根拠に据え、農民の解放をはかるものでなければならない。よって、農民解放即国民革命の大部分の完成であり、わが党の三民主義実現の根拠である。[★23]

ついで八月「湖南農民運動目前的策略」は次のように述べる。

本党が農民運動に従事するのは、帝国主義と軍閥の危害が中国の根本を中国農村各階級の利益を完全に略奪する体制のうえに樹立するにあることを深く認識するが為である。もしこの根本をあらかじめ取り除くのでなければ、国民革命は永久に実現しない。だから農村各階級の人民を呼び覚まし、帝国主義の罪悪を認識し、一致団結して、国民革命に努め、もって自らの痛苦を取り除くよう求めるのを欲するのだ。[★24]

同じく、同年八月、瞿秋白も「国民革命中之農民問題」と題する講演を、広州において行ない、次のように述べていることも付記しよう。

中国農民の苦しみを受けることはもっとも深い。彼らの人口が全国住民の絶対大多数を占めるというだけでなく、農業は中国の主要産業であり、農民こそ中国経済の主体である。もしも中国の農民が永遠にこうした重圧を受けつづけるというのなら、中国工業は少しも発展することはできない。大多数の農民が非常な窮乏苦痛の中にあるのだとすれば、工業品は広い商品市場に到達することができない。社会進歩の普遍法則からするならば、封建社会が崩壊すれば、引きつづき資本主義が出現する。では、中国での現象はどうであろうか。一方で工業発展が進まず、農業もまた日に破産していく。農民はすべて破産して困苦に耐えず、あつまり集って都市にやってくるが、都市もまた彼らを吸収できるような大きな工場はない。こうして彼らは兵匪となる。これが農民問題の中の重要問題であり、また同時に国民革命中の重要問題なのである。[★25]

瞿秋白もまた、中国革命のなかで、農民問題が重要問題であるとの認識を示しているのである。そして九月、「国民革命と農民運動」が出現する。次いで翌二七年三月「湖南農民運動視察報告」が発表される。これには、瞿秋白の序文が寄せられている（後述）。こうした経過をたどってみれば、中国国民革命のなかで、農民革命が重要な中心的な課題であるという認識は、広東や湖南でのいわば自然発生的な農民運動の展開とそれを受けた中国国民党（共産党）の大衆的な運動のなかからおのずから発生してきたアイディアであることが理解されるだろう。特定個人のプライオリティなどが問題にされる余地はない。あるとすれば、そうした自然発生的なさまざまな可能性を整理し総括して一点に凝縮させ、それを中国歴史の正面に定置させた点である。それとても毛個人の営みではない。広東区委に集う多くの革命戦士たちや瞿秋白などのリーダーたちの共同の所産である。

とはいえ、毛の「湖南農民運動視察報告」のなかにはいくつかの注目すべき新発見が含まれている。それに触れるに先立って、このテキストにかかわる問題やこの報告の全体について、まず概観しておこう。ここでも今堀誠二氏の周到な研究に依拠するのが便利である。今堀氏はテキスト間の異動について以下の一覧表にまとめている。

本文を検討すると、まず各テキストの間に、かなり異同がある。ミスプリントの類を除き、加除された部分の一覧表を作ってみると、次のごとくなる。文中、ゴチックは原文（嚮導を主とし、長江書店版・辺区選集版によって補う）にあって、新選集本にないものを補って示し、（　）（ナシ）はその反対である。互いに出入りはあるが、「分析」に比べれば、修正は非常に少ないといえる。

P20　7行目　当第一時期、富農**【有銭余、有穀剰的、叫富農】**耳裏聴得是……

P21　9行目　中農呢**【没有余銭剰米、也不欠帳、毎年保得衣食住的、叫中農】**？

P22　1行目　（貧農が）他們対着富農**中農**説……「我們早進了農会、你們為什麼還遅疑？」富農**及（或）中農**帯着譏笑的声調説道……

P22　3行目　的確、貧農們不怕失掉什麼。**他們是農村中生活落伍或半落伍的、**他們中間**之口**有很多人**些**、確実是「上無片瓦、下無挿針之地」、他們有什麼不進農会？　拠長沙的調査……郷村人口中、貧農佔百分之七十、中農佔百分之二十、（**地主和**ナシ）富農佔百分之十。……

P22　6行目　（赤貧の説明文の中）或打流当乞丐、**或為非作歹盗賊的**、都是赤貧、**占七十**佔百分之二十。半無業、即略有土地、或略有資本金、但吃的多、収的少、……佃農（富佃除外）、半自耕農等、都是次貧、**占七十**佔百分之五十。

P22　11行目　**【貧農数目、他県或没有長沙這多、但相差当不大遠】**

P23　5行目　貧農**【特別是赤貧部分】**因為最革命的……。

事実上、貧農領袖中、従前雖有些確**「是賭銭打牌四業不居」**是欠点的、但是現在多数都変好了。

P24　最終行　……第一件大事。**茲将去年十一月湖南各県農協会員統計列下……。**

（次は、別紙の折込み表、P24のあとにあり）

（民国十五年十一月份各県農協会員数量比較表）湘郷など五七県（およびこれに準ずるもの）。別に区農民協会数（計四六一）、郷農民協会数（計六八六七）、会員成分、会員数量（計一三六万七七二七人）をあぐ。会員成分は雇農・佃農・半自耕農・自耕農・手工業者、小学教師・小商人・婢女、其他に分かち、各県ごとに実数をかかぐ。

P37　5行目　共産党（ナシ）領導農会在郷下樹立威権……

P42　第13件　合作社 **合夥舗**運動

P43　3行目　発展到各地。**合作的名詞在農民太不通俗、或者可以訳之為合夥舗。**

説明

一、頁と行数はいずれも新選集本（一九六一年北京版）のそれを示し、検索に便にした。

一、【】および「」「」はすべて原文に付せられている符号、（）（）は筆者が使用した符号である。

〔中略〕

一、ゴチックと普通活字を二行に割って入れているのは、互いに相当する部分につき、原本および新選集本を併記したものである。

一、（ナシ）は新選集本のみにあって、原本にないもの（新選集本で書き込まれたと推定できるもの）を示す。

一、折込表の文章は筆者の説明文であって、その全文は薛農山〈中国農民戦争之史的研究〉にも引用されている。[★26]

以上である。「分析」の場合の異動と比べて、この場合の異動は、今堀氏の指摘されるように、「表情を和らげる」程度のものであり、きわめて軽微であるということができるだろう。「共産党が指導する農民協会」などといった文章は、二七年当時、国民党員毛沢東が書くはずもないが、五一年段階ではごく自然な表現なのである。また、中農にたいする批判的表現が抑えられていることも五一年段階の状況の反映であろう。

いずれにせよ、「分析」を発表した時点での輝けるリーダーに面を冒して初めて批判を投げかける緊張は、もはやどこにもない。広東、湖南、浙江各地に広がり始めた現実の農民運動の高まりのうえに依拠して発言する揺るぎない自信が、行間に溢れている。陳独秀が失脚するのは、「報告」論文発表のわずか五ヶ月後に迫っていた。

すでに周知のところであるが、行論の都合上、「視察報告」の内容のあらましを項目を追って見ておく。

「農民問題の重要性」は、ごく短期間に、何億という農民が中国の中部、南部および北部の各省から立ちあがろうとしており、その勢いは嵐のように早くて、猛烈で、どんな大きな力も、それをおさえつけることはできない。かれらは自分たちをがんじがらめにしているすべての網をつきやぶり、解放への道をまっしぐらにつきすすむ。すべての帝国主義、軍閥、汚職官吏、土豪劣紳どもは、みなかれらによって墓場にほうむりさられることになるだろうと、来たるべき歴史を予言する。

「組織せよ」は、農会の会員は二百万人・直接指導できる大衆は一千万人と恐るべき早さで拡大されていく農会の発展ぶりを紹介する。「土豪劣紳を打倒し、すべての権力を農会へ」は、そのスローガンが現実に実現されつつあるありさまを簡潔に描く。『『むちゃくちゃだ』と『すばらしい』』、

「いわゆる『ゆきすぎ』の問題」においては、農会が農村に一種の恐怖現象をおこしている状況を描写しながら、まったく対立する評価が生まれている現実に触れつつ、農会の運動はけっしてゆきすぎではなく、正当なものだと指摘する。

「いわゆる『ごろつきの運動』」は、この表題のような評価もあるが、たしかにいままでどぶにぶち込まれたものが権力を握るという事態が進行しているのだから、こうした見方が出るのも自然ではあるが、事実はけっしてそうでないと指摘する。

「革命の前衛」も正反対の二つの見方を示しつつ、農民運動こそ革命の前衛であると締め括る。

「一四の大きなことがら」は、農民協会が達成した成果として、一四の大きなことがらをあげるが、大きくいえば三点に帰着するだろう。第一は、革命の前衛たるべき「農会の組織」であり、第二は、地主＝封建権力に打撃を加えたこと。それは、村落の地主にたいする政治的、経済的打撃をはじめ、土豪劣紳の農民支配装置（農民を逮捕、監禁、尋問、処罰できる）を破壊し、地主の武装装置を降伏させ、県のお偉方から木っ端役人までの政権をくつがえした。地主権力の打倒が、それに支えられたもろもろの支配装置を一挙に破壊していく過程を述べた次の文章は、とりわけ著名なものであ

る。

中国の男子は、ふつう三つの体系的な権力の支配をうけている。それは(一)国から省、県、郷にいたるまでの国家の体系(政権)、(二)本家の祖先廟、分家の祖先廟から家長にいたるまでの同族の体系(族権)、(三)閻魔大王、県の守り神から村の守り神にいたるまでの冥界の体系および玉皇上帝からよろずの神と精霊にいたるまでの神仙の体系、これを総称した神冥の体系(神権)である。婦人となると、以上のべた三つの権力の支配のほかに、なお男子からの支配(夫権)をうけている。この四種類の権力、政権、族権、神権、夫権は、封建的同族支配体系の思想と制度のすべてを代表しており、中国人民、とくに農民をしばりつけているふとい四本の綱である。農民が農村でどのように地主の政権をくつがえしたかについては、まえにのべたとおりである。地主の政権はすべての権力の根幹である。地主の政権がうちたおされたので、族権、神権、夫権もみなそれにつれてぐらつきだした。★27

第三には、帝国主義打倒、軍閥打倒、汚職官吏打倒、土豪劣紳打倒といった政治宣伝の急速な普及、盗賊の一掃、生活の改善、苛税の廃止、文化運動、協同組合運動、道作り、堤作りなど、要するに農民生活の方向づけと改革の実現である。

ここには、中国革命の進むべき方向が、生き生きと明るい希望に満ちた筆致で描き出されている。この明るい希望に満ちた筆致こそ、毛沢東のこの「報告」を特徴づけるものであり、毛沢東の独自性である。

3 「土地国有」

「調査報告」を特徴づける明るさは、永い圧政のなかから立ち上がって、人間らしさに目覚め、それを現実の生活のなかで実現していくもののもつ明るさであり、希望である。政権、族権、神権、夫権の崩壊や、反面、麻雀、カルタ遊び、賭博、アヘンの禁止などをはじめ宴会などの禁止にいたる生活改善の進展の報告を目にして心を轟かせなかったものがあるだろうか。あのエドガー・スノーの成功も、毛沢東にまつわりつくこの明るさや希望の光と無関係ではない。ここには、レーニンが「中国の民主主義とナロードニキ主義[★28]」（一九一二）のなかに見いだした「中国の抑圧者とたたかう道を知っている偉大な思想」、「特有の気品と英雄精神に満ちあふれた」民主主義思想と触れあうものがあるといってもおそらく過言ではない。

現に瞿秋白は、この「報告」にたいして次のような序文を与えている。

農民は、官権、神権、族権、男権を打倒して、どうしようとしているのか。それは自らの民権を創造しようとしているのである。彼ら農民協会の民衆は、県政に参加して、郷民会議運動を主催している。民衆はすでに自分のことを自分で管理することを開始しており、はなはだしい場合には、官吏をやっつけ、租税を納め、租税を減額し、穀物の異動を禁じ、学校を開き、水利を興し……すべて自分で処理しようとしている。彼らの、自己処理とはどのようなものか。要するに自己経営、自己生活である。農民の生活はすなわち土地である。農民に土地がなければ、水からあがった魚同様である。農民は、一個の国家を必要とする。その国家にたいしては、むろん租税を納めるつもりである。ただし、そのためには、第一に、彼らは自分でひとつの国家を作らねばならない。第二に、彼らの国家は、土豪劣紳の私的土地所有を禁止する。彼らはただ、自ら土地を耕してうるところの一部を自分の国家のために拠出し、その他の出費はいっさい払わない。彼らは田を耕し、税金を納める以外には、地主劣紳の「不平等条約」を承認することはまた困難である。「率土之浜、莫非農土」！ 中国全土において、農民が地主に租税を納めるべき土地は、不要である。農民はただ国家の土地に租税を納めるのであって、「耕作せず座して田祖を納める人」を承認することはできない。これを土地国有という。農民は自ら三畝を耕せば、三畝を享受し、五畝を耕せば五畝を享受する。この土地はただ国家に属する土地であって、耕すものが自ら耕し自ら享受することだけが認められて、地主は認められない。これが「農地耕有」ということなのだ。（一九二七・四・一一、夜二時）[29]

「自分のことを自分で管理する」「要するに自己経営、自己生活」こそ、農民協会が追求し生み出しつつあるものだというのである。これこそ、封建支配のもとで抑圧されてきた人間＝個の主体性が、抑圧を打ち破って自らを確立していく、あの誇り高い革命精神の核心である。毛が湖南の農民運動のなかに見いだしたものこそ、まさしくそのような民主主義的精神であると、瞿秋白は、毛の報告にたいしていいわば世界史的とさえいえる意味づけを、この短い序文のなかで簡潔に付与している。

のみならず、それを現実に可能にする経済的基礎が小農民の経済的発展を最大限に保障するほかならぬ土地国有であること、そして農民協会が必ずしもそれと意識することなく自然発生的に実施してきた減租減息、封建的土地所有の廃絶、一言にしていえば「農地耕有」の原則が、まさしくレーニンの提唱する革命の路線に合致するものだとのこれまた世界史的な意味づけを付与している。この瞬間、毛は、疑いもなくレーニンの民主主義革命の神髄と触れあったということができるだろう。だが、それは瞿秋白の序文と毛の報告本文とを一体のものと見るかぎりにおいていえることであって、毛自身がこの瞿秋白の序文の意味をどこまで了解していたかは、またおのずから別問題である。毛と瞿秋白との結合、毛とレーニンとの一致は、しかしながら中国史の展開のなかでむしろ乖離していくかに見える。

五七会議席上、毛は質問している。

一。大中地主の標準を、必ず定めなければならないと思います。標準が決まっていなければ、何をもって大地主中地主にするかがわかりません。わたしは、五〇畝をもって限度とすべきだと思います。五〇畝以上は、土地の肥瘦にかかわりなくすべて没収します。二。小地主問題が、土地問題の中心であります。困難は小地主の土地を没収しないことにあります。そうであれば、大地主のいない多くの地方では、農協は活動を停止することになります。根本は地主制の解消にあります。小地主にたいしては一定の処置方法が必要です。現在は小地主問題の解決が焦眉の急であります。そうして初めて民衆を安定させることができます。三。自耕農問題。富農と中農の地権は同じではありません。農民は、富農にたいして攻撃をかけようとしています。だから方向を確定する必要があります。四。土匪問題は非常に重要な問題です。この種の会党土匪は非常に多いので、われわれは方針をもたなくてはなりません。ある同志はただ彼らを利用するとしていますが、これは孫文的な便宜主義です。私たちはそのようであってはなりません。私たちは土地革命の実行をこそ求めているのであり、その観点から彼らを指導できなくてはなりません。彼らも私たちの兄弟なのであって、よそ者扱いをすべきではないと思います。★30

これにたいして、コミンテルン代表ロミナーゼは次のように答えた。

この問題に関しては討議する必要がありません。土地の根本問題は土地国有です。これは一個の民主的な政治権力が存在しないかぎり、解決する方法がないからです。この決議の目的は、農村の擾乱暴動を起こさせようとするものであります。わたしは条文で旧来のありかたに照らすことはできますが、誰が大小中地主であるかは確定しようがありません。また、地方の特性もあります。この問題の解決は農協の自己決定にゆだねるべきです。いっさいの権力は農協に属します。私たちは、都市の小資産階級を中立化させる必要があります。もし、いっさいの土地の没収を始めたら、すぐさま都市の小資産階級は動揺し、私たちに反対し始めるでしょう。私たちがスローガンをひとたび口にすれば、ただちに小地主の動揺を引き起こします。私たちは、彼らを怖がらせないよう、恐慌を来たさせないようにするのが大切です。だから、この点については、必ずしも論争しないのです。東君の出した会党問題は、私たちはただ利用しないというだけでなく、その経済的位置を確定すべきだと思います。★31

毛沢東の問題提起に関して、土地国有を民主権力成立以後の問題としてそれについては「討議する必要なし」として退けるロミナーゼの態度が、彼のどのような土地国有観にもとづくのかはさしあたり明らかではない。農民の自由な経営展開が図られたとされるネップの終期については、ネップを社会主義への過渡期における必須の経済政策とする見解では一九三〇年代なかば過ぎと考えられ、反対に資本主義の復活として否定的にとらえる立場からは一九二六―二七年のことと考えられている、という。このことからすれば、毛沢東が土地改革の具体策を問うたとき、ソビエトの社会主義建設のなかで、土地国有ないし自由な小経営の問題は、それ自体なお追求されるべき課題なのか、資本主義の復活として否定されねばならないのか、おそらくソ連内部においてなおせめぎ合いのつづいていたやっかいな課題であったにちがいない。ロミナーゼのそののちの経過からして、彼の立場が土地国有にたいして消極的なものであったことが想定されるとすれば、彼のこの素っ気ない対応もむしろ必然のことであったのかもしれない。

さらに直接的には、中国の農民運動と土地革命の進展にたいするスターリンの態度が、ロミナーぜの対応を決定しているというべきかもしれない。スターリンは、この時点で土地改革について国民党と話をすることは無意味であるとしつつ、他方で農民の「ゆきすぎ」を抑えなければならないとしていた。[★32]

いずれにせよ、農民運動の展開が、土地国有論と接続するものであるとの位置づけを瞿秋白から与えられ、しかりとすれば、地主的土地所有解体の現実的展開をどのように土地国有論的展望のなかに指導していったらよいのか、小地主、富農、中農をどのように位置づけていったらよいのかといった、いずれも切実な緊急課題から生まれる問いかけは、いっさいが無視されてしまった。瞿秋白は当然この席上に同席したものと推定されるが、瞿秋白による援護射撃や補強もなかった。「理論家」瞿秋白が毛沢東の質問に対応しえたかどうかは疑わしい。[★33] 瞿秋白はネップについて次のようにいっている。

（新経済政策の内容）二、農業に関しては、食料課税法——小農の剰余穀物は売りに出して良い——が実施されている。同時に農民にたいして共同化が提唱されている。徐々に私有財産所有者の悪習を除去させ共同生産に慣れさせ、国営農場を組織させ、漸次農村と都市の電化計画を実行し、農業を機械化させるのである。[★34]

これらは、一九二四年六月の文章であるが、ここには、小農の民主主義の基礎としての意味は語られることなく、私的所有は「悪習」として捉えられ、集団化、国営化、電化、機械化にたいする一面的な賛美が全体を覆っている。むろんソビエト成立期の雰囲気からして無理からぬこととはいえ、ここには、「視察報告」に付された序文にある自主的自立的な革命精神についての指摘はまったくない。そうした関連のなかにおいてみると、瞿秋白の序文は、むしろ国共合作をも一時的策略と考える立場から生まれる、正真正銘の政治的宣伝文であるかに見えてくる。毛沢東をレーニンに接近させた瞿秋白もまた、じつはレーニンの思想の神髄からはほど遠い位置にいたのかもしれない。[★35]

さて、時代はまだ一九二七年であり、中国革命と毛沢東の前には、なお行く手に井岡山から長征・延安を経る永い血みどろの経過が待ち受けている。だが、中国革命が実際に経過する土地革命の経過をこの時点から展望することは、大づかみな意味からするならば許されるであろうし、また可能であると思う。

ロミナーゼは、おおやけに地主からの土地の没収や小地主対策、富農中農対策について、その処置をいわば地域地域の農民協会へ白紙委任したといえる。そして個々の農民協会を指導する毛沢東は、農民協会の意思として、農民協会と毛沢東自身が適当と考える方法にもとづいて、処理する正当な権限を付与されたとも考えられる。むろん毛がどう考えたかを彼に即して判断する余裕はないが、紅軍の実施していく土地改革、すなわち地主の土地を没収し、これを家族数に応じて、土地の肥瘠をも考慮しつつ徹底的に均分していくという土地改革、天朝田畝制度[★36]を彷彿させる土地改革のなかに、毛の思考を窺うことは十分に可能である。

レーニンがロシア農業の改革のために土地国有を提唱するとき、彼は単純に封建地代と絶対地代の廃絶を課題としていたわけではなかった。旧ロシアの土地制度を特徴づけていたあの割換えをもってなるミール共同体とその障害を廃棄することこそが、レーニン土地国有論の根底にある課題意識であった。実質平等原則にもとづく定期割り変えが繰り返された結果として、旧ロシア農民の耕作地が、グロテスクなまでに細分化され、分散化されていたことは周知の事実である。

こうした土地の分散化、土地のしきりあるかぎりは、農業生産力の順調な発展はありえない。レーニンがあそこまで強く土地国有を主張したのは、それこそがいっさいの土地のしきりの撤廃を可能にする唯一排他的ともいえる方法だったからである。地代の重圧は、農業発展を阻む外なる障害である。土地のしきり、耕地の分散は、農業発展を阻む内なる障害である。レーニン土地国有論は、内外両面の障害を一掃することをめざしたものであった。★37

こうした観点からするとき、あの天朝田畝制度の土地を九等に区分し、実質的平等を可能な限り貫こうとする方法——それは必然的に耕地の分散化を随伴するであろう——が、レーニンの土地国有の精神といかに背反的であるかはいうまでもない。だが、毛沢東指導下の中国共産党の実施する土地改革なるものは、天朝田畝制度的土地改革の忠実な、もしくはそれを理想と考えた土地改革にほかならなかった。自由な小土地所有、自主自立の農民経営を追求するならば、農業改革を阻む内外二重の障害の除去が真剣に追求されたはずであるが、これらの経過はそうした課題意識の欠如を告白している。

それだけではない。レーニン土地国有論は、旧ロシア農業の限界を乗り越えるための理論であった。いま中国の農業改革が問題とされるとするならば、旧中国農業停滞を根底づける限界がどこにあるのか。それを乗り越えるためには、どのような施策が必要であり有効であるかが、検討される必要がある。レーニン土地国有論にさらに中国的な農業改革論がこれに付加されねばならない。レーニンの方法によって中国農業の改革を考えるならば、その点こそが求められるはずである。中国革命のリーダーに要請される課題はまさしくそこにあった。毛沢東が中国革命の真実のリーダーであるためには、それが求められたのである。だがわが毛沢東は、古い太平天国の夢を追った。

むろん中国においても、経営の零細性分散性という問題は、地域的な特性はあるであろうが、存在するであろう。そうした観点からの土地国有論への顧慮が求められるはずであったが、その形跡のないことはいま見たとおりである。現にその点は、根拠地延安で繰り広げられた毛沢東批判のなかで「紅軍の発展には利点もあるが、土地を没収・分配するさいは平等主義によって生じた弊害のほうがはるかに大きかった」[★38]として、問題とされている。こうした毛の実施した天朝田畝制度的平等主義的土地改革への批判が、のちの唐突ともいえる人民公社化への伏線となっていったのかもしれない。

それを別とすれば、旧中国における自立的経営として異常なまでの生産力水準を記録している張履祥農業を、われわれはすでに知っている。この農業をどのように新しい自主的自立的主体へと転轍するかが、中国における農業改革特有の課題である。この課題に答えるためには何が必要であったか。

張履祥農業の内容は、すでに別稿で明らかにした[★39]ように、多肥深耕を特徴とする集約的農業であったが、同時にそれは多種類の農産物生産のみならず、淡水魚の養殖や筍その他の農業周辺の食材をも生産販売の対象とする多角経営への強い方向性をもつ農業経営であった。むろん養蚕絹業を通じて、農村工業を積極的に展開するものであった。こうした意味では、張履祥農業には継承すべききわめて重要な要素が含まれている。

しかしながら、その反面には、重大な問題性が孕まれている。第一は、多肥農業の前提として、張履祥農業は、八〇キロ内外に及ぶ年間数次に及ぶ集肥旅行を必須とした。また、そこで展開し始めている農村工業は、張履祥自ら嫌悪の情を抑えかねた奢侈品としての絹織物生産であり、その市場は当然地域局地のものではありえず、遠隔の都市富裕層を目当てとするものであった。また、集約農業の担い手たるべきものは、家族および擬制された家族の家内奴隷的ともいうべき労働力であった。[★40]

張履祥は、佃農はじめ家内奴隷層についても、その自立化に配慮しようとする方向があるとはいえ、それはある限度内のものでしかない。なぜならかれは、自ら科挙試験に応じて権力内に参入することは拒否するものの、地域の紳士はじめ権門勢家への従属的姿勢から絶縁していない。生産力的には、新しい近代的な資本主義的農業を展望する「小営業」としての内実を備えながら、自らの敵対者たる封建権力と戦うのでなく、地代不払い特権の保持者としての自耕農の地位を、地主体制のもとで庇護されることを求めるもの、すなわち擬似的小営業としての性格をくっきりと刻印されていた。

こうした旧生産力体制からの転換として、その多角性や商品生産は評価され継承されるべきであろうが、都市富裕層目当ての奢侈品生産や集約農業の前提としての集肥体制などに見られる隔地性と生産力構造の家父長制的構造との二点は、徹底的な転換が図られねばならない。一言にしていえば、その擬似的性格からの脱却が求められる。そうした点についてのねばり強い努力が革命権力のもとで教育的方法によって継続されるならば、張履祥農業の継承者は、疑いもなく真正の小営業として、新中国を支える自主的自立的主体となっていったものと思われる。

現に、そうした方向を、具体的なかたちで模索する同時代人も存在する。そうした注目すべき実例として、私は、梁漱溟の名前を逸することはできないと思う。その著名な郷村建設論は、中国の伝統的な儒教思想を手がかりとして、村落のなかに個的な生産主体を新たな協同性のなかに樹立しようとする画期的な試みである。形のうえで、仁愛思想への言及がなされているが、その「仁愛」の内容は、儒教的伝統に根ざしながら、すでに閉鎖的な血縁的愛から普遍的な人類愛へと鋳なおされた内容へと転換されている。[★41]

だが、毛沢東は、張履祥的農業の転轍、その生産力的成果の継承や個的な生産主体の創出にあまり情熱を感じなかったのではないか。毛沢東の父、貽昌は、二二市畝（一五〇アール）の土地を耕し、毎年八〇担（四〇〇キロ）のもみ米を収穫し、湖南省中部の米市場にかかわり、米と豚と牛を扱って、「毛義順堂」と称する流通券を発行するまでになったといわれている。[★42] 張履祥の浙江と毛貽昌の韶山とでは、環境は異なるとはいえ、毛貽昌もまた張履祥の末裔であり、擬似的小営業のカテゴリーに入るものと思われる。毛の少年時代は、この擬似的小営業の家父長制との戦いであったことはよく知られた事実である。そのなかで、母の苦しみを見て、女性の従属的地位からの脱却をめざしたことが、毛の革命家への動機のひとつであったことも今日ではよく知られている。

だが、毛は、自分の父の家を改造して、新しい社会を支える自立的自主的主体を創造することに情熱を感じなかった。改造の対象とするよりは、むしろ目を背けたくなるほどの嫌悪に近い情があったのかもしれない。彼は、擬似的小営業、家父長主義者の主体的なインセンティーブにかかわるよりも、集団化の大衆的圧力[★43]によって、中国農業を改革する手慣れた方法を選んだ。毛のそうした選択の前提には、マルクスの方法を恐怖の方法だとする誤解があった。マルクスは、むろん暴力革命について語る場合もあったけれども、かれには、近代社会の成立のためには、小農民の生産力を上げようとする日々の営みこそが「必須の経過点」として通過されねばならないとの理解がある。封建社会から近代社会への発展は、力づくの恐怖の方法で成し遂げられるはずもないことをマルクスははっきりと理解している。それがマルクスの唯物論である。

だが、毛にとってマルクスは、朱子学類似の恐怖の方法であった。また、根拠地でのモスクワ帰りが毛にたいして仕掛けた理論攻撃が、マルクスの革命理論やレーニンの理論とは、何よりも権力闘争のための武器であるとの理解をいやがうえにも強化したのかもしれない。毛はマルクス＝レーニン主義を真剣に学ぶべき学問であると考えるよりは、人を攻撃するための手段だと考えたようにさえ思われる。[★44]マルクス＝レーニン主義の観点に立てば、いわゆる知識人の大多数が、じつはきわめて無学であると力説し、理論憲兵[★45]として陳伯達を採用し、自らの警備兵を組織して、毛の主張に従わない同志を「吊し上げ」たといった一連の経過が、それを雄弁に立証しているように思われる。

おわりに——「恐怖」の代償

こうした経過は、毛沢東がレーニンの土地国有論やその根底にある民主主義的な発想と完全にすれ違ってしまった事情をある程度まで説明している。伝統的な知識人と一般庶民とのあいだにあった差別意識が、旧中国を破壊し、新しい希望に満ちた未来を切り開くという英雄的な戦いのなかにあってさえついに乗り越えられなかったという事情である。しかもこのやっかいな事情は、以後の経過のなかで形を変えて作用しつづけ、現代中国の精神構造にたいしてグロテスクな刻印を施しているように見える。

毛は、マルクスと朱子学をともに恐怖の方法であり、「倫理的」強制であると考えた[★46]。しかも、陽明学者毛[★47]は、そうした朱子学的マルクス的方法を、いわば激情的に追求した。彼自身にたいしてそうであったし、権力奪取後は広く中国人民全体にそれを課した。曰く、雷峰に学べ、曰く大寨に学べ、曰く、破私立公などなど。これにたいして物質的刺激にインセンティブを求める態度を、唾棄すべきブルジョワ的方法であるとして攻撃した。ここでは、伝統的中国的な倫理主義が、マルクス的な唯物論、それを中国に移入しようとしている知識人にたいして、伝統的中国的な倫理的強制が、これこそ真の中国化されたマルクス主義であるとして人びとに強制された。むろんその方法は、毛沢東独特の吊し上げ方法であり、のち紅衛兵の大衆集会において頂点に達する方法である。恐怖の方法は中国全土に蔓延した。

こうした恐るべき精神主義の強制とその日常化に終止符を打ったのは、毛沢東自身である。彼がいかにして精神主義の強制を断念したかについては、はっきりしたことはわかっていない。彼のなかのあのプラグマティクな発想が、自らの試行が結局は錯誤でしかなかったことを悟らせたのかもしれない。「文化大革命」が錯誤であったことを最晩年の毛沢東が自ら悟ったとすれば、この瞬間において、毛は、なおたんなる権力主義者ではなく理想に殉じる革命者であったことを、われわれは承認しなければならないだろう。しかし彼の打った終止符はあまりに遅きに失した。

人びとは、極端な倫理主義への嫌悪を体中に蓄積した。「改革開放」の呼び声のなかで、人びとは窒息させられていた普通の人間らしい欲望を少しずつ満たし始めた。やがてそれが大きな潮流となるとき、理想への嫌悪と実利への傾斜は、決定的になる。そして、この社会を主導していく権力もまた、およそ倫理的なるものいっさいにたいするシニカルな思いを拡大していくのではないだろうか。少なくとも、毛沢東の残した負の遺産を、精神的に脱却するには、なお永い苦闘の時期が必要だと思われる。

だが毛の行動を規定しつづけたあの利他的利己心[★48]を、たんなる無主体的な全体への恭順だと見てしまうのは、やはり誤りであろう。そこには、あくまでも自己充足をもって最終的基準とする「個人的」契機が現存すること、それは現代が模索しつつある知識社会[★49]を希求するインセンティブたる「自己実現欲求」（マズロー）とある点で響きあうことに注目する必要がある。大衆が、なお、もっぱら「生理的欲求」や家族の「安全欲求」に動機づけられているときに、あまりに高い欲求を自らのものとせよとしたところにこそ毛と中国の悲劇があった。

毛沢東は、早きに過ぎた予言者だったのである。

第六章　毛沢東『実践論』

はじめに

私は若き日の毛沢東の思想形成を追跡し、彼がその中国革命の理論をほぼ確立すると思われる「中国社会各階級の分析」と「湖南農民運動視察報告」の検討を果たした。[★1] 毛は中国革命を農民革命と捉え、これらの作品のなかに中国農民を縛りつける外的な障害である地主制を打倒する理論と実践とを結晶させている。

その場合、中国農民の生産力的な発展を制約する、いわばその内なる障害はどのように取り除かれようとしているのかがやはり問題となる。地主制の重圧から解放されたとしても、彼ら自身は、なおいぜんとして旧い共同体的な世界の住民でしかない。彼らを内側から制約する旧い共同性こそがかれらの内なる桎梏であり、これを除去して自立的な生産主体にまで成長させる理論と実践についての見通しこそ、レーニン土地国有論であった。

しかも、毛が中国革命を農民革命として捉えたとき、かれはレーニンの理論的影響下にあったと思われる。だが、毛による土地革命の具体相を見ると、レーニン土地国有論の神髄ともいうべき、農民の内なる桎梏を除去し農民を真に自立的な生産主体に飛躍させる理論と実践としてレーニンの土地国有論が受けとめられているようには思われない。私はここにレーニンと毛とのきわめて不幸なすれ違いを見る。

毛沢東には、いくつかの名高い哲学的著作がある。『実践論』『矛盾論』の二篇であり、いずれもマルクス主義認識論の新展開としての地位をもつものとさえ見なされている。これらの哲学的方法論的考察は、それが真に優れたものであるならば、レーニン土地国有論の含意する思想的意味を当初十分把握しなかったとしても、その後、毛沢東にたいしてその点を気づかせる認識論的な可能性を含んでいるかもしれない。毛沢東とレーニン土地国有論とのすれ違いを結論づける前に、その点についての検討は欠かしえないところである。以下そうした観点から、この両著にたいして一瞥を加えたい。

1 『実践論』

まず、実践論から見てみよう。『毛沢東選集』第一巻によれば、この論文には一九三七年七月という日付が付されている。そして毛沢東『実践論』が、マルクス主義文献の片言隻句で人を脅かす教条主義と自分の断片的な経験にしがみつく経験主義とに反対して、革命の実践にとって理論の重要性を説くために書かれたものであり、その重点が「実践を軽視する教条主義という主観主義の暴露にあったので、『実践論』という題名がつけられた」[★2]とされている。以下その内容をかいま見てみよう。

まず、実践論のテーマは、周知のように人間の認識にある。「人間の認識は、いったいどのようにして実践からうまれ、また実践に奉仕するのか。これは認識の発展過程を見ればわかる」[★3]といわれるように、それは「認識」を、実践のなかで進行する「発展過程」として捉えるものであった。

では、その発展過程の内容は何かというと、第一段階が感覚的な認識のレベルであり、「認識の感性的段階」と呼ばれる。この感覚内容が概念化されることにより、第二段階である「理性的段階」へと飛躍する。換言すれば、感性的認識が理性的認識に飛躍するのである。

この両段階の差異について次のように指摘される。

「論理的認識が感性的認識と異なるのは、感性的認識が事物の一面的なもの、現象的なもの、外部的なつながりのものに属するのにたいして、論理的認識は、大きく一歩前進して、事物の全体的なもの、本質的なもの、内部的なつながりのものにまでたっし、周囲の世界の内在的矛盾をあばきだすところまでたっし、したがって、周囲の世界の発展を、周囲の世界の全体において、周囲の世界のすべての側面の内部的なつながりにおいて、把握することができる」[★4]とされる。

この二つの段階は、次のようにも説明される。

> 認識の過程は、第一歩が外界のことがらにふれはじめることで、これが感覚の段階である。第二歩が感覚された材料を総合して、それを整理し改造することで、これが概念、判断および

推理の段階である。感覚された材料が十分豊富で（断片的な不完全なものでなく）、実際にあって（錯覚ではなくて）いなければ、それらの材料にもとづいて正しい概念と論理をつくりだすことはできない。[★5]

感性だけを信頼できるとするものは、「経験論」の誤りであり、概念と論理からなる理性を感性から切りはなして、理性の実在性だけを認め、理性だけを信頼するのは、「合理論」の誤りであるとされる。

そしてこうした認識の飛躍が生まれるのは、「実践をもとにした、浅いところから深いところへすすむ認識の発展過程についての弁証法的唯物論」といわれるように、あくまでも「実践」によるものであることが強調されている。「感性と理性という二つのものは、性質はちがうが、たがいに切りはなされるものではなく、実践という基礎のうえで統一されているのである」。[★6]

さてこの二段階は、毛沢東によれば、問題の半ばにすぎない。マルクス主義においては、理性的認識によって世界を説明するというだけでは不十分であって、重要な点は「この客観的法則性にたいする認識をつかって、能動的に世界を改造する点にある」[★7]という。

たとえ、正しい理論があっても、ただそれについておしゃべりするだけで、たな上げしてしまって、実行しないならば、その理論がどんなによくても、なんの意義もない。認識は実践にはじまり、実践をつうじて理論的認識に達してから、ふたたび実践にもどらなければならない。

認識の能動的作用は、たんに感性的認識から理性的認識への能動的飛躍にあらわれるだけではなく、もっと重要なのは、理性的認識から革命の実践へという飛躍にもあらわれなければならないことである。世界の法則性についての認識は、それをふたたび世界を改造する実践にもちかえる、つまり、ふたたび生産の実践、革命的な階級闘争と民族闘争の実践、および科学実験の実践に応用しなければならない。これが理論を検証し、理論を発展させる過程であり、全認識過程の継続である。理論的なものが客観的真理性に合致するかどうかという問題は、まえにのべた感性から理性への認識運動のなかでは、まだ完全には解決されていないし、また完全に解決できるものでもない。この問題を完全に解決するには、理性的意識をふたたび社会的実践のなかにもちかえり、理論を実践に応用して、それが予想した目的を達成できるかどうかを見るほかはない。多くの自然科学の理論が真理だといわれるのは、自然科学者たちがそれらの学説をつくりだしたときだけでなく、さらにそののちの科学的実践によってそれが実証されたときである。マルクス・レーニン主義が真理だといわれるのも、やはりマルクス、エンゲルス、レーニン、スターリンなどが、これらの学説を科学的につくりあげたときだけでなく、さらにそののちの革命的な階級闘争と民族闘争の実践によってそれが実証されたときである。[★8]

理論とは、まさに革命的行動を「指導できる」[★9]ものであり、また革命行動によって検証されるべきものだというのである。

2　上山春平『弁証法の系譜』

以上が、著名な毛沢東『実践論』の概要である。かつて上山春平氏は、この『実践論』にたいして、チャールス・サンダース・パースのプラグマティズム認識論との類似性を指摘された。氏の所説を、やや長文であるが、引用する。

問題解決の過程（探究過程）にかんするパースの論理学的分析の成果については、……彼がその過程を、（一）仮説定立（abduction）、（二）推論（deduction）、（三）検証（induction）という三つの論理的過程の有機的聯関によって構成される過程としてとらえたこと、（一）の過程がデューイの「問題状況」と「問題設定」と「仮説の決定」からなる過程に対応し、（二）の過程がデューイの「推論」の過程に対応し、（三）の過程が「テスト」と「結論」の過程に対応すること、を指摘しておくにとどめたい。なお、パースの「仮説定立」と「推論」と「検証」の三段階は、いささかのずれはあるが、毛沢東の『実践論』における認識発展の三段階、すなわち「感性的認識」、「理性的認識（論理的認識）」、「実践（検証）」にほぼ対応している。毛沢東の三段階説はおそらくレーニンの『哲学ノート』のなかの「生き生きとした直観から抽象的思考へ、そして抽象的思考から実践へ、これが真理の認識の、すなわち客観的実在の認識の弁証法的な道すじである」という文章に示唆を得たものだろう。『実践論』の書かれたのは一九三七年であるが、そのころデボーリンの編集した『哲学ノート』の中国訳がすでに出ているし、エドガー・スノーの報告によれば延安の穴居生活中に毛沢東は夜を徹して新刊の哲学書に読みふけっていたといわれるから、この推測はかなり確実性をもつに相異ない。かりに推測がはずれたとしても、二つの着想が似ているという事実はそこなわれない。ところで、レーニンの『哲学ノート』の右に引用した部分は、ヘーゲルの『大論理学』の第三巻「概念論」の冒頭部分にかんするノートの一部である。レーニンがヘーゲル論理学から読みとった認識発展の諸段階が、毛沢東によってはじめて体系的に展開されたマルクス主義認識論（マルクス主義的弁証法論理学）における認識過程の諸段階に対応し、さらにそれが、彼らと全く独自に弁証法的論理学の課題を追求しつつあったデューイやパースによって明らかにされた探究過程の諸段階に対応するという事実は、きわめて興味深い。[★10]

そして、上山氏は、毛とプラグマティズムとの類似性を指摘する作業は、じつは、「マルクス主義プラグマティズムという二つのイデオロギーの折衷を試みようとしたのではなく、マルクスとパースという二人の独創的な哲学者の思索の方法の共通のベースとして弁証法をとらえなおすことによって、ヘーゲルの弁証法にふくまれた社会分析の方法と思想分析の方法との再統一の可能性を探究しよう」[★11]といういうきわめて野心的な構想の一環としてなされた。上山氏は、プラグマティズムとマルクス主義を包摂した高次の弁証法の構築を構想しているということができるだろう。

そのいわば先駆者たちの系譜が、次のようなパースペクティブのなかに配置されるのである。

この四人の思想家〔パース・デューイ、レーニン・毛沢東〕のあいだには、レーニンから毛沢東へ、パースからデューイへという思想継承の事実はみとめられるが、二つの系譜の間に相互の影響はまったくみとめられない。ただし、重要なのは、すくなくともレーニンとデューイが直接にヘーゲルの著作から出発しているという事実であろう。パースはカント批判を出発点として独自なコースをたどって一八九〇年代以降にヘーゲルと基本的に一致する論理思想に到達し、その地点に立ってヘーゲルを再評価するにいたったのであり、毛沢東はおそらくマルクスやレーニンを介して弁証法的論理思想を習得したのであろう。ちなみにパースが探究過程の三段階にかんする論文を書いたのは一八六七年から一九〇八年にかけて（その間八回に分けて報告している）、レーニンの『哲学ノート』が書かれたのは一九一四年から一六年にかけて、毛沢東の『実践論』の執筆が一九三七年、デューイの『論理学』は一九三八年である。[★12]

むろん、上山氏は、マルクス主義とその「不倶戴天の敵であるプラグマティズム」[★13]のあいだにある相違を見落としているわけではない。

ところで、『実践論』は、認識の問題を実践の見地からあつかう点、またこうした見地にもとづいて認識過程を、（一）実践から認識への移行過程、（二）理論的認識の過程、（三）認識から実践への移行過程、という三つの段階に分けて考える点において、プラグマティズム論理学と一致する。

しかし、反面、両者に重大な相異点があることも見落としてはならない。それは、基本的には、マルクス主義が社会過程の理論（史的唯物論）に主力をそそいできたのに対して、プラグマティズムが認識過程の理論（認識論と論理学）に主力をそそいできたことに由来する。つまり、マルクス主義論理学は史的唯物論を土台としてその上にきずかれているために、すくなくとも認識の第一段階や第三段階のような認識と実践の接点をあつかう場合に、認識の実践的基礎を科学的に分析するめどをもつが、プラグマティズム論理学は、しっかりした社会理論の支えをかくために、実践の分析において、非科学的な空論に陥りやすい。その反面、前者は、従来の論理学的遺産を批判的にとりいれて、その理論を豊富にし発展させるという関心と努力が足りなかったために、土台がしっかりしている割に理論の発展が不充分であるが、後者は、その点に関するかぎり前者をしのいでいるように思う。★14

カントにとって、客観と主観、存在と当為、理性と実践とは、根源的な二元対立であり、両者が統一されることはありえない。カントにとって人間の行動を導く基準としての道徳は、あくまでも倫理的義務にだけもとづいて行為せよという厳粛で形式主義的な指示であり、どこまでも経験的要素に左右されることのない超越的命令であった。客観界にかかわる理論的認識は、人間の実践にたいして、それ自体としては指導力をもたないのである。

経験的世界にかかわる理論理性は、せいぜいその可能性を指示する以上のことをなしえず、ただ超越的な命令としての道徳だけが、〈自由〉な人格の存在を告げ知らせ、感性的制約を超えた自律的人格とその不可視の共同体へと人びとの目をひらかせるのであり、それによって、ひとびとははじめて「私は何を希望してよいか」にたいする答えに到達する。これがカントの二元的世界である。[★15]

これにたいしてヘーゲルの世界は、「根元一者の自己展開という存在論」であり、「対立する規定の同一性という論理学」であり、「主観と客観の対立の克服という認識論」であり、これらがすべて重なり合いひとつに融合しているところにヘーゲル哲学の特徴があるのであり、ヘーゲル弁証法はまさしくカント的二元論の克服をめざすものであった。そこでは、存在と当為、経験（理性）と道徳との再結合が企てられているのである。

そしてその方法は、観念的な思弁であった。上山氏の主張は、ヘーゲル弁証法の二元論克服の意図を継承しつつ、観念的思弁を拒否し実践的方法へ組み替えたのがプラグマティズムであり、その点で、毛沢東実践論はプラグマティズムに相触れる部分があるということになるであろう。

ヘーゲルの思弁的方法は、たとえば、次のような例示によってよく示される。

真無限においては無限点への到達が達成されて、顕在化されているが（エネルゲイア）、それは区別でない区別という構造をもつ点であるために、悟性や反省のような形式的な思考方法の持ち主には受け入れられない。これを受け入れることができるようにする思考が、ヘーゲルにおいては、曲線と直線の接点を考えると、接点という無限分割の極限点においては、曲線が直線と同一であるとともに、区別されてもいる。「区別ではない区別」という構造が極限点には成立している。極限点の成立をひとつの過程として説明すると、無限に分割された点の上を移動するカーソルが、その最後の点に到達するということになる。[★16]

これにたいして、プラグマティズムは、(一)仮説定立(abduction)、(二)推論(deduction)、(三)検証(induction)という、まさにプラグマティックな実践的方法を提示する。仮説、推論、検証によって、仮説が不備であれば、その仮説は修正再定立されるという無限活動のなかで、無限点に向かって無限接近するものと考えられるのであろう。そうした仕方でカントによって二極に引き裂かれた理性と実践とは、あらためて結合されるというのである。そのかぎりでいえば、毛の実践論も同じような意味をもつということも可能であると思われる。

また上山氏のこの研究段階では、あまり知られていなかったが、そののちの研究のなかで明らかにされてきた青年毛沢東の学問的遍歴が周知されている現時点では、毛沢東とプラグマティズムとのあいだには、デューイから胡適経由の密接な関連が存在していることはすでに常識である。そうした伝記的事実が知られていない時点での上山氏の、理論的研究から導き出されたこうした推論は、おおいに評価されるべき発見であったというべきであろう。

だが毛の実践論は、こうしたヘーゲル的=プラグマティズム的な弁証法にとどまるのであろうか。

3 マルクス主義と思想形成

むろん毛沢東はレーニンを学び、革命理論としてのマルクス主義的認識論構築の意図も、強い学問的関心ではなかったとしても、ある程度存在しただろうと推定することは、あながち見当違いではあるまい。そこから史的唯物論と認識論・論理学という重点の置き所の違いも意識されていたと見て間違いないだろう。ただし両者の違いは、そうした点での重点の置き所というだけでなく、主観客観の無限接近という認識論そのものの点である重大な相違があるように思われる。

わたしは、かつて、上山氏の以上のような研究にたいして次のように書き記したことがある。

かつて、毛沢東の認識論＝『実践論』と、パース、デューイの認識論とをパース＝デューイの側から架橋せんとする試みがあった（上山春平「プラグマティズム論理学の批判的分析」「思想」三八三号）。そして、毛沢東の『実践論』が、ひとつには、自然認識をも、その一対象のうちに含めていたこと、そして、いまひとつには、それが、認識論の一般的叙述をめざすものではけっしてなく、すでに、形成されたものとして彼らの前に与えられて存在したマルクス＝レーニン主義を、中国革命の現実の中へいかに適用するか、ということを中心的な課題としたため、そこでは、論理＝理性的認識の検証としての実践の問題に、彼の思考の中心がおかれている。したがって、そこには、こうした試みを許すものが存しないとは言えない。だが、このことは、マルクシズムの認識論が、かかるものであることをなんら意味するものではない。たしかに、思考過程は、直観→表象＝概念化の上向過程と、概念→現実の下向過程より構成され、そして、この両過程を推進するのは、人間の現実へ働きかける実践なのであるが、この実践の内容が、彼の主体形成＝階級性把握の問題として捉えられないならば、そこには、ひとつの相対主義が結果せられるのみであって、思考の真理性——歴史的な意味で——の問題は、終に、問題とせられないであろう。毛沢東自身の全実践の基本線はいかなる意味でも相対主義でなく——パース＝デューイとは異なって——、階級性によって貫かれている。然りとすれば、彼の認識論が、全体的に捉えられるとき、プラグマティズムからの包摂は峻拒されるであろう。逆に、マルクシズムの側からの、その包摂のみが、可能とされうるのである。★17

若気のいたりの「武断的な」★18文章であり、読みなおしてみると顔に汗する思いに駆られるけれども、毛沢東実践論のなかに、マルクス的思考を読み取ろうとする点は、ある限度において肯定されるものと、私は今も考えている。それは、次のような理由からである。

むろん毛沢東実践論のマルクス的契機は、実践論の抽象的な論理レベルで明確に打ち出されているわけではない。毛が、彼の認識論について具体例を挙げて説明するさいに、思わずして姿を現わすといったかたちで現われている。

毛は、彼の実践的認識論の解説のなかで、事例を挙げてかみ砕いた説明を加えている。有名な抗日民族統一戦線の比喩である。

まず感性的段階は、次のように説明される。

たとえば、よその人たちが延安に視察にきたとする。最初の一両日は、延安の地形、街路、家屋などをながめたり、多くの人に会ったり、宴会や交歓会や大衆集会に出席したり、いろいろな話を聞いたり、さまざまな文献を読んだりする。これらは事物の現象であり、事物のそれぞれの一面であり、また、これらの事物の外部的なつながりである。これを認識の感性的段階、すなわち感覚と印象の段階という。つまり延安のこれらの個々の事物が、視察団の諸氏の感覚器官に作用して、かれらの感覚をひきおこし、かれらの頭脳に多くの印象と、それらの印象のあいだの大まかな外部的なつながりを生じさせたのである。これが認識の第一の段階である。この段階では、人びとは、まだ深い概念をつくりあげることも、論理にあった（すなわちロジカルな）結論をひきだすこともできない。★19

では、この第一の段階はどのようにして第二の段階に飛躍するのか。

社会的実践の継続によって、人びとに実践のなかで感覚と印象をひきおこさせるものが何回となくくりかえされると、人びとの頭脳のなかで、認識過程における質的激変（すなわち飛躍）がおこり、概念がうまれる。概念というものは、もはや事物の現象でもなく、事物のそれぞれの一面でもなく、それらの外部的なつながりでもなくて、事物の本質、事物の全体、事物の内部的なつながりをとらえたものである。〔この「概念をつかって」「判断と推理の方法をつかっていけば、論理にあった結論をうみだすことができる。」――引用者による要約〕これが認識の第二の段階である。よそからきた視察団の諸氏が、いろいろの材料をあつめて、さらに「よく考える」と、「共産党の抗日民族統一戦線政策は徹底しており、誠意があり、ほんものである」という判断をくだすことができる。こうした判断をくだしたのちに、もしかれらの団結救国もほんものであるならば、かれらは一歩すすんで「抗日民族統一戦線は成功する」という結論をくだすことができるようになる。この概念、判断および推理の段階は、ある事物にたいする人びとの認識過程全体のなかでは、より重要な段階、つまり理性的認識の段階である。★20

この極度に簡単化された説明にたいして、これを意味あるものとして受け取るためには、少なくとも、抗日民族統一戦線について理性的認識に到達する「視察団諸氏」のなかに、抗日に関するある理論的認識があらかじめ存在しているということを補う必要があるだろう。その理論的認識があったうえで、彼らは延安にきて、さまざまな感性レベルの実践を経て、偶然的なもの、外形的なものを抽象して、本質的な諸概念に到達し、しかるのち判断と推理の方法を用いて、共産党の政策にたいする新たな評価を獲得することになるだろう。そのさい毛沢東は、「もしかれらの団結救国もほんものであるならば」という主体的姿勢にかかわる条件を付したうえで、その成功を結論づける理性的認識への到達を承認するのである。毛沢東が「社会的実践の継続」というときその語のなかには、実践主体の姿勢も含まれているのである。

（一）実践から認識への移行過程、（二）理論的認識の過程、（三）認識から実践への移行過程といった形式的なレベルで対比するならば、毛の実践論とプラグマティズムとのあいだには、相違はない。その点に関する上山氏の指摘は、当時の研究水準に照らして卓抜なものというべきであろう。だが類似はそこまでである。理性的認識の過程、あるいは仮説形成の過程には、「団結救国」が「ほんもの」であるといった主体的条件を要求する点で、毛はプラグマティズムだけでなく、カントともヘーゲルとも、さらにいえば近代認識論そのものと訣別する。

プラグマティズムにとっては、仮説→検証→修正の繰り返しのなかで、真理値への無限接近が果たされるはずである。毛にとっても、自然認識（後述）に関してはそうであるにちがいない。だが毛の場合において、現実的な政治課題に関しては、あらかじめ認識主体の側にある判断の先行が正しい認識の条件とされているのである。それは実践理性といったレベルを超えた、より具体的な判断であろうが、毛のいう「ほんもの」とはそもそもいかなるものであろうか。

むろん「ほんもの」についての指摘は、以上の引用に尽きるのであり、毛の文章からその意味を探ることは断念するほかないけれども、毛が、マルクス的思考のなかでこうした指摘をしたのだとしたら、その意味を推測することは可能である。マルクス主義者であれば通常、現代世界と歴史についてひとつの全体的な把握を世界観として保有する。それは端的に言って、プロレタリア革命の必然性、資本主義社会の否定と社会主義社会成立の必然性という世界観＝歴史観であろう。上山氏もマルクス主義の場合には「社会過程の理論（史的唯物論）」が重視されるといったかたちで[★21]、このことを間接的に承認しているものと思われる。

そしてこうした世界観を前提として、現代史における日本の中国侵略と、それにたいする中国各層の対応の仕方についての一定の知識があり、そのうえで「団結救国」を真に希求するのであれば、「抗日民族統一戦線は成功する」という見通し（認識＝理性的認識）にいたるというのであろう。もし彼の団結救国の希望が見せかけだけのものであるなら、また、彼の世界観＝歴史観がお飾り程度のものであったなら、彼はけっして抗日民族統一戦線成功の見通しをもち得ないことを、毛はまさに経験的に知っていたのである。だからこそ、感性から理性への飛躍を、事例に則して具体的に描写するとき、一般論では陰に潜んでいた主体的契機が突然姿を現わしたのであろう。そしてここにこそ毛沢東実践論の核心が存在しているのであり、またそこに毛沢東実践論のマルクス的契機が存在すると思う。

資本主義社会の批判的分析やその内部の基本的な矛盾の指摘と、社会主義社会の必然性という未来にかかわる判断とのあいだには、換言すれば「経験科学的分析」と「むきだしの決断」★22とのあいだには、やはりひとつの分裂が存在するのであるが、その分裂を乗り越える方向として、次のような思考はひとつの参考となる。

理論的経験的吟味は、事実的な歴史経過と現在の状況の社会的諸勢力とを、前述の意味〔人間が実践的に創り出そうとする歴史の意味〕★23の実現という観点から解釈する必要があるし、それに応じて立証されたり挫折したりするからである。これが成功するならば、まさに歴史哲学が約束していたことが達成されたことになる。すなわち歴史哲学はその正しさを——すなわちあらゆる革命の実証可能な諸条件の正しさを、経験的立場で保証するが、他方、その真理性は、それによっ

て言明された意味を実践的に作成することにおいてはじめて確かめられるのである。★24

未来の歴史についてのある予測は、超越的な理念や実践理性に依拠するのでなく、経験的科学的認識にもとづいてなされうるのであるが、それはあくまでも人間が自ら創り出そうと決断するときに可能なのであり、しかもその予測が立証されるか挫折されるかにしたがって、その真理性は左右されるというのである。ここでも真理性は、経験科学的な理論を前提しつつも、客観的ないし超越的に約束されるのでなく、主体的な決断と実践的帰結とに左右されるとするのである。毛のいう「ほんもの」を、ここでの主体的な決断として理解することができるならば、そのいわんとするところは、素朴ながら問題のもっとも核心的なポイントに触れているのである。

他方、プラグマティズムにおける「仮説」→「推論」の過程はどのようなものであろうか。プラグマティズムの「仮説」は、「科学的研究において、ある学説を論理的に構成する命題のひとつ(またはその一部)であって、その命題(または命題群)が客観的真理であることを積極的に仮定して学説の帰結を導こうとする場合に、この命題を仮説という」といわれるように、世界全体についての包括的な仮説ではなく、ある特定テーマに関する個別的命題である。むろんそれは、ひとつの全体的な学説を予定したものであるであろうが、その学説自体が、マルクス主義の場合のような世界観・宇宙観・歴史観そのものであるとは限らない。むしろ理論の指導が技術面に限定されるという傾向からすれば、体制そのものはあらかじめ予定され、体制変革といった全体的な問題は現われないのが通常であろう。とすれば、そこでは問題にたいするある実践的主体的姿勢は、現体制を予定しているという意味で問題とならないはずである。

そもそもマルクス的な「認識」において、認識主体が身を置く場所は階級対立によって貫かれる場であり、その場への認識は対立への直感的な把握から始まるのであり、その直感的表象が概念によって固定され、社会全体をトータルに把握する理論が形成されるにいたるならば、その理論の指し示すところは、対立関係によって貫かれた社会体制の変革そのものであろう。むろん人によっては、その理論の指示の前に逡巡するものもあれば、引き返すものもある。認識(理論)と実践を結びつける「ほんもの」もあれば、たんなる口舌の徒もあるだろう。

だが、彼の到達した社会概念に従って、実践に向かう「ほんもの」が実際に実行してみた結果が決断した結果を生めば、彼の理論の真理性は保障されるし、確かめられる。もしそれが彼を挫折させるならば、彼は自らの理論そのものの再検討を余儀なくされるであろう。これが理論と実践との弁証法的関係である。

むろんここでの実例は、抗日民族統一戦線の正当性を前提とした、当時の中国共産党員にとってのわかりやすい実例なのであって、理論形成、思想形成の哲学的理論的展開をめざしたものではない。したがって、そうした点での厳密さを問うことはおそらく不適当であろう。自然科学と社会認識とを同時に問題にしつつ、社会認識を例題として挙げたとき、社会認識に特有の問題が、はっきりと打ち出されている点にこそ注目すべきだというのである。そしてそこには、毛沢東的、マルクス的理論形成＝思想形成のひとつの核心が、素朴なかたちではあるけれども、みごとに打ち出されていることを確認することができると思う。われわれはここに、毛沢東の革命思想家としての非凡な姿を見る。

4 『実践論』の限界

なお、以上の諸点のほかに、『実践論』の孕む問題ないし限界について触れておきたい。

まず、毛は、マルクス主義の唯物論について、「人類の生産活動がもっとも基本的な実践活動であり、他のすべての活動を決定するものであると考える」[★25]として、生産活動をいっさいの基本とする立場を明らかにする。そして「階級のない社会では、人類の物質生活の問題を解決するために、それぞれの人が社会の他の構成員と協力し、一定の生産関係をむすんで、生産活動に従事する。また、それぞれの階級社会では、人類の物質生活の問題を解決するために、各階級の社会の構成員が、さまざまのちがった様式で一定の生産関係を結んで、生産活動に従事する。これが人間の認識の発展の基本的な源である」[★26]として、階級関係もまた生産関係として捉えられる。

他方、毛は、「人間の社会的実践は、生産活動という一つの形態に限られるものではなく、そのほかにも、階級闘争、政治生活、科学活動、芸術活動など多くの形態がある。……したがって、人間の認識は、物質生活のほかに、政治生活、文化生活（物質生活と密接につながっている）からも、人と人とのいろいろな関係をさまざまな程度で知るようになる」[★27]と書く。また、「社会的実践の過程において（物質生産の過程、階級闘争の過程、科学的実験の過程において）」[★28]と書く。

むろんここでも、それらの領域が「物質生活と密接につながっている」とされてはいるが、そのあいだの「つながり」がどのようなものであるかは指摘されていない。のみならず、「物質生産の過程、階級闘争の過程、科学実験の過程」と並列されるとき、各過程は独立的な過程であるかの相貌を呈する。

先にも触れた点であるが、毛は、生産（経済）、階級闘争（政治）を主たる現実的課題としながら、それと並んで科学的実験（自然科学）をもまた、彼の「実践論」（認識論）の課題のうちに含み込む。経済や社会にかかわる認識と自然の認識とが同列に扱われえず、社会認識上の二元論をいかに克服するかが、近代哲学史の主要テーマであったことは縷述したとおりであるが、毛において、そうした問題がどのように意識されたかは別として、両分野が一括して扱われようとしていることは否定できない。

そして両分野を通じる一般論があるとすれば、社会認識上の特殊な問題について触れることのない議論であるほかないであろうし、現にそこでは、一括可能な感性から理性へというかぎりでの議論が展開された。その点を捉えていえば、たしかに上山氏が力説されるように、毛沢東実践論とパース・デューイのプラグマティズムとは差異がない。だが問題が、自然と社会とに共通する一般論から政治的課題へと越境すると、そこにはただちに姿勢が「ほんもの」かどうかという認識主体の決断にかかわる問題が出現した。自然認識と社会認識との差異が論理的に解明されることなく、事例のなかで事実上処理されていたことは先に見たとおりである。自然認識と社会認識との差異についてこうした事実上の処理が行なわれるのとは逆に、自然認識そのものの社会認識への引きつけも、毛の議論の際だった特質である。毛は次のようにいう。

知識の問題は科学の問題であって、少しの虚偽も傲慢さもあってはならない。決定的に必要なのは、まさにその反対のこと——誠実さと謙虚な態度である。知識をえようとすれば、現実を変革する実践に参加することである。梨の味を知りたければ、梨を変革すること、すなわち自分でそれを食べてみることである。原子の構造と性質を知りたければ、物理学や化学の実験をおこない、原子の状態を変革することである。革命の理論と方法を知りたければ、革命に参加することである。★29

「梨を変革する」といっても梨を食べることであり、「原子の状態を変革する」といっても科学実験のことであり、それが社会「革命」と等値的に叙述されているとしても、そこでの「変革」の意味は、ごく大まかな比喩的な意味でしかない。先の、物質生産、階級闘争、科学実験の並列についても、それはすべて大まかな比喩的な意味以上のものでないことが知られるはずだ。自然認識と社会認識を同時的に果たしうるような認識論を構築しようとするきわめてアンビシャスな議論とも受け取れるけれども、結果されているのは不細工な首尾一貫性の欠如と不正確な比喩でしかなかった。

だがこうした厳密さを欠いた比喩的な叙述が結果しているのは、自然科学の政治化である。こうした自然科学の政治化は、毛体制下における自然科学の運命をプラスの面でもマイナスの面でも象徴している。ひとつには宇宙開発の分野での輝かしい功績として、いまひとつにはあの「土鉱法」

の無惨な失敗として。

毛における自然認識と社会認識との統一的把握の試みは、以上に見るように、自然科学の政治化であり、社会科学の課題放棄であった。毛沢東の思想を特徴づける言葉として、「主観的能動性」が指摘されるが、彼の『実践論』を貫く傾向として、やはりある種の政治主義を指摘する必要がある。先に見た「もしかれらの団結救国もほんものであるならば」「『抗日民族統一戦線は成功する』という結論をくだすことができるようになる」という断定にしても、この結論そのもののさらなる実践による検証については触れていない。煩を厭うてのことであるとも考えられるが、自己の「ほんもの」さにたいするア・プリオリな予断があってのことである可能性を排除することはできない。

こうした予断のうえになされる認識活動は、主観と客観との分裂を乗り越え、両者の接近・統一に向かう真理への無限の過程であるよりは、最終的には客観そのものを予定された主観的価値へ解消する危険をはらんでいる。実践による検証をあそこまで強調する実践論において、彼自身の実践的姿勢にたいするきわめてオプティミスティックな肯定の確信がほの見えることはやはり驚きである。

毛における予断についての楽観的な態度と政治主義的傾向は、『実践論』にある種の限界をもたらすのではないかという危惧を呼び起こす。ハーバーマスが指摘するように、未来にたいする社会科学的な予測は、経験科学の指し示すところに従って新たな社会を生み出そうとする決断においてのみ成立しうるのであり、主体的な決断という実践的契機がきわめて重要であることは確かであるが、その強調が、思わずして、決断の重視の反面として経験科学（経済学を基礎とする社会科学）

への軽視を伴わないかという危惧である。

毛沢東の指摘する姿勢が「ほんもの」か否かというポイントは、それ自体として、主観的姿勢という以上にはなんら証明されていない。せいぜい口先だけでない誠実さといった、やはり姿勢レベルの同義反復にすぎない。ほんものか否かというポイントは、その主体的決断がその決断を現実に実現させるような理論形成を待ってはじめて確定されるのである。主体的姿勢が真の理論形成と結びつくとき、はじめて主体形成はその方向をたしかにするというべきであろう。★30

毛のなかで、理論形成についての意識はきわめて希薄である。彼自身の、仮説、推論、検証という図式にもかかわらず、彼の抗日の決意が「ほんもの」であれば正しい結論に到達するという毛の議論は、きわめてスィーピングであるとのそしりを免れないだろう。「ほんもの」であるか否かも、それ自体検証の対象であるし、それによって得られた統一戦線の構想にしても、その真偽は検証を待ってはじめて明らかにされるはずのものである。煩を厭うての略筆ではあろうが、こうした認識論上の、もしくは主体形成論上の決定的ともいうべきポイントについて、毛の意識はきわめて希薄である。

マルクス的な認識論の前提には、マルクスによって築き上げられた資本主義体制への壮大な理論的達成がある。その達成に依拠するかたちで認識論的考察がなされるのであるが、与えられたものとしての資本主義社会についての理論が一度構築されたらそれで完全というものではない。また、資本主義社会一般の理論に対して、決断する主体が身を置く社会は、個別的特殊的存在である。一般理論の個別的特殊的対象への適用という課題そのものも、じつは簡単そうに見えて相当に困難な課題である。

たとえば、中国革命にしても、一般理論の指し示す革命の戦略戦術は、都市プロレタリアートの蜂起による社会主義革命であった。だが半封建的な中国にあっては、封建的土地所有体制＝地主制を打破するという特殊な農民革命こそが、中国革命を成功に導きつつあるものであった。一般論の特殊個別対象への直接適用は、まさしく「教条主義」として批判にさらされたのであった。それは、たしかに毛沢東自身が血まみれの経験のなかからつかみ取った達成である。

だが、地主制を打倒したのちの社会主義建設の道筋はどのようなものであるのか。地主権力を打倒した農民たちは、はたしてそのまま新たな社会を作り上げることができるのか、農民たち自身のなかに存在する封建的性格はどのようにして変革されるのか。毛の前には、じつは、それまでの苦しい達成と比べて、勝るとも劣らないきわめて困難な新たな課題がたち現われる。生産活動のレベルで農民自身がクリアしなければならないものは何なのか、ここでも経済学による解明が不可欠であろう。毛はどのように経済学に学ぼうとしているのか。『実践論』の行間にも、そのあたりへの課題意識はきわめて希薄なように思われてならない。

毛沢東は、この短い論文を、「これが弁証法的唯物論の認識論の全体であり、これが弁証法的唯物論の知と行との統一観である」[★31]という言葉で結んでいる。この表現はおのずから王陽明の「知行合一」を連想させるが、毛の実践論と陽明の知行合一論との結びつきは、たんなる表現上のレベルにとどまらないかもしれない。

王陽明の知行合一論は、人間の認識は、人間に先験的に内在する倫理的能力（良知）の働きによって、事態の善悪・正邪を瞬時に弁別し、つねに倫理的に正しきをうるというものであった。もっとも悪人の場合には、「心の本体」が失われている（「ほんもの」でなくなっている）とされるのであるが。

毛の場合には、むろん「良知」の瞬時の働きといった神秘的作用は放棄され、事実に即する感性的把握から概念による固定と推論・判断の過程がこれに置き換えられており、その判断の正しさを保証するのは、ある価値的な予断が主体の側に存在することであった。もしもこの理論において、価値的予断に力点が置かれ概念的な推論・判断の理論的過程が軽視されるなら、毛の認識論も伝統的な「主体」肯定と実践強調論へと逆行する恐れなしとしない。私は、ここに、陽明学の良知の影を見る。また、古今の東西思想の融合を企てた、毛の師楊昌済の影をも見るのである。

附論　『矛盾論』

『矛盾論』について一言する。これもまたかつて、歴史認識の方法、とくに時代区分の方法を与えるものとまで喧伝されたことがある。毛においても、人類史を貫く矛盾とは生産力と生産関係の矛盾であり、その歴史的普遍的発展（矛盾の普遍性）と個別社会への特殊な展開（矛盾の特殊性）とが注目されている。だがそうした矛盾理解が、個別社会の具体的な把握として展開されるさい、生産構造の特質に関する具体的な分析へと深化されるのでなく、単純にそのときどきの政治的力学的矛盾対立のレベルで理解されている。

そのため、政治的勢力配置の転換とともに、対立の局面が転換するということを図式的に整理するという意味ではある明快さを保持するものではあるが、歴史の本質を明らかにし、歴史変革の核心的な課題、生産構造にかかわる経済学的な課題を解明するものからはほど遠いものといわねばならない。むしろそのある種の明快さが、かえって歴史の本質的課題、生産のレベルでの矛盾、主体形成の問題を曖昧にし、これを政治的抗争のレベルに矮小化単純化してしまう危険を孕んでいるといわねばならない。

もちろん『矛盾論』も、社会内部の矛盾のなかに歴史発展の根拠を見いだすものであり、「生産力と生産関係との矛盾」「諸階級のあいだの矛盾」「新しいものとふるいものとのあいだの矛盾」[★32]に着目している。外的条件についても「外因を変化の条件、内因を変化の根拠とし、外因は内因をつうじて作用する」[★33]とされている。なお、ここでも、「自然界の変化は、主として自然界の内部矛盾の発展によるものである」とされて、「社会の変化は、主として社会の内部矛盾の発展」によるとされ、並列的に叙述されていて、『実践論』同様、自然と社会との統一的把握がめざされているといえるだろう。

「人類の生産活動がもっとも基本的な実践活動であり、他のすべての活動を決定するものである」といわれながら、社会的実践の過程として、「物質生産の過程、階級闘争の過程、科学実験の過程」と並列されて階級闘争といった政治的局面が、生産のレベルと同じレベルにまで引き上げられたり、「プロレタリア革命の時代には、各国のあいだの政治的、経済的、文化的な相互影響と相互衝撃はきわめて大きい」[★34]として、政治が経済に優先されて指摘されるという政治主義が、ここにも現われているといってよい。まことに、「主観能動主義」は、毛の思想を根底において貫くものであったといってよい。

こうした思考を前提にするならば、たとえば『新民主主義論』に見られる労農同盟の誠実な遵守の態度が、権力奪取とともに一転し、労働者と農民との矛盾を解決する方法として農業集団化、機械化が当然のこととして提起され、農民の私的土地所有が、まさしく克服されるべき敵対的な関係だと断定される経過もきわめて自然な流れとして理解されるであろう。

質の異なる矛盾は、質の異なる方法でしか解決できない。たとえば、プロレタリア階級とブルジョア階級との矛盾は社会主義革命の方法によって解決され、人民大衆と封建制度との矛盾は民主主義革命の方法によって解決され、植民地と帝国主義との矛盾は民族革命戦争の方法によって解決され、社会主義社会における労働者階級と農民階級との矛盾は農業の集団化と農業の機械化の方法によって解決され、共産党内の矛盾は批判と自己批判の方法によって解決され、社会と自然との矛盾は生産力を発展させる方法によって解決される。過程が変化し、ふるい過程とふるい矛盾がなくなり、新しい過程と新しい矛盾がうまれ、それによって、矛盾を解決する方法もまたちがってくる。★35

現に、新民主主義段階での徹底均分と、社会主義革命段階におけるその放棄と農業集団化の強行として、彼の理論はそのまま実践されていくのであるが、生産のレベルでの問題についての解明は乏しい。生産のレベルの問題として問題を考察するならば、国民党軍を敗退させ、中国共産党が権力を奪取したとしても、生産主体はなおいぜんとして封建的小農の内実を引き継いだままである。ここにも毛の政治優先、経済と理論軽視とがそのまま姿を現わしている。

地主制の重圧から解放された農民、そのなかでも中国農業の生産力的波頭にたつ存在をとってみても、それは、あの中国的範疇である擬似的小営業としての内実をそのまま引きずっている。これらの生産主体を、封建地代の重圧や封建的共同体的諸制約から解放し新たな生産力的可能性を外枠として保障しつつ、彼らを個的な自由な生産主体として成長させるという文字通り民主的課題は、いぜんとして存続しているはずだ。一挙的な集団化によって代用されたり、同時的に遂行されうるという過程ではありえない。いわゆる「必須の経過点」が経過されねばならないのである。政治過程の重視と生産過程の相対的な軽視とが生む結果は、歴史の方向を誤らせるほど深刻で重い。

おわりに

毛の哲学的達成の内容が、通常過大に評価されているのと異なって、以上にかいま見たような限界をもっているとすれば、毛とレーニンとのすれ違いが現実の歴史と展開との対話のなかで修復される可能性は低いと見なければならない。それが、内容的に政治的予断の拡大と理論軽視という限界を纏綿したものである以上、いったんすれ違ったレーニン的視点があらためて思い起こされる可能性は、きわめて乏しいからである。

とはいえ、毛の実践論は、理論と予断そのものの正しさを絶対視するものではない。実践の経過のなかでの検証をこそ重視するという内容のものであった。彼の思考にある、以上のような政治主義的傾斜にもかかわらず、実践によって立てた政治理論そのものを振り返るというそれ自体きわめて唯物論的な視点が、彼をふたたび本来的な路線へ引き戻す可能性を否定することはできないはずだ。

では、実際にはどのような経過が辿られたであろうか。

第七章　延安の光と影——陳永発『延安の陰影』を読む

はじめに

わたしは、若き日の毛沢東について、以上その思想的確立の経過を追跡した。第三章は、毛沢東が、アナーキズムかマルクス主義かという選択を前にして、マルクスを選択するのであるが、その特異ともいうべき選択の仕方を論じた。毛沢東の選択は、アナーキズムこそが教育による最終的な人間＝社会変革の方法であるとしつつも、それは実際には不可能なので、やむなく現実的なマルクスを選択するというのである。しかもその選択は、マルクスを「恐怖の方法」として捉えたうえでの選択であった。そしてマルクスの「恐怖の方法」は、朱子学の方法とも一脈通ずるものとさえ捉えられており、唯一的で理想的な原理としてマルクスの思想が選びとられたのではなかったことにも注目した。

第四章、第五章は、毛沢東の基本視点、すなわちレーニンの労農同盟論に学び、それを誤解した陳独秀を批判して、中国革命を農民運動として遂行しようとする毛沢東の基本視点を明らかにした。そして毛沢東の労農同盟論がレーニンのそれをモデルにしながら、農民の地主打倒の政治的エネルギーに着目するものではあっても、地主を打倒したあとの農民の自立的経営による農業生産力発展というレーニン労農同盟論の核心については、理解が希薄ないし欠如していたことを指摘した。毛沢東とレーニンとの不幸なすれ違いに注意を喚起したのである。

こうしたすれ違いを指摘したあと、にもかかわらず、マルクス主義認識論の新展開とすら評価される『実践論』『矛盾論』に結実した理論的営為のなかで、毛とレーニンとの不幸なすれ違いが修復される可能性はないのかを問うたのが、第六章である。このなかで、わたしは、その『実践論』の内容が通常非常に高く評価されるのと異なって、政治的予断の拡大と理論軽視という限界を纏綿したものであったことを明らかにした。そしてそうした限界ゆえに、いったんすれ違ったレーニン的視点がそこであらためて思い起こされる可能性はきわめて乏しいと考えた。

とはいえ毛の実践論は、理論や予測の正しさを絶対視するものではない。実践の経過のなかでの検証をこそ重視するという内容のものであった。彼の思考にある、以上のような政治主義的傾斜にもかかわらず、依拠した政治理論や予測そのものを実践によって振り返るというそれ自体きわめて唯物論的な視点がそこに認められる以上、それが彼をふたたび本来的な路線へ引き戻すかもしれない可能性をあらかじめ否定し去ることはできない。

では、実際にはどのような経過が辿られたであろうか。

1　整風、幹部審査、スパイ摘発

先にも触れたように、長征を終えた毛沢東はモスクワ派から目のくらむような理論闘争を仕掛けられた。長征の経過によって、ヘゲモニィはいちおう毛の手に帰したのであろうが、それまでの中国共産党の指導部がすんなりと毛の政治指導を受け入れたわけではなかった。中国的知識人状況について少しでも思いをいたすなら、それはあまりに当然な事態であっただろう。

中国共産党の指導部は、北京大出の秀才、モスクワ帰りの理論家たちによって占められており、彼らが運動の先頭に立つことは、天に二日がないほどに、自他ともに自然な事態であった。他方、毛沢東は、湖南の田舎から出てきた高等師範上がりでしかない。長征といった特殊状況のなかで、農民出の彼がある特別の役割を果たしたことは事実であるとしても、だからといって、そのままそんな類のものが指導的位置を占めるなどということはあり得べからざる事態であったのだろう。

これにたいする毛沢東の対応は、ジョナサン・スペンスが示唆するように、ひとつには理論憲兵としてモスクワ帰りの陳伯達を登用し、いまひとつには、自らの警備兵を使って反対派を大衆的に包囲するというものであった[★1]。この対応のなかに、のちの整風運動に端を発し幹部審査、スパイ摘発にいたる手法が、そしてさらに文革において頂点に達する手法がすでに基本的に含まれているということができる。

そうした手法によって、やがて毛は、モスクワ派の排除とヘゲモニィの樹立に成功する。それもありきたりのものでなく、燦々と照り輝く太陽にも似た輝かしい大成功であった。その具体的な経過は、陳永発『延安的陰影』のなかに手に取るように明らかに示されている。しばらく陳の書物について、その経過を辿ってみよう。

陳は、四〇年代整風運動について次のように捉える。一九四〇年前後、中共は国民党と日本軍との戦いにおいて惨めな敗北を経験し、ようやく四一年にいたって形勢逆転の事態を迎えるのであるが、この敗北から形勢逆転にいたる過程で中国共産党内部の権力関係が激烈に変化したとする。すなわち毛沢東はこの敗北を機に、あたかも長征の過程で国際派からヘゲモニィを奪取したように国際派を打倒するとともに、党内の「分庭抗禮〔対等に振る舞う〕的局面」を徹底的に打破したというのである。この過程において、毛は「集団指導体制の中の一分子」というのでなく、中国共産党権力機構のなかの唯一絶対の最高リーダーへと超出した、というのである。[★2]

陳は、Boyd Compton の研究に触れ、コンプトンが、四〇年代整風運動について、質を犠牲にして量を増やしていたのを転じて質を重視するようになったからだとするのにたいして、たしかにそうした面があったことを承認しつつ、それが権力闘争と絡まっていた点を見落としたところに問題があるという。[★3]

すなわち、陳によれば、四〇年代整風運動の過程を通じて、「一九三一年以来毛沢東は正しい路線を代表し国際派は誤った路線を代表しており、その誤りが清算されていないがために中国共産党は深刻な敗北の危機に瀕した」というロジックが確立され、さらにその結果として「国際派の清算」「毛路線の正確さの突出」「党員の思想訓練の強化」という一石三鳥の結果が生まれたというのである。[★4]

毛沢東の指導の卓越と、その指導のもとでの運動の質の向上という論点と、党内における権力闘争という論点とを二つながら視野に入れるのが陳の研究の際だった特質であり、それは、マーク・セルデンの「大衆路線」理解にたいする批判[★5]のなかにもはっきりと示されている。

マーク・セルデンは、『延安への道』のなかで、一九四二年の整風運動が官僚主義・エリート主義に代えて大衆路線を樹立したとして、群衆の創造力、大衆参加とその鼓舞激励、民衆の自力更生などが農村を貧窮状態から脱却させたと讃美した。そしてそこにこそスターリンの粛正方式にたいする毛沢東路線の決定的な差異があるとした。こうしたセルデンの毛沢東理解はきわめて広く流布した見解であり、現代マルクス主義運動のなかで、ソ連型の非人間性にたいして、中国型はマルクス主義の人間性を証明するものとして受け取られた時期さえ存在する。

だが、陳によれば、それは事態の一面であって、毛の場合にも、スターリンとは形がちがうけれども、それにまさるとも劣らないほどの問題が孕まれていたとするのである。それはどのようにしてであったのか。

陳の整理に従って「大衆路線」なるものを概括的に解説するならば、以下のようになる。大衆を観察すると、そのなかにはかならず一定数の積極分子、多数の中間派、若干数の消極分子が存在する。こうした大衆のなかから自然発生的に大衆運動が出現する場合もないわけではないが、毛沢東の方式は事態を自然発生に委ねるものとは明らかに異なる。

毛沢東の方式は、積極分子（毛の目から見ての積極分子であるから、毛の積極的支持者である）をあらかじめ組織化するとともに、他方、消極分子（これももちろん、毛の目から見ての消極分子であるから、毛に批判的なモスクワ派の息のかかった存在などは真っ先にやり玉に挙がったのであろう）のなかから何人かのサンプルを選び出し、そこに批判を加えるというやりかたである。消極分子への批判が大衆的に行なわれるならば、中間派はそれによって火がつけられる。それまでじっと沈黙を守っていた中間派は競って発言しだし、積極分子の陣営に加わってくる。

その効果は圧倒的であり、低質だった紅軍のレベルは急速にレベルアップされる。その過程で大衆的熱狂が調達されるとともに、毛沢東への権力集中が進み、裏腹にモスクワ派は大衆的に無力化されていく。これがいうところの大衆路線の実態だ、というのである。★6

一九四二年二月、毛が整風運動を開始するのは、党内の「両条心」（スパイ）・「半条心」（投機分子、怠工分子、対党不忠実分子）を徹底的に除去するためであった。★7「指定文献」が公表され、人びとはこぞってそれを学習した。「批判と自己批判」「党員と幹部との偽りない心の交流」などを通じて整風が進められるのであるが、わけても「自由主義」批判がその内容を特質づけている。この「自由主義」とは、党員が自分の間違いを見て見ぬふりをすること、周囲の人の誤りにたいして無関心であることであり、毛はこの二つの徹底的な除去を整風初動当時追求したのであった。

毛沢東は、思想改造をもって肉体消滅に変えることを強調するとともに、自白の強要に反対した。だがその過程で、大衆路線を幹部審査、スパイ摘発の路線へ繋いだ。そのため、旧い自白強要とは別の新しい自白強要が始まった。この新しい自白強要が大衆路線上の無実、誤り、偽を生んだ。陳は、整風、幹部批判、スパイ摘発運動のなかには、「無実（冤）、間違い（錯）、偽（假）が無数にある」★8という。それらはどのようにして生まれたのだろうか。まず、整風、幹部批判、スパイ摘発の実際の観察から始めよう。

一九四二年二月、毛は整風運動を展開する。「党の作風を整頓する」「三風に反対する指示」などが基本的な文献である。三風とは、「主観主義」（学風）、「セクト主義」（党風）、「党八股」（文風）の三つである。それらの悪しき作風の根拠は旧社会の不良環境にあるとされ、旧社会への批判が強められる。わけても小資産階級出身のものにたいする批判が強められる。★9

それと並んで強調されるのが、いま指摘した「自由主義」批判である。「病気を治して人を救い、前を懲らしめて後改める」のが自由主義批判の眼目であり、周囲の人びとへの積極的な関心を具体化する方法が「批判と自己批判」である。同志的な連帯のなかで相互批判を繰り返すことによって、同志的な結合はいっそう強められるとされたのであった。まさに「団結より始めて団結に終わる」★10というのである。

批判、自己批判にさいして、「思想をはっきりさせ、同志を団結させる」ことが求められるのであるが、はっきりさせすぎると過度に厳酷となり、団結面を追求しすぎるとなれ合いになるといわれ、それぞれ左傾と右傾と呼ばれたが、この両傾向を「弁証法的に統一させる」ということで整風が進められた。★11

自己批判は、自分史を著すことで果たされる。自分史には、一、概述、二、政治文化年表、三、家庭の身分と社会関係、四、思想変化、五、党派性の検討、の五点が記入されるものとされた。そして、「小我」を捨て革命の「大我」につくことがそこでの自己批判の眼目であった。換言すれば、「大我」につく集団主義が強調され、「小我」にこだわる個人主義が批判＝譴責の対象となった。★12

こうした批判、自己批判を推進する基準は、いうまでもなく「整風文献」であるが、毛沢東自身はその主要な執筆者であり、基準の設定者という意味で突出した地位を占めていた。これらの文献のなかに国際派を名指しで批判する文言はないが、実際には「整風文献」は国際派批判の主要な武器であった。小資産階級批判などは、間接的な国際派批判のポイントであるといってよいだろう。

この自己批判は、特別の場合を除いて衆人の前で行なわれた。衆人の前で自己の「精神の深所」を掘り下げるような自己批判が行なわれ、それが档案の一部として記録保存されたのである。こうした整風は、一般に「細雨和風」——しとしとと降る雨、穏やかな風の雰囲気のなかで実施された。だが、こうした整風が順調に進むとは限らない。自己の立場を固持して、求められるような自己批判にいたらない場合もある。そんな場合、整風は幹部審査へと転回する。この場合には、もはや「細雨和風」では収まらない。「冬天的淫雨。無尽無止」——冷たい、終わりのない氷雨が党員と幹部の精神の深所へ染み通っていったのであった。[13]そのなかで反党分子やスパイなどが発見される場合もあり、そんな場合、発見者の手柄が高く評価された。

こうした流れのなかで、王実味問題が発生する。

2　王実味事件と張克勤事件

王実味「トロツキー派、日本スパイ兼国民党スパイ」事件とは、なんであろうか。[14]

まず、王実味という人物の略歴を辿ってみよう。

一九二六年北京大学生時代、中共組織に加入。友人にトロツキストがいたが中共組織と離れなかった。

一九三七年抗日愛国の心理から延安にいたる。マルクス・レーニン主義の著作を翻訳する。一九四二年の整風開始時期、「知ったら言う、隠すことなく言う」知無不言、言無不尽のスローガンに応じて、「野百合花」を書く。延安社会の官僚主義を批判する。人口に膾炙する文章としてもてはやされ、反共宣伝の絶好の資料とされる。道徳と理想に責任を有する文芸の独立（政治の干渉を受けない）を主張した。それは、思想領導堅持を主張する中共当局にたいする公然たる挑戦と見える。王実味は言論外の行動を継続した。

一九四二年三月、中央研究院整風大会。整風委員会は民選たるべし、大字報は署名の用なし、を提案。圧倒的多数の意見となる。開催者の思惑に反して、責任者糾弾の場となっていく。「矢と的」のなかで、王実味は公然と責任者と党内の「家長制」的遺風を糾弾する。延安全党へ批判の目を向ける。「批評」を矢とし、中共各級指導者を的とする運動が広がる。丁玲、粛軍、艾青、何其芳らと呼応して、延安の冗悶、醜陋、汚穢を描く。整風は指導者の整風という受け止め方が広がる。

任弼時はこれを分析して陰謀だとする。そしてそれが転機となって、整風が幹部審査と反対派の粛正を強調する運動を生み出す一里塚となった。はじめは王実味は単純な異分子と見られていたが、そうした見方から険悪なトロツキスト派・国民党スパイ・日本スパイだとする見方に変わり、中共治下、万人の恨みや非難を一身に集めることとなった。

毛沢東は、王実味の言動に現われる「絶対平均主義」を厳しく批判する。ただし、王実味の出版物を通じての言論活動をけっして全面禁止しなかった。しかし王実味の言動は、政治局が思想を指導するという決定を空文化するおそれがあり、毛は王実味ひとりを目標に批評を展開するよう決定する。そこから、王実味にたいする以下のような攻撃が開始される。

王実味は、トロツキスト派人士と往来があった。争いを好む。人を心服させない。任弼時の始めたオンドル制度は、延安の上下を分けない待遇を打破したと、王実味は幹部を攻撃する。「衣服は三段階に区分され、食事は五段階に差別された」。老幹部が特別待遇を受ける、などなど。王は自己の正当性を主張してやまず、上下主義の展開を逆手にとり絶対平均主義によって積極的攻撃に転じた。そうした王実味の言動が「毒草」を露出した。王実味の主張を掲載する機関誌。その宣伝部長洛甫らは、まぎれもない「毒草」としてあぶり出される。

このようにして、王実味の周辺は次第に無力化されていったが、しかし当時絶対多数は王実味攻撃にたいして消極的抵抗の態度であった。そうした状況のなかで、毛が知識人対策としてとった方策は、攻撃の矛先を王実味ひとりに集中することであった。王実味批判を国際派との抗争関係から切り離し、さらに賀竜の延安入りをさえ利用する。賀竜は、馬上より王実味ら文人への攻撃を開始する。

王実味は、たんに思想上問題があるだけでなく、その実トロツキスト組織中のメンバーであり、筋金入りの日本スパイであり国民党スパイであった、というのが最終断案として流された。こうした王実味批判にたいして、いっしょになって非難しないと危なくなる状況のなかで、人びとはこぞって、王実味批判を叫んだ。それはやがて党籍剝奪の要求にいたる。このとき毛は、「懲前必後、治病救人」（以前の誤りを正して、必ず立ちなおらせる）の精神を強調した。王実味が反革命の誤りのなかにあったと反省すれば、党は救いの手を差し伸べるというのである。だが、王実味は毫も従わず、自分の中共批判を堅持し、党をやめることを要求した。

王実味の党籍剝奪問題にかかわって、AB団処理の方式が復活した。AB団とは三〇年代中国共産党内で発生したスパイ事件であり、事態の処理に関連して陰惨な党内闘争があったと伝えられている。AB団処理方式とは、第一に、証拠不充分のときには、動機と効果とを関連させて罪名を決める（結果がよければ動機はあまり追求されない。結果が悪ければ、動機はおおいに疑われる）という実効主義であり、第二に、出身階級をもって政治動機を推論する（出身階級が悪いとおおいに疑われる）という出自主義であった。

王実味問題の処理にさいして、この二つの傾向が再出した。知識分子党員は、大多数が小資産階級出身である。この時期、中国各地から革命のメッカ延安をめざして多数の共産党員やその同調者が参集した。その多くは被植民地化の過程を辿る中国の運命を憂い、世界のプロレタリア革命の趨勢に理解と共感を覚える知識人――小資産階級出身者であった。

だが延安やその周辺の農民からすれば、その内面はうかがい知れぬ他郷人であり、しかもその西欧ふうの知識人状況はいかにもうさんくさいものと映ずる。農民たちの他郷出身の小資産階級への違和感や反撥はけっして少なくなかっただろう。それが王実味批判と結びつく。小資産階級出身者はいくら無産階級意識をもとうと努めても、頭のなかの片隅にはどうしても小資産階級の意識が残る。小資産階級身分の王実味の動機は不純であり、意識改造はまだ不完全である。こうした文字通り予断と偏見に満ちた断定にたいして、王実味に反論の余地なく、中国共産党の権力を掌握する者だけが最終決定権を有したのであった。

これがのちの悪しきモデルとなる。上級が、政治的誤謬を犯したと認めるものは、すべて非無産階級意識のせいにすることができるのであり、小資産階級出身者の立場はますます困難となる。このロジックの背後に、知識分子への反感があるのはいうまでもない。ここに結果されたモデルは、一、思想闘争が発生したら指定文献を定め、二、さまざまな方法で（就業時間内に集会を開くなど）積極分子を育て多数派工作をし、三、闘争対象を孤立させ、四、「大衆」の圧力と上級の圧力とを結びつけ、五、闘争対象が錯誤を認め改善を誓う時点でようやく終わりとなる、という方式である。

整風学習を行ない、思想の点検中は言論の自由を抑制せず、誤った意見にも十分に発表の機会を与え、論争を展開させ、厳しい思想闘争を経過したあとで、大衆的に誤った意見の持ち主を暴露し面目を潰し、大衆の政治的高揚をめざすというのがお決まりのパターンである。

その経過を示す資料は残されていないが、反党王実味事件は「王実味五人反党集団」事件と変成して終結した。その結果、整風運動中、幹部審査がますます重要になり、幹部審査のなかではスパイ摘発・排除がますます重要になっていった。

王実味のケースは、整風運動が幹部審査に発展し、スパイ排除に終わったケースである。これと

並んで注目すべきケースとして、陳があげるのが、張克勤「紅旗党」事件である。張克勤事件とは何か。★15

整風坦白運動のなかで問題人物が出てきた場合、これを処理するための「反省機関」が必要となることは当然であるが、そのような場として、とりあえず学校とか整風訓練班などがそれに当てられた。これらは表面上教育整風機関であったが、実際は幹部審査の責任を負う特別部署であった。西北公学は中央直属の重要な反省機関とされた学校である。校長李克農、副校長李逸民であった。康生は李逸民に問題ある学生の審査を命じたが、康生は、じつは李逸民を疑っていた。

重点突破の対象として選ばれたのが、張克勤であった。魯迅芸術学院から送付されてきた整風資料によると、張克勤といっしょに延安へ来た三人のなかのひとりが、国民党の特務として検挙されたためである。

李逸民の回顧によれば、張は当時二三歳（その実一九歳）、一四、五歳のころ父親とともに中共に加入し、中共外郭組織で活躍したのち、中共甘粛地下組織より選ばれて延安へ学習のために送られてきて、西北公学へ入学した。甘粛地下党責任者の紹介状をもっており、転党手続きも完備しており疑う余地はなかった。延安へ来たのち、なんの証拠もないのにかつて国民党のスパイ工作に従事したとされた。李は、有罪の資料を探すという先入観で出発したが、心中疑いもあった。

李逸民、呉徳、汪東興、毛誠の四人が審査に当たった。名は審査でも、実際は尋問であったと李は回顧する。張は自己の清白無辜を主張する。尋問は三夜に及ぶ。李が休憩を提案するけれども、汪が継続を主張する。三夜目の明け方、蠟燭が消えかかったので、李がふたたび休憩を提案。汪と意見がわかれ、李は校長李克農に指示を求めて電話をするが、李克農の返事がまだないうちに、蠟燭一箱がおくられてきて、尋問が継続された。張克勤は、ついに屈して「実」を告白した。

一度告白すれば、あとは尋問者の意思にあわせて、たちまち「調書」が作成されていった。すなわち父親がもともと国民党員であったこと、スパイを行なっていたこと、国民党員の看病に見せかけて連絡を取っていたこと、自分が延安へ来たのは、父親の命令に従って情報収集のためであったことなどなど。さらに、甘粛地下党は、国民党が完全に浸透して「紅旗をたたき落とせ」の雰囲気が支配していること、彼の知っている国民党スパイは某某ら十数人であること、などなど。

張は罪を認めたのち、頭を抱えて痛哭した。書面の報告をみて李克農は大喜びする。第二日、李逸民は西北公学全校集会を開き、張克勤に自白の模範をやらせた。張は、痛哭流涕中いっさいの罪状を認めただけでなく、自分がどうして自白拒絶から徹底告白にいたったかの気持ちの転換過程を明瞭に説明し、最後に中共が彼を国民党スパイの苦界から救ってくれたことに感謝した。事後、李逸民は、張のいったことはひとつとして真実がないことを知るのであるが、当時の人びとは、少なからず深く感動し、中共に彼の罪を許し、再活動できるようにしてほしいと請求した。

それがきっかけになって、それぞれの地域で、それぞれの「張克勤」を探し、自白モデルを作る運動が始まった。張克勤は各機関団体へ巡回講演し自白「英雄」となった。反スパイ運動は、これを契機に秘密のものから公開のものとなった。多くの人が張克勤と同じように、尋問の疲労から屈服したが、少数はあえて誤りを認めるよりは死を選んだ。自殺者が増大した。中共中央は監視を強めて自殺を防止した。

3 思想錬成とそのコスト

整風、幹部審査、スパイ摘発の実例として、陳永発はさらに四つの実例を挙げている。

そのひとつは、延安大学の周揚のケースである。[★16] 周揚は、陳永発によれば、文芸界で毛の信任がもっとも厚かった人物であり、当時魯迅芸術文学院副校長であった。名は副校長であったが、かれが実質的な責任者であった。

魯迅芸術文学院劇団所属の党員であった陳克は、中共加盟後、国民党の前歴をくわしく報告しなかったが、彼が国民党のスパイだという証拠はどこにもなかった。だが、周揚は成績を上げるために無理に自白させた。文革のとき、周揚は同じ目に遭うことになると陳は付言する。

その二つは、行政学院の王子宜のケースである。[★17] 西北局管轄下の幹部訓練機関であるが、中央から行政学院に派遣された王子宜は、スタッフの声望きわめて高い現地校長（雲南省出身）を追い落とす（奪権）ために改造を発動指導した。かつて国民党に逮捕され、一日半拘束されたこと、雲南在住当時、国民党特務と話をしたことがあることを理由に、総支書の職務を正式に解除した。中共党内奪権のきわめて好個のモデルであると陳永発は断じている。

その三は、軍事委員会第二局の胡耀邦のケースである。[★18] 中国共産党中央軍委会参謀部二局の整風幹部審査の責任者は陳雲、王稼祥であり、その政治部長が胡耀邦であった。政治部長の胡耀邦が二局の幹部審査の核心的人物であった。

一九四二年一一月幹部審査の総段階に進入したものの、あまり盛り上がらなかったが、運動の熱気から強い圧力を感じた胡は、その政治風潮に合わせて整風を強化しようとした。「無実の罪人を作るな」は当面の急務でない、「破壊分子を野放しにするな」が急務だとして、二十何人かの積極分子を密かに組織した。

党員の思想問題を一挙に解決しようとして、胡耀邦は、積極分子に消極分子を摘発させ、「貪汚腐化、脱走、女を買う、小資産階級的自由主義、党の利益を最高の利益とする共産主義にあわないもの」を検挙させた。沈黙していた中間分子はそうした状況のなかで左転しはじめ、やがて嫌疑分子の孤立感はいやが上にも増大していった。下が鋭く追求し、上がこれを寛大に処置した。子どもが舅に自白を勧め(大義親を滅す!)、自白する舅を幹部が寛大に遇する。のち文革で採用される常套手段の先駆形態である。

その四は、延安県蟠龍の曹軼欧(康生夫人)のケースである。★19 反スパイ運動が地域に広がる過程でのケースであり、解放日報は「延県で除奸運動、五千人を動員、二三人の逸脱者過を悔い再生を誓う」といった大見出しで報じている。地域には、当然のことながら「土着と外来」「無識と有識」「実利と早進」「実務と文才」といった対立が渦巻き、さらにまた各級党責任者が地域の権力を集中して地方の土皇帝に成りあがる事態が通常のことであり、康生夫人曹軼欧が密かに下郷して、スパイ摘発運動の地域への浸透を図ったのだろうと、陳は推測している。ともあれ、複雑な経過の中、結果されたのは張克勤の地域版であった。

この地域の反スパイ運動の最高責任者は、あの高崗――のち東北独立運動の嫌疑を受け抗議の自殺を遂げたといわれる――であった。無実の疑いを「自白」し、大衆的批判を受け入れ、再起を誓うことで、「自白」英雄となって、大衆を毛沢東へ帰一させるのに大貢献したのが張克勤であり、その蟠龍版が高崗の手によって再現された。のち同じ状況におかれることになった高崗は、それらの事例に学んで「自白」する道を選ばず、自らの命を絶った。この高崗の悲劇に、陳永発は歴史の皮肉を感じている。

中国共産党のリーダーたちが晩年に綴る「回憶」類[20]によると、これらの過程には多くの無実、間違い、偽がつきまとうことが示されている。だが中国の歴史叙述のなかでは、これをすべて康生に帰し、毛沢東は注意深くそれから免罪されているが、陳永発は、じつはそうでなく、毛沢東と康生とを区別できない、むしろ康生は毛にしたがっていたにすぎない、とする。

康生指導のもとで自白強要が頻発したので、その弊を救うために毛が幹部審査九条を策定したというのが定説であるが、陳はこれに反対する。すなわち毛は、一貫して康生にたいして肯定的であり、問題発生の理由は執行過程中の大衆と中央の方針を十分に把握していない下級幹部の限界にあったと毛は考えていたのであって、責任をすべて康生に帰するような議論は成り立たないというのである。[21]

九条の方針とは、一、首長が責任を負う、二、首長が主導権をとる、三、指導幹部と大衆とが結合する、四、一般的スローガンと個別指導とを結合する、五、調査研究する、六、是非軽重をはっきり区別する、七、誤りを犯したものを味方にする、八、幹部を養成する、九、大衆を教育する、

の九個の方針である。★22

真の敵であるスパイが相当数存在するという認識で康生と毛とのあいだには大きな違いはない。だから毛は、各機関各学校で単位首長の責任で幹部審査を行なうべきだと考えた。大衆との結合もまた当然重視された。

このさい「調査研究」と「是非軽重を区別する」との二つはとくに注目に値する。調査研究は、八歳以後の履歴（档案）のなかに矛盾があるかどうかを調べること。調べて問題ありと問題なしの二つに分類する。ただし「問題」に厳格な定義がない。「軽重」の区別もきわめて弾力的であり、「半条心〔共産党員にして、非無産思想および錯誤を犯すもの〕」「両条心〔スパイ叛徒、他党派参加隠匿〕」の定義も曖昧さを免れない。

解釈は非常に強大な権力者である首長の意のままになり、それがまた首長の権力の基盤となる。こうした超法律的権力の専断に事態が委ねられるのであれば、いくら「一個不殺、大部不捉」といっても歯止めはないし、逆に「冤錯假」事件の発生を阻止できるわけもない。

しかし毛は、農民闘争の場合と同じように、行き過ぎを恐れなかった。ただそれが赤色恐怖を生み、中央が不利になりそうになると収束した。調査研究のレベルでは、行き過ぎを恐れず思い切った（「放」）検討がなされ、事態が微妙な情勢となると、是非軽重の厳密な区別（「収」）によって行き過ぎにブレーキをかける。ここでも、放と収とが意識的に組み合わされた。

誤を犯したものを処断するだけでなく、再起のチャンスを与え、反省したものを再度味方にするというのは、スターリンの場合とはおおいに違う。だが結果的には、自白強要現象がなぜ生まれるかというと、下級としては上級の信頼に応え成績を上げるために各自の単位のなかに問題ある人物を捜さねばならないことになり、自然と「告白反省の奨励と検挙摘発」が必須となる。熱気が入れば自白強要も必然的に生まれる。

「スパイ摘発」の方式には、あなたが勧める、私が勧める。彼が勧める、個人が勧める、団体が勧める、硬く勧める、柔らく勧める、泣いて勧める、笑って勧める、公開で勧める、密かに勧める、などなどがある。けっして強く迫ることはないし、自白強要はないはずだ。しかし下級の実績主義があるかぎり実情はけっしてそうではない。

毛にとって、それはむろんのこと織り込み済みのことであったと見るべきであろう。一定数の自白強要、冤罪、無実、虚偽が発生することはあらかじめ予測されていた。だから状況を見て鼓舞激励したり、ブレーキをかけたり、意図的に「放」と「収」とを使い分けたのである。一方で一定限度での赤色恐怖を発生させ、他方で自己批判するものを寛大に迎え入れる。その二つを組み合わせることで党への求心力を高めた。巧妙卓抜な大衆操作がそこに認められる。それは毛沢東とその忠実な部下康生その他によってなされたのだ、陳永発はそう主張する。

しかも、延安時代、毛はその危険性をよく知っていて、これを用いるときは小心翼々であり、かりに問題が発生しても、危険をよく安全に返したのであって、そこに文革時代との違いがあることをも、陳は慎重にも付言している。★23

以上のような毛沢東主導の整風運動、幹部審査、スパイ摘発について述べたのち、陳永発は次のように結論づける。★24

たしかに整風運動は、一九四〇年前後の難関を切り抜ける堅固な基礎を創り出した。また、整風運動は、スターリンの血なまぐさい粛正と大きく異なることを否定しない。

しかし次の諸点を強調したい。第一に、中共の追求した思想の一致、革命への忠誠、党への忠誠を実現するうえで整風は有効な方法であったが、そのなかで拡大された「革命の大我」は、党員の「小我」をますます縮小してついには完全に存在の余地を残さなくした。

第二に毛沢東が、組織の制裁として逮捕死刑を党籍剝奪に変えたことは一個の進歩に見えるが、精神の深部にいたる批判と自己批判が、精神の深部に及ぼす創傷についてはあまり考えられていない。

第三に、整風が優れた教育改造の機会であることは認めるが、資料と統制という観点から考えると問題が多い。第一に、批判・自己批判は、自分の弱点をさらけ出すことであるから、党員と幹部の忠誠心を調達するには便利だが、それは同時に上級の圧力に簡単に屈服してしまう傾向を生む。また詳細な人事資料が作られ、それを利用する法的制限がないので、恐るべき乱用の危険がそこには孕まれる。

半条心、両条心問題を処理し、自由主義を容認せず、中国共産党のいう大我を強調し、個人を主張するのは小我であるとして斥けるとき、いわゆる大衆路線の整風・幹部審査は、大衆の積極性を発揮させるのでなく大衆の盲目性を発揮させたにすぎない。

大衆的圧力がしばしば利用される一方、自白者については、目標にあわせて真偽を問うことなく一定数をそろえるのが常套であった。そうしたやりかたが人間を尊重することであるかをいっさい問おうとしない態度から、はたして真の革命的主体が生まれるものであろうか。

主要対象として知識分子が選ばれるのが常であるが、それは、農民の知識分子への反感に迎合したもので、いうところの大衆路線はむしろ大衆追随でしかない。整風・幹部審査に携わる単位の責任者の権力がはなはだ大となるのに比例して、その巨大な圧力に屈して精神崩壊にいたるものあとを絶たず、自殺するものも少なくない。そこまでいかないまでも、精神の受けた打撃の深さは想像を絶するだろう。恐怖は誤りを償う力をも奪ってしまうのである。

以上が、陳永発の、毛沢東の整風・幹部審査にたいする最終断案である。

陳永発が断定するように、整風・幹部審査・スパイ摘発の過程は、少なからぬ自白強要、冤罪、無実、虚偽を生むものであったにちがいない。また、多数の自殺者をも生んだ。そして、そこには、真の革命的主体が生み出されたというよりは、むしろ盲目的な大衆の権力追随主義が産み落とされたともいえるかもしれない。

しかしそれにもかかわらず、この整風運動を起点とする党員の思想錬成を全体とみた場合、その内容についても規模についても、空前のものであったことを否定することはできない。自分史を書かせ、自分の出身階層や思想形成の過程を顧み、そこにどのような問題があるかを自己批判、相互批判によって確かめるという方法は、教育によって人間を作り、社会を改革するという、若き日の毛が心酔したアナーキズムの教育的革命論そのものであるとさえいえるだろう。

毛は、彼の本来の革命論を彼の共産党を作り上げる過程で適用しているのだと、私は思う。むろん、きわめて多数の種々雑多な背景をもつ人びとの思想錬成である。問題なくすんなりいくとは限らない。消極分子と積極分子を分け、積極分子のイニシアティブによって消極分子に働きかけ、問題あるものを集団的に追求することで、多数の中間派を党に集中させるというテクニックのなかには、彼の「恐怖の方法」の洗練度が鮮やかに表現されている。

むろんそうした過程で、行き過ぎがあるにちがいない。しかし行き過ぎくらいでバランスがとれる、行き過ぎが危険な程度に達したら素早くゆるめるという、放と収との使い分けのなかにも、熟達した革命家の手綱捌きを見ることができる。下級の成績主義や権力主義その他が、そうした行き過ぎを生むであろうことに気づかないほど毛がナイーブであったと考えるのは、あまりにも現実離れしている。『紅楼夢』の愛読者毛沢東は、使われるものがどう感じるか、下級のものがどう考えるかについて、犀利な洞察者なのである。

彼はまた、農民の知識人嫌いや他郷人への閉鎖性についてもきわめて深い理解者である。いや理解者である以上に、彼自身の下意識のなかに知識人への嫌悪やコンプレックス、異郷人への不信感がなにほどかわだかまりつづけていたと見てもいいのかもしれない。張克勤のケースは、そうした知識人への嫌悪や他郷人への不信をぬぐい去り、土着の農民と中国各地から参加した知識人とをひとつの革命軍団へ融合させるうえで、きわめて大きな意味をもつだろう。そのあいだに、冤罪や錯誤があることなどは、むしろ問題でないとさえ考えられたのかもしれない。

そしてそれは、陳永発自らが認めるように、歴史上かつて存在しなかったような成功を毛にもたらした。毛は「太陽のごとき輝かしい姿」で中国人民のうえに君臨し、世界中の被抑圧者から仰ぎ見られた。長い停滞と屈辱のなかに呻吟していた老大国は、潑溂たる清新の気に満ちて蘇ったのである。それにいたるまでの信じがたい困難を、この党と軍隊とは耐えに耐えて、その成功を勝ち取ったのである。その実状において、無主体的な帰依者の大量生産がふくまれていたとしても、それを可能にしたものは何よりも毛の整風運動以下の思想的錬成であったとみるべきだと思う。私は、毛の整風運動以下の問題を抉り出す陳永発の研究を見ることによってその感をむしろいっそう強めさえした。

誤解を避けるために付言すれば、私は、陳の指摘する整風運動以下のもつ問題をほぼ受け容れる。だがそれにもかかわらず、政治的に見るならば、毛の為したところはそれ自体としては類いまれな成功であった。陳のあげる数々の問題は、その巨大な成功のための貴重なコストであったとさえいえるだろうと思う。犠牲になる中国共産党員が、癌の摘出手術にさいして一定の健全な組織も癌とともに摘出されるとして、自らの悲運を意味づけたように。

政治思想史的に見て、真の問題はそれらの点にあるのではない。そのような輝かしい成功そのもののなかに、毛にとっての思わざる陥穽が潜んでいることこそ、最大の政治思想史的問題なのだ。毛沢東は、陳独秀の教条主義やモスクワ派の経験主義と闘うため『実践論』を著して、理論の実践による検証の重要性と、経験の理論化の必要性とを説いた。中国共産党による権力奪取という点に関するかぎり中国革命の経過は、彼の農民革命論と整風運動論の成功をこそ示している。たしかにそこには、行き過ぎや失敗、不必要な犠牲などマイナスの要素が少なからず存在する。しかしこれを全体とみた場合、その巨大な成果と対比するとき、それに要したコストはきわめて低く抑えられたとさえ見ることができるだろう。

毛沢東の中国革命は大成功だった。功績は誤りに比してはるかに大なのである。この経過を、彼の『実践論』に照らしてみるならば、彼の理論の正しさという事実が浮かび上がるであろうし、そのさらなる発展の必要や限界を意識させることはほとんどないだろう。こうした巨大な成功そのものが、彼の眼を彼自身のあるいは中国史の現実のなかにある歴史的制約を意識化させないのである。それこそが、毛にとっての思想史的ないし方法論的陥穽なのである。思想錬成のコストは自白強要や冤罪ではなく、問題を見失わせるほどの成功そのものだったのだ。

毛が自らの限界を対象化しなければならない現実問題は、しかしながら早くも毛の前に突きつけられる。反右派闘争、百家争鳴を経て文革にいたるすべての過程は、毛の革命理論、革命主体形成論の致命的な限界を示す以外の何ものでもない。だが毛は、中国革命成功の「経験」にしがみついた。そしてその執拗な繰り返しののち、それは文革において頂点に達する。農民革命としての中国革命とはすでに異質な、中国の地に社会主義を建設するという課題に直面していながら、毛にとっての現実はいぜんとして中国革命期の現実であり、そこで彼に成功をもたらした方法に彼は固執し、さらにそれを極端化さえした。

その悲惨な結末が文革であったことはいうまでもない。毛は、『実践論』によって教条主義と経験主義とを批判した。しかし、革命以後の彼自身は、毛沢東主義の教条と経験とに呪縛された点で陳独秀であり、モスクワ派だったのである。彼は、自らの方法『実践論』の背教者であった。

おわりに

社会主義建設の真の課題は、方法的生活態度を通して堅忍不抜の主体——「必須の経過点」——を形成することのはずであるが、目も眩むような政治的勝利の達成は、その実、無主体的な帰依者の大量生産であったにもかかわらず、そうした課題の存在そのものを見失わせることになってしまったのだと思う。

もし毛が、整風運動以下の思想鍊成過程が生み出した、無数の冤罪、誤、偽、仮の意味、その過程で産み落とされた精神深部の傷などの意味や、党籍を剝奪されていった知識人たちの党とその指導者にたいする批判の意味を真剣に考えたならば、またそののちの過程で繰り返し生み出された「修正主義」の意味内容を、レーニン土地国有論や労農同盟論の理論的連関のなかで考察したならば、中国革命史はまったく別のコースを辿ったかもしれないと私は考える。

註

序章

★1　一九八一年二月に開かれた中国共産党第十一期六中全会の「建国以来の若干の歴史問題に関する決議」は、一九五八年の大躍進・人民公社以後の晩年の時期に関して、毛沢東の誤りを指摘する。そして、紅軍の闘い以来建国にいたる約三〇年間については、功績が圧倒的に大きいと評価する。

★2　エドガー・スノー『中国の赤い星』下、松岡洋子訳、ちくま学芸文庫、一九九五年、四〇七頁。加々美光行氏は、そうした疑念のひとつとして、「救亡」として意義高い中国革命は、民衆の意識改革としての「啓蒙」の課題が未解決であったという李沢厚の説を紹介している。そしてそれを、「李沢厚らが『救亡』が『啓蒙』を圧倒したというときそれは中国の解放と独立が、民衆意識の『覚醒』、意識変革を欠いたまま達成されたと言おうとしているのである」（四〇八頁）とパラフレイズされる。そして、中国民衆の意識覚醒の問題を「西欧的近代化の概念である『啓蒙』という言葉でくくること」（四〇九頁）に賛成できないとされる。近代的啓蒙を超えた意識変革という視点で考えるべきだとされるのであろう。そのうえで、スノーが描く中国民衆の立ち上がりは、「生命的な生存を求める自然な民衆の願い」（四一二頁）によるものであって、新世界形成の意識変革を欠いたものだと結論づけられる。

だが、民衆意識の「覚醒」や意識変革を欠いたままの「生存を求める」といった本能的な願いのレベルに還元するのは、やや不正確であろう。そこには、感動的な意識変革の実例が多数にある。問題は、覚醒し始めた大衆の意識変革がどのような意味で「未解決」であったのか、それが何によってもたらされたかの分析であろう。その際やはり個の大衆的確立をつげる「啓蒙」の問題、それを可能にする外的条件の問題を避けて通ることは不可能であろう。むろん「啓蒙」によってすべての問題が解決されるわけではない。それは「新世界形成の意識」へ到るいわば「必須の経過点」なのだ。註15参照。

★3 『中国の赤い星』上、ちくま学芸文庫、二四頁。
★4 同前、二四頁。
★5 『中国の赤い星』宇佐美誠次郎訳、筑摩書房、一九五二年、一六一頁。
★6 同前、一六二頁。
★7 同前、一六二頁。
★8 同前、一六二頁。
★9 同前、一六二頁。
★10 同前、一三四頁。
★11 同前、一六二頁。
★12 同前、一六二頁。
★13 同前、一六二頁。
★14 同前、二九頁。
★15 同前、八四頁。スノーは、この運動が、中国を二千年の眠りから目覚めさせるのに大きく貢献すると述べている。それがいかにして「未解決」のままに終わったのか、それがまさに問題の焦点である。
★16 同前、三五頁。
★17 同前、五一頁。
★18 同前、五二頁。
★19 同前、五二頁。
★20 同前、五二頁。
★21 同前、五四―五五頁。
★22 同前、五五頁。
★23 同前、一六六頁。
★24 同前、一六五頁。

★25 同前、一〇頁。
★26 同前、二四三頁。
★27 同前、一三九—一四〇頁。
★28 同前、三〇二頁。
★29 同前、一五〇—一五一頁。
★30 同前、二八七—二八八頁。
★31 同前、二八九頁。
★32 ハリソン・E・ソールズベリー『長征 語られざる真実』岡本隆三監訳、時事通信社、一九八八年、一〇八—一一〇頁。
★33 『中国の赤い星』宇佐美訳、前掲書、四七頁。
★34 同前、三四三頁。
★35 『中国の赤い星』下、ちくま学芸文庫、前掲書、四〇五頁。
★36 竹内好「評伝毛沢東」「中央公論」一九五一年四月号、一四二頁。
★37 竹内好『日本イデオロギイ』こぶし書房(こぶし文庫)、一九九九年、四三頁。
★38 「評伝毛沢東」前掲書、一三二頁。
★39 武田泰淳『風媒花』新潮文庫、一九八一年、四二頁。
★40 同前、二三一頁。
★41 『中国の赤い星』上、ちくま学芸文庫、前掲書、二五三—二五四頁。
★42 同前、八〇頁。
★43 同前、三六五—三六六頁。
★44 同前、三九八頁。
★45 『中国の赤い星』下、ちくま学芸文庫、前掲書、三六八頁。
★46 ハン・スーイン『二〇〇一年の中国』松岡洋子訳、東洋経済新報社、一九七一年、四〇五頁。

★47　ハン・スーイン『毛沢東』松岡洋子編訳、毎日新聞社、一九七三年、一二二頁。

★48　同前、一六二頁。

★49　張国燾は、革命の指導者は、「プロレタリアート」、農民を「後進的」であり、「もともと資本家的」であるとして軽蔑した。毛はその活動を牽制され、妨害された。

★50　幹部の扱い方について、「ボルシェビキ化」、「すべての段階における党の強化」は共産党に死の処罰をもたらした。多くの幹部の処罰だけではなく、党のあらゆる段階で、テロまがいのいわゆる「反革命的」魔女狩りをもたらした。張国燾が主役であった。

★51　分派主義者によれば、「ゲリラ主義」は時代遅れであり、「敵を味方の陣地に引き込むために広大な領土を放棄するのは、間違っている」。「いまやわれわれの国家は揺るぎないものとなり、わが紅軍は正規軍となった。蔣介石との戦いは三つの国同士、二つの大きな軍と軍との戦争になった……ゲリラ主義との結びつきはいっさい断つべきである。新しい原則は、『完璧なマルクス主義者となること』」であり、「ひとりは十人に立ち向かえ、十人は百人に立ち向かえ……猛追撃で勝利をものにせよ」、「全戦線で攻撃をかけよ」、「主要都市を占拠せよ」、「二つのこぶしで同時に二方面から攻撃をかけよ」ということであった。また敵が攻撃をしかけてきたときの対抗手段は、「門の外に出で、敵と戦え」であり、「先制攻撃で主導権をとれ」、「われわれのナベとカマを奪われるな」、「寸土といえども放棄するな」、「敵を六方に分断せよ」というものであった。紅軍の指導部はゲリラ戦争をおこなったことを非難された。毛は右翼日和見主義であり、都市の占領に懐疑的で、真正面からの対決を回避し農村での宣伝を好み、敵軍を最後まで追いつめることができないというのである。彼らは毛の言う「流動性」の概念を非難した。彼らの主張する点はすべて、「通常戦争」あるいは古風な陣地戦に通じるものであったが、紅軍はこれにはまったく不向きであった。兵力が少なくてすみ、武器を集めるのに好都合で、人民の政治的蜂起と社会革命という二つの目的を達成するのに適した毛の柔軟戦術とゲリラ戦略は、彼の長期消耗戦法とともに一九三三年末までには完全に排除された。

★52　ハン・スーイン『毛沢東』前掲書、一二七頁。

★53　同前、一二七頁。

★54　同前、二五〇頁。

★55　同前、一六二頁。
★56　同前、三六三頁。
★57　ハン・スーイン『塔の中の風』Han Suyin, *Wind in the Tower*, London, Cape, 1976.
★58　Ibid., p. 214.
★59　「限りある人生を、限りない大義、革命に捧げたい」（雷峰、Ibid., p. 231.）。
★60　ハンはそこから、毛が劉に向けて文化革命を発動することを正当化する。
★61　Han Suyin, *Wind in the Tower*, p. 226.
★62　Ibid., p. 226.
★63　劉を打倒するためには、人民解放軍を、味方につけておく必要がある。あの「海瑞の免官」批判が始まる一九六五年の一月、毛は有名な「社会主義教育運動の二三箇条」を発表した。そこに含意されていたことのひとつについて、ハンは次のように述べる。
「二三箇条の第二〇項は、すべての人民公社、すべての集団は、人民解放軍に学ばなければならない……といっている。……そのあいだに、代わりが現われるにちがいない。そして、それこそ人民解放軍なのだ」（p. 226）。この年、人民解放軍の国防部長であった羅瑞卿が、毛沢東が主催する中央政治局会議で失脚し、やがて林彪がその後任に座る。
★64　ハンは、劉少奇が有害だとしたら、彼個人を罷免する方法が、毛にはあったのではないかと自問し、それはむろん可能であったが、それは毛の方法ではない、とする。毛の方法は、誤りを大衆的に学ばせることである。宮廷革命で処理するソ連との違いが、そこにあるという。「毛が高い期待を寄せたのは、大衆、幹部、党の内部に起きる覚醒の喚起であった。逆説的に、不服従の権利を行使することで、ひずみにたいして抗議し叛乱するものだけが、党と民衆とのあいだに存在するギャップを埋めることができるのである」。Han Suyin, *Wind in the Tower*, p. 220.
★65　つぎの超短篇は、この教育の「成果」を遺憾なく示している。
「李小斌と顧小勤と張小涌と徐小進、四人の家は九号楼の七門だ。かれらは小さいときからいっしょにそだった。幼稚園も同じ小学校も同じで、みな三年生だ。李小斌のお父さんは走資派である。顧小勤・張小涌・徐小進の家の大人たちは、みな造反派である。顧小勤・張小涌・徐小進はそういうことに関係なく、李小斌といっしょに遊んだ。／だれもかれらを構わなくなっていたから、かれらは目茶苦茶に遊んだ。……大弁論を見たり、武闘を見たり、走資派を見たり、走資派が三角帽子をかぶされて引き回されるのを見たり。李小斌のお父さんの引き回しのときにも、かれらは見ながらずいぶん長い間くっついていった。／その後、かれらは猫で遊んだ。……かれらは一匹猫を捕まえては、殺してしまうまでそれで遊んだ。李小斌は最初、みなが猫を殺すのに異議をとなえた。……やがて李小斌も反対しなくなった。みなといっしょにあちこちで猫をつかまえ、いっしょに遊んだ。……かれらは猫のしっぽに爆竹を結わえつけ、火をつけた。猫は死にものぐるいで駆けまわった。かれらはもっと新鮮な遊び方を思いついた。薬瓶の蓋を四つみつけてきて、猫の爪をゴム糊でそのなかに貼りつけた。歩けば滑り、また歩こうとすればまた滑る。辛そうな猫に、かれらは大喜びした。かれらはもっと簡単な遊び方を思いついた。猫を六階のベランダから投げ落とすのだ。猫が空中で悲鳴をあげる。かれらは手を叩いて大笑いした。猫は地面にたたきつけられ、死んだ。／いままた、かれらは大きなぶち猫を捕まえ、縄でつないで家のほうにひっぱっていく。また六階から投げ落とそうというのだ。／おや、何かあったのか？　九号楼の七門の前をぐるっと人が囲んでいる。李小斌のお父さんが六階から投身したのだ。救急車がきて、李小斌のお父さんを運んでいった。／李小斌・顧小勤・張小涌・徐小進は、ぶち猫を六階から投げ落とさなかった。かれらは猫を放してやった」。汪曾祺「猫いじめ」『中国現代小説　Ⅱ・五』市川宏訳、蒼蒼社、一九九七秋、一四九―一五〇頁。

★66　「毛沢東と周恩来は三角帽子と引き回しに反対だった」(Han Suyin, *Wind in the Tower*, p. 295.)。だが、毛には、自分が解除した大衆のエネルギーの高揚しきったモメンタムを、もはや自在には制御しえなかったというのが実際なのではないか。

★67　毛は一九六六年七月六日江青に書き送った。「彼〔林〕の考えのある部分がひどく私を悩ませる。私の小さな本がそんな魔法のような力をもつとは信じがたい。……だが、彼はそれを激賞した。国中がそれにならうだろう。……それはメロンを売って、それがすごいものだと偽った女の話を思わせる」。「私の友人とその仲間たちは、私に行動するよう強いてきた。……私には、彼らに賛成する以外なかったではないか」。Han Suyin, *Wind in the Tower*, p. 277.

★68　Han Suyin, *Wind in the Tower*, p. 280.

★69　Ibid., p. 156.

★70　毛沢東「到韶山」、武田泰淳他『毛沢東　詩と人生』文藝春秋社、一九六五年、三二二頁。蘇暁康は「三十二年たったのに、故郷の百姓たちは、相変わらず黒衣を纏い青白い顔だ」と解釈している（蘇暁康他『廬山会議』辻康吾監修訳、毎日新聞社、一九九二年、八七頁）。他方、ハンは、"age-old the pain" として、あたかも苦痛は昔のことであるとして、「咒川」という語のまがまがしい意味を完全に見落としている。

★71　Han Suyin, *Wind in the Tower*, p. 157.

★72　毛沢東「七律・韶山に到る」。

★73　Han Suyin, *Wind in the Tower*, p. 157.

★74　毛沢東「廬山に登る」、武田『毛沢東　詩と人生』前掲書、三二五頁。ハンは、彼女の翻訳ではこの部分を "Here I survey the world beyond the sea" と訳して、「冷眼」という表現のなかに込められた独特のニュアンスを明示することをしていない。

★75　彭徳懐『彭徳懐自述』田島淳訳、サイマル出版会、一九八四年、三五九頁以下。蘇暁康は、その夜毛沢東は廬山でかつての妻賀子珍と会っていたところ、江青から明日廬山へ行くという電話があり、それで目が冴えて一睡もできず、明け方やっと眠りについた。彭が毛を訪ねたのはその直後であったという。蘇暁康他『廬山会議』前掲書、一五六頁以下。

★76　ハン・スーイン『毛沢東』前掲書、三五七頁。

★77　同前、三二九―三三〇頁。

★78　Han Suyin, *Wind in the Tower*, p. 325.

★79　同前、三二五頁。「後年『文革』が激化するなかで劉少奇の国民党支配地域における戦中の活動は裏切りとみなされてしまった。彼を転向者にデッチ上げるため、白区（国民党の支配した地域）工作において劉と関係のあった者が康生によって偽証を強要され、拷問に耐えきれずに屈伏してしまう。」（鈴木正「もうひとつの『転向』論」「潮」四三号、二〇〇〇年三月、二九一頁）

★80　矢吹晋『文化大革命』現代評論社、一九八九年、参照。

★81 毛における「大衆路線」の独特の意味については、本書第七章「延安の光と影」参照。
★82 私はかつて、中国封建社会におけるこうした中農以上の存在を「擬似的小営業」と性格づけた。岩間一雄『中国の封建的世界像』未來社、一九八二年、一七二頁参照。
★83 註66参照。
★84 ハン・スーイン『二〇〇一年の中国』前掲書、一頁。
★85 ハン・スーイン『二つの扉』。Han Suyn, *My House has Two Doors*, Putnam Pub Group, 1980. p. 578.
★86 Ibid., p. 652-653.
★87 Ibid., p. 459.
★88 Ibid., p. 649.

第一章

★1 エドガー・スノウ『中国の赤い星』宇佐美誠次郎訳、筑摩書房、一九五二年、一〇二頁。
★2 「社会科学研究」三三―四、所収。
★3 『伊藤漱平教授退官記念中国学論集』汲古書院、一九八八年、所収。
★4 「社会科学研究」三七―五、所収。
★5 近藤邦康「楊昌済の『下からの変法』の思想」『伊藤漱平教授退官記念中国学論集』汲古書院、一九八八年、二七六頁。
★6 同前、二七六頁。
★7 近藤邦康「楊昌済と毛沢東」「社会科学研究」三三―四、六八頁。
★8 同前、六八頁。
★9 李澤厚「宋明学小論」岩間・魏訳、「岡山大学法学会雑誌」一九九九年、四九―一、三〇四頁。
★10 同前、三〇四頁。
★11 近藤「楊昌済の『下からの変法』の思想」前掲書、二八一頁。

★12　同前、二八二頁。
★13　楊昌済「勧学編」『楊昌済文集』湖南教育出版社、一九八三年、二〇〇頁。
★14　同前、二〇二頁。
★15　李肖聃「本校故教授楊懐中先生事迹」『楊昌済文集』前掲書、三七六頁。
★16　曹典球「楊昌済先生伝」『楊昌済文集』前掲書、三八三―三八四頁。
★17　近藤「楊昌済と毛沢東」前掲書、六〇頁。
★18　近藤「楊昌済の『下からの変法』の思想」前掲書、二六三頁。
★19　同前、二六一頁。
★20　「勧学編」前掲書、二〇三頁。
★21　同前、二〇三頁。
★22　同前、二〇四頁。
★23　楊昌済『達化斎日記』湖南人民出版社、一九七八年、二六頁。
★24　「論語類抄」『楊昌済文集』前掲書、九四頁。
★25　同前、八二頁。
★26　『達化斎日記』前掲書、二六頁。
★27　同前、五一頁。
★28　『譚嗣同全集』三三三頁。近藤「楊昌済と毛沢東」前掲書、七三頁参照。
★29　『達化斎日記』前掲書、九四頁。「文生士員修身筆記」からの摘録。
★30　「告学生」三六五頁。
★31　岩間「王陽明『竜場の大悟』について」「岡山大学法学会雑誌」一九九九年、四八―三・四、参照。
★32　梁啓超の康有為観はそうである。しかし反対の意見もある。有田和夫『近代中国思想史論』汲古書院、一九九八年、二三二頁、参照。
★33　「西洋倫理学史之摘録」『楊昌済文集』前掲書、三五六頁。

★34　この間の論述において、楊は、ルソーの全面譲渡契約による国家の成立という論旨を鮮明に辿らないため、次の国家と主権の問題が、行論において唐突に打ち出される。

★35　「西洋倫理学史之摘録」『楊昌済文集』前掲書、三五七頁。

★36　同前、三五九頁。なお、楊のカント論とルソー論の紹介について、近藤「楊昌済の『下からの変法』の思想」二七五頁参照。

★37　「西洋倫理学史之摘録」『楊昌済文集』前掲書、三五九―三六〇頁。

★38　同前、三六〇―三六一頁。

★39　同前、三六〇頁。

★40　康有為『大同書』去産界公生業。岩間『ナショナリズムとは何か』西日本法規出版、一九八七年、一五五頁参照。

★41　「余改良社会之意見」『楊昌済文集』前掲書、二〇五頁。

★42　この楊の立場は、比喩的にいえば、日本思想史において、吉田松陰と福沢諭吉を一身に兼ねた立場である。楊が「教育と政治」という小論のなかで、日本の教育者の模範として、松蔭と諭吉を挙げている（『文集』四五頁）のは、きわめて象徴的である。

★43　「西洋倫理学史之摘録」『楊昌済文集』前掲書、三六一頁。

★44　加藤仁平『新体育講座　三五　嘉納治五郎』逍遙書院、一九六四年、二一頁。

★45　同前、一〇五頁。

★46　同前、一五五頁。

★47　同前、一三〇頁。

★48　同前、一三〇頁。

★49　唐に比べて宋が弱かったのは、唐に尚武の風があったからであるとして、「建国には、野蛮の精神がなくてはならないことがこれからわかる」（「尚武」『楊昌済文集』前掲書、二一五頁）としている。

★50　一九一四年一〇月一一日の『達化斎日記』は、「嘉納治五郎修身書を読む。その精語をここに摘録する」とし所である。

て、その規律、読書、飲食等についての要点をノートしている。なお、毛沢東は「体育の研究」のなかで、日本の武士道に言及するとともに、弱い生まれつきでありながら強くなったものの実例として、アメリカのロスフ、ドイツのソンタンと並べて「日本の嘉納」を挙げている（『毛沢東早期文稿』七〇頁）。楊の息づかいが聞こえてくるような箇所である。

★51 「教育上当注意之点」四七頁。

★52 加藤仁平前掲書、八四頁。

★53 同前、八五頁。なお、こうした関連で、本書が紹介している中国人留学生の手記は興味深い。「二五日、午前、校長がわれわれをあんないして教室、自習室、浴室などをみせる。まことにととのっていて清潔だ、費用はかけないで使用に便利だ。……（実藤恵秀著『中国人日本留学史』くろしお出版、一九七〇年、一一五頁）」一二八頁。

★54 一八世紀啓蒙思想、一九世紀の啓蒙批判などにも注意を払っている。

★55 「教育学講義」一一四―一一六頁。

★56 同前、一一七頁。

★57 同前、一二〇―一二六頁。この「公共心ある個人主義の人」の創出が、おそらく、楊にとっての最大の課題であったのであろう。彼が、F・パウルゼンの『倫理学原理』をテキストとして学生に講読させるときにも、その課題意識はおそらくそこにあったのだろう。毛が、その批注に、「自分を死なせてでも親愛の人を死なせることはない」、これこそが「個人主義（利自己之精神）の発露である」と書き込んだのにたいして、満点をつけたのも当然である。なお、近藤「長沙時代の毛沢東」前掲書、二三三頁参照。

★58 近藤「楊昌済と毛沢東」前掲書、六〇頁以降に、アヘン中毒の兄と同居して面倒を見たことや、兄の死後嫂の面倒を手厚く見たことなどを指摘する。

★59 「論湖南遵旨設立商務局宜先振興農工之学」参照。また、近藤「楊昌済の『下からの変法』の思想」前掲書、二六三―二六四頁、参照。

★60 蔡元培「范源濂等啓事」『楊昌済文集』前掲書、三七二頁。

★61 『達化斎日記』前掲書、一八五頁。

★62　同前、二〇七頁。
★63　同前、二一〇頁。

第二章

★1　テキストについて一言する。毛沢東の批注は、最初李鋭によって紹介された。一九五〇年のことである。二〇年代のはじめ、第一師範の同学楊韶華が毛沢東から借りていた『倫理学原理』を返還すべく、毛沢東を北京に迎えにいこうとしていた周世釗に託した。出発に先立って、周が李鋭にたいしてこの書を見せた。三日間これを手元に置くことができた李鋭は、「批語のあるすべての部分」を写真撮影させた（李鋭『毛沢東早年読書生活』遼寧人民出版社、一九九二年、二〇四頁参照）。それが、この批注が一般に紹介された最初であったと思われる。日本で刊行された『毛沢東集補巻9』に収められた『『倫理学原理』批語』（『馬克思主義研究参考資料』五期、一九八一年二月――以下「参考資料本」と略称）はおそらく、この李鋭撮影のものに依拠していると思われる。「一九五〇年に撮影されたフィルムを根拠として整理したもの」（一九頁）というはしがきの説明から、それが知られる。李鋭撮影の批語は、「中には拡大鏡をもってしても断定しがたい」部分があり、この『参考資料』に収められた批語には、意味不明の個所がいくつか含まれている。のち、直接原本について精査がおこなわれたらしく思われる新しいテキストが、中共中央文献研究室・中共湖南省《毛沢東早期文稿》編輯組編『毛沢東早期文稿』（湖南出版社、一九九〇年）のなかに『『倫理学原理』批注』として収められている（以下「文存本」と略称）。かなり詳細な「注釈」が付記されているが、そこにはテキストの由来等について、とくに説明はない。が、本文の末尾、注釈の前に「根拠毛沢東批注的『倫理学原理』原件刊印」とあることから、そう推定できる。二つのテキストを比較してみると、次の三点に気がつく。一、文存本には、参考資料本に収められていない相当数の批語が採録されている。李鋭は、「批語のあるすべての部分」を撮影させたとしているが、脱落があった可能性がある。また、参考資料本のいうところの「整理」によってカットされないし脱落した部分もあったかもしれない。二、参考資料本では、批語の記入されている位置について「第一一行下批」「批于一二六頁後」などと注記されていたのにたいして、文存本では、『倫理学原理』の本文が印刷されそれに対応する批語がその当の位置に印刷されている。正確な位置関係を理解するうえで、文存本が格段に改良されていることとはいうまでもない。三、文意の通らなかった参考資料本の批語が、文存本では、意味の通るものに改められている。その実例を一、二挙げれば、次のようなものがある。参考資料本「此事実不多乞」→文存本「此事実不多見」。参考資料本「其必然須衝突性癖与義務本為一物」→文存本「其実無須衝突、性癖与義務本一物」など。原本の研究の成果とひとまず受け取ることができるだろう。私は、本研究を、参考資料本にもとづいて実行していたが、作業終了後手にした文存本によって、必要な手なおしを施した。

★2　近藤邦康「楊昌済と毛沢東——初期毛沢東の『土哲学』」（『社会科学研究』三三—四、一九八一年）、「楊昌済の『下からの変法』の思想——『吾を主とする』と『民を主とする』」（『伊藤漱平教授退官記念中国学論集』一九八五年、所収）、「長沙時代の毛沢東——哲学・運動・主義」（『社会科学研究』三七—五、一九八五年）。

★3　中屋敷宏『初期毛沢東研究』蒼蒼社、一九九八年、九七頁以下。

★4　中国においても、批注についての研究は、始められている。そのなかでも注目すべきものは、李沢厚「宋明理学小論」（『中国社会科学』第一期、一九八二年、魏鈾原氏と私によるその翻訳（『法学学会雑誌』四九—一、一九九九年、所収）を参照されたい）である。李はそこで、毛沢東の批注を貫く基本的論調が宋明理学にあるとし、毛沢東とともに宋学をカント哲学と対比する。そして宋明理学——明学は宋学の崩壊形態、超経験と経験の二重構造の点で明学は宋学と構造を等しくする——の超経験＝超越をカントと毛沢東の中から抽き出し、毛の超越性に人類を理想に導く偉大な理想主義と理想を名とする自然な人間性にたいする過酷な抑圧との両面を抽出する。そして毛沢東の理想主義＝主観能動性は、革命期にはきわめて積極的な役割を果したが、社会主義建設期には非常な弊害をもたらしたとする。

この李の見解はきわめて注目すべきものであるが、そこには、少なくとも二つの重大な問題が含まれていると思われる。そのひとつは、同翻訳の訳者序言でも述べた点であるが、宋明学の超越性（理＝上下の超越性）とカントの超越性との歴史的な相違の問題である。経済的（スミスにおける分業と利己心）にも政治的（ルソーの社会契約）にも後進的なドイツにあっては、市民社会の実現は、じつに個人に課せられた絶対命法に委ねられることになるであろうが、それがカント哲学に独特な超越性を付与している。そこでは超越的倫理的義務に従うか否かは個人の自由に委ねられており、宋明学の選択の余地のない上下的な超越性とは異質な超越性である。超越性の歴史的内容を問うことなく超越性一般として同一視されている点が第一の問題である。

その二つは、初期毛沢東に宋明理学的な超越性があったとして、それがそのまま中・後期の毛沢東の思考を制約すると考えられている点である。この点は季棠「毛沢東的《読〈倫理学原理〉批注初析》」（「内蒙古師大学報（哲学社会科学版）」一九八九年第二期）にも認められる。「二元論を信じ物質と精神とをともに重視したため、それが毛沢東の〝人〟評価に影響を与え、歴史観にも影響を与えた。また、それが晩年の毛沢東が精神作用を誇大視する認識論的一根源であった可能性は高い」（三九頁）。理想を追求するのであれば、高い倫理的義務が課せられるのは当然であるが、その高い理想が人間にとって、超越的であるのか否かは別の問題である。毛の精神作用重視が、個人の精神に強い影響を及ぼすことは事実であるが、それが上下的分遵守に由来する超越性と等しいか否かは、厳密な検討を要するであろう。

なお、八〇年代において毛沢東の批注研究が開始されるが、右に見た李、季および註20に触れる呉連論文の他に金邦秋「従《〈倫理学原理〉批注》看毛沢東早期哲学観点」（「未定文稿」創刊号、一九八二年）、李吉「論毛沢東《〈倫理学原理〉批注》的哲学思想趨向」（「新論（未定稿）」五四期、一九八二年）などの論文が公刊されている。未定文稿・未定稿というのは、当時の言論状況からして、政治的に問題ありとされる恐れのある論文は、あらかじめ「未定稿」と銘打った特定の雑誌などに発表し、かりに問題ありとされても、限定的な場所での発表ということで、政治的な退路が設けられているという刊行物である。これらの論文を外国人が見ることは許されていない。私のコピー依頼は「謝絶」された。

★5　エドガー・スノウ『中国の赤い星』宇佐美誠次郎訳、筑摩書房、一九五六年、一〇二頁。

★6　周世釗「第一師範学校時代的毛主席」（「新観察」二巻二号、一九五一年、一二頁）、近藤邦康「楊昌済と毛沢東」（八九頁）、近藤邦康「長沙時代の毛沢東」（一八頁）参照。

★7　毛沢東「哲学問題に関する講話」（一九六四年八月一八日）『毛沢東万歳』一九六九年、五四九頁。

★8　これらと並んで、次のような位置づけも興味深い。「『商工業関係出身の学生』の増大こそ、『大衆』が高等教育施設に忍び込んできて伝統的な『教養（Bildung）』水準を脅かそうとしているという読書人たちの根強い恐怖の背後にあったものである」（フリッツ・K・リンガー『読書人の没落』西村稔訳、名古屋大学出版会、一九九一年、三九頁)。また、パウルゼンが、テニエスとかなり親しい交友関係をもっていたことを推測させる次の記述も興味深い。「友人のフリートリヒ・パウルゼンにあてた手紙でテニエスは、国民自由党の階級政策、保守党の不誠実な『愛国主義』ドイツの大学社会の奴隷根性にたいする軽蔑の言葉を書き記している」(同一一三頁)。これらの記述は、パウルゼンの思想的位置をかなり雄弁に語っているといえる。

★9 商務院書館から一九〇九年に初版が出され、一九一〇年に改訂版が出され、一九二一年末に第六版が出された。後年、中国語訳世界名著の一に数えられた(近藤「長沙時代の毛沢東」一七―一八頁)。

★10 博文館から一八九九年に初版が発行されている。以下『倫理学』からの引用は、問題のないかぎり蟹江訳により、難読などの場合には英訳、蔡訳を参照しつつ、原著によった。ただし、私は、蟹江が依拠した第五版を入手できず、一八九六年発行の第四版に依ったことをお断りする。

★11 『倫理学』は「第三章 厭世主義」を省略しているが、蔡の『原理』の方は省略していない。近藤氏は「訳語から見ると、蔡元培の翻訳は第三章以外はこの本によったらしい」(「長沙時代の毛沢東」三七―三八頁)とするが、その推測は支持される。蟹江による誤訳がそのまま蔡訳にも出現するからである。たとえば、二三頁に現われるErfullung πληρωσις「成就」にたいする蟹江訳「適応」が蔡訳にもそのまま「適応」として踏襲されていることなど顕著な例である。ここは、「この優れた個人道徳こそ、聖書の言葉によれば法の『解釈』でなく法の『成就』πληρωσιςなのである」が自然であろう。「適用」ではややもどかしい。また、二七頁の“es ist die Reaktion gegen die Schule, nicht denken, sondern lernen”は、ニーチェ主義が流行する根拠として、暗記重視の詰め込み式の学校教育をあげていることなどを考え合わせれば、当然「人に考えさせないで暗記することを強制する学校への反動」とすべきところであろう。だが、蟹江訳は、「之れ教ゆれども思惟せざる学派」(三七頁)とし、蔡訳も「学而不思之学派」としてこれを踏襲している。これらの点は、蔡元培『倫理学原理』が相当程度まで蟹江訳『倫理学』からの重訳であることを示している。

★12 蟹江義丸『倫理学』博文館、一八九九(明治三二)年、序一頁以下。また、同じ年に出版されている英訳においても、通常の倫理学書が扱うテーマについて、平均的な読者は「生活、少なくとも自分の生活にはまったく関係のない」テーマだと感じさせるのにたいして、本書は、「学生を惹きつけ、道徳問題について思索するように力づける」

ことのできる本であるとしている。また、内容についても「著者の見方の明晰さと判断の健全さ」を評価している。と同時に、英訳においても、ドイツ人には重要であってもアメリカ人にはさほど重要でないという理由で、いくつかの章が割愛され、紙数の制約から第四巻が省略されている。この点でも、日本語訳、中国語訳と扱いが幾分類似している。

★13　「ここに訳出するものは、原本を参考としたが省略はすべて蟹江氏の例に依った」（蔡元培訳『倫理学原理』『蔡元培全集』第一巻、四一二頁）。

★14　cf. System of Ethics (ed. & tr. by Frank Thilly), pp. v ff.

★15　Paulsen, a. a. O. S. 133. この文書は、一七八四年に書かれ、ゴータの聖マルガリータ教会の尖塔の飾り球Turmknopf に納められ、本書執筆の一二三年前に取り出されたもの。

★16　Paulsen, a. a. O. S. 134.

★17　Paulsen, a. a. O. S. 139.

★18　これらの論点は、翻訳から除外された第一編の倫理学史において展開されている。したがって、このあたりについて、毛沢東には読むチャンスがなかった。そのきわめて簡潔なまとめが、翻訳中に収録されている序論に存在するが、翻訳に該切を欠く部分が多い箇所でもあり、毛がどのような理解に到達したかは疑問である。

カント倫理学の際だった特徴があの絶対命法にあることは異論のないところだと思う。なぜ、カントは、イギリスの功利主義的思考と異なって、個人の幸福追求でなくて倫理的な命令を絶対的に優先したのだろうか。おそらく、分業論に立脚するスミスにあっては、個人は利己心にもとづいて（つまり自分の幸福のために）分業の一端をになうことで全体の利益に貢献すると考えることが可能であったろう。また、相互に自己を全面譲渡することで政治的な共同体を構想することができたルソーにあっては、自己愛 amour soi-même の人類愛への展開を展望しえたのにたいして、カントにとっては、個人の幸福の追求は他人への強制か社会の無秩序化を結果しかねないものだったのではないだろうか。そこにカント哲学は、スミス的ルソー的な市民社会実現のための課題いっさいを背負うこととなる。その絶対命法が、英雄的な孤高の色彩を帯びるのはそのためではないか。一八世紀ドイツはそのような問題を引きずったまま資本制化を進めた。そのなかで強制的契機と無秩序化は昂進した。そして一九世紀のドイツ教養層にあって、個人の幸福追求と市民社会全体の秩序化との統一の可能性は、いぜんとして、あるいは、さらに狭隘であったと思われる。

★19　蟹江、前掲書、一四七頁。Paulsen, a. a. O. S. 315.

★20　同前、一五二頁。蔡元培、五〇五頁。Paulsen, a. a. O. S. 319. このパウルゼンの見解を、「国家の起源、権威と服従の確立」を「獣畜合群之本能」に還元するものであり、それは、「社会の歴史的発展から離れて、実践から離れて、社会を理解するものであって、明らかに唯心史観の表現である」とし、そして、この論述が展開される頁の欄外に「その通りだ。いっさいの人事は、ことごとく自然だ」としてパウルゼンに賛意を表する毛は、社会発展の特殊法則を理解しないものだとする見解がある（呉連連「毛沢東早期哲学思想発展的重要一環」「社会科学参考」一九八五—五、二二頁）。しかし、この理解は、パウルゼン理解において一面的である。また、この時期毛沢東が、社会発展の特殊法則を理解していなかったことは確かだが、この表現からそれを結論づけるのは不適当である。この書き込みは、パウルゼンの、不充分ながら経験的（唯物論的）な、神の権威、国家の権威についての進化論的説明に賛意を表わしている部分であり、それは、むしろ社会発展法則理解の萌芽なのである。ただし毛は、進化論に賛意を表わしつつ神が経験論レベルに引き下げられたとしてもいぜんとして重要な意味をもつことをたどたどしく説くパウルゼンに焦れて、神に服従するのは奴隷の心理である、神にではなく己に服従すべきである、己こそ神なのだ（批注、二三〇頁）と、明学的な怪気炎を上げている。神への服従を「奴隷之心理」とする毛には、ニーチェと響きあうものがあるのか否かはともかく、パウルゼン（カント）の神には馴染みがないのである。

★21　蟹江、前掲書、一五二頁。Paulsen, a. a. O. S. 319.

★22　Paulsen, a. a. O. S. 202.

★23　註18参照。

★24　Paulsen, a. a. O. S. 224.

★25　原文は「現在の必要以上に生産し蓄積しようとする動機」（Paulsen, a. a. O. S. 208.）であり、蔡訳は「人々無貯蓄之心」（四三八頁）である。

★26　蟹江、前掲書、五二—五三頁。Paulsen, a. a. O. S. 208.

★27　同前、序、一—二頁。

★28 同前、一七六頁。Paulsen, a. a. O. S. 315.

★29 同前、一八〇頁。Paulsen, a. a. O. S. 337.

★30 楊昌済が、なぜパウルゼンを読ませようとしたかについては、第一章を参照されたい。

★31 蟹江、前掲書、一四二―一四三頁。Paulsen, a. a. O. S. 312.

★32 「倫理学原理」批注、前掲書、一九九頁。

★33 同前、二〇一頁。

★34 同前、一四九頁。

★35 同前、一五一頁。

★36 蟹江、前掲書、一三九頁。Paulsen, a. a. O. S. 310.

★37 「倫理学原理」批注、前掲書、一九三頁。

★38 註57参照。

★39 「倫理学原理」批注、前掲書、二〇三頁。

★40 同前、二三五―二三六頁。

★41 蟹江、前掲書、八〇頁。Paulsen, a. a. O. S. 228.

★42 「倫理学原理」批注、一五六―一五七頁。

★43 毛の独特の時間論も、この連関から理解できるように思われる。「余意以為生死問題乃時間問題、成毀問題乃空間問題、世上有成毀無生死、有空間無時間、由此義而引申之可得一別開生面之世界、即吾人試想除去時間但有空間、覚一片浩渺無辺広博宏偉之大域置身其中、既無現在、亦無過去、又無未来、身体精神両倶不滅之説至此乃可成立、豈非別開生面之世界邪」（批注、二六六―二六七頁）。「吾意時間観念之発生、乃存在于客観界一種物理機械之転変、即地球之繞日而成昼夜也、設但有白昼或但有長夜、則即可不生時間之観念、此可証明本無所謂時間、地球之繞日但為空間之運動也」（二六七頁）。「時間意識必立其根本于実在意識、而後可以説明其発生及存在」（二六八頁）。

★44 「倫理学原理」批注、前掲書、一五二頁。

★45 同前、二〇六―二〇七頁。

★46　註20参照。
★47　「倫理学原理」批注、前掲書、一五一頁。
★48　同前、二三〇―二三一頁。
★49　同前、二四一―二四二頁。
★50　同前、一四六頁。
★51　『原理』第一編倫理学史、参照。
★52　『原理』第一編倫理学史は、キリスト教における現世拒否――いっさいの欲望そのものを悪とみなす――をヴィヴィッドに描き出す。しかし、その部分は翻訳されていないので、先にも触れたが、毛にそれを読むチャンスはなかった。
★53　「倫理学原理」批注、前掲書、二〇八―二〇九頁。
★54　同前、二〇九―二一〇頁。
★55　同前、二一〇―二一一頁。
★56　近藤邦康「長沙時代の毛沢東」前掲書、三五頁。
★57　蟹江、前掲書、二〇七頁。Paulsen, a. a. O. S. 358.
★58　「倫理学原理」批注、前掲書、二四四―二四五頁。
★59　蟹江、前掲書、一三〇頁。Paulsen, a. a. O. SS. 301-302.
★60　「倫理学原理」批注、前掲書、一八四頁。
★61　朱子文集、巻一一、壬午封事。
★62　朱子文集、巻一四、延和奏劄。
★63　朱熹の死生観は「人生ずる所以は、精気の聚なり。人ただ許多の気須く箇の尽きる時有り、尽きれば魂気天に帰り、形魄地に帰りて死す」（朱子語類、巻三、鬼神）などに見られるように、「気の集散」として捉えることができる。毛のそれが、これに依拠するものであることは多言を要しない。
★64　「倫理学原理」批注、前掲書、一八三頁。

★65 伝習録、下。
★66 譚嗣同『仁学』(『中国古典文学大系　五八　清末民国初政治評論集』)九六頁。
★67 近思録、巻一、道体類。
★68 安田二郎『中国近世思想研究』弘文堂、一九四八年、二〇二―二〇三頁。
★69 岩間一雄「中国の天について」(『中国――社会と文化』第三号、一九八八年)一一頁。
★70 島田虔次「中国近世の主観唯心論について」(『東方学報京都』二八冊)。
★71 李沢厚「宋明理学片論」(『中国思想史論』上、安徽文芸、一九九九年、所収)参照。
★72 ただし、毛における宋学と明学との相違を断絶的敵対的なものと見てはならない。毛自身の回想にあるように、彼はカント哲学に熱中しているのであるから、そのカントに比定しうべき宋儒を全面否定するわけはない。毛は、カントと宋儒の厳しい英雄的なリゴリズムに魅了されている。そのうえで、その厳酷なリゴリズムを陽明学的な個別主義へ繋いでいるのである。パウルゼンのカント批判をも、毛はその線で捉えているといってよいと思う。また、楊昌済における朱子学と陽明学については、第一章を参照されたい。
★73 「倫理学原理」批注(『毛沢東文存』一九九〇年)二二九頁。
★74 同前、二二九―二三〇頁。
★75 同前、二三〇頁。
★76 同前、二六七―二六八頁。
★77 近藤邦康「楊昌済『下からの変法』の思想」『伊藤漱平教授退官記念中国学論集』汲古書院、一九八八年、二六七頁。
★78 岩間「王陽明『竜場の大悟』について」「岡山大学法学会雑誌」一九九九年、四八―三・四、参照。
★79 「倫理学原理」批注、前掲書、一五五―一五六頁。
★80 同前、一五六頁。
★81 「倫理学原理」批語(『毛沢東集補巻九』一九八五年)二三頁。
★82 同前、二三頁。

★83 「倫理学原理」批注、前掲書、一五七頁。
★84 蟹江、(『毛沢東文存』一九九〇年) 一二六頁。Paulsen, a. a. O. S. 298.
★85 「倫理学原理」批注 (『毛沢東文存』一九九〇年) 一八二頁。
★86 同前、一八四―一八六頁。

第三章
★1 毛沢東「湘江評論」創刊宣言、『初期文稿』中共中央文献研究室・中共湖南省委《毛沢東早期文稿》編集組編、一九九〇年、湖南出版社、二九三―二九四頁。
★2 毛沢東「民衆的大聯合 (一)」同前、三三八頁。
★3 同前、三四〇頁。
★4 毛沢東「民衆的大聯合 (二)」三七四頁。
★5 たとえば「毛沢東が一時アナキズムを信奉していたことは、……『湘江評論』誌上に書いた二つの論文『湘江評論創刊宣言』『民衆の大連合』によって確認できる」(中屋敷宏『初期毛沢東研究』一九九八年、蒼蒼社、一四九頁)。中屋敷氏は、それを「一時期」のものと限定されるが、毛におけるアナーキズムは、毛のなかで、ある点で根元的・持続的な意味をもちつづけるのではないかと、私は考える。
★6 クロポトキン「近代科学とアナーキズム」『世界の名著 四二 プルードン・バクーニン・クロポトキン』中央公論社、一九六七年、四四二頁。
★7 同前、四七七頁。
★8 同前、五一〇頁。
★9 マルクス「共産党宣言」『マルクス・エンゲルス全集 第四巻』大月書店、一九六〇年、四八三頁。
★10 同前、四八五頁。
★11 同前、四八五頁。
★12 毛沢東「民衆的大聯合 (一)」三四一頁。

★13　同前、三四一頁。

★14　この点については、岩間一雄「中国の天について」(『中国――社会と文化』三号、一九八八年)を参照されたい。

★15　金谷治訳『中庸』(『筑摩世界文学大系　五』一九七二年)三一五頁。

★16　エドガー・スノー『中国の赤い星』上、松岡洋子訳、ちくま学芸文庫、一九九五年、二一一頁。

★17　クロポトキン「近代科学とアナーキズム」前掲書、五一六―五一七頁。

★18　エドガー・スノー『中国の赤い星』上、前掲書、一〇七頁。

★19　第一章参照。

★20　クロポトキン「近代科学とアナーキズム」前掲書、四四八―四四九頁。なお、第二章『倫理学原理』批注を参照されたい。

★21　同前、五五〇―五五一頁。

★22　毛沢東「問題研究会章程」『文稿』三九六頁。

★23　李鋭『毛沢東早年読書生活』遼寧人民出版社、一九九二年、二五四頁。また、中屋敷宏、前掲書、一六七―一六八頁。

★24　中屋敷宏、前掲書、一六八頁参照。中屋敷氏は、毛の学生時代の講義記録である「講道録」のなかに「高すぎる理を語らず」と書きつけていることなどから、「毛沢東はアナキズムを自分の信奉する『主義』だとは認めていない」(二五四頁)とし、また、「その理想の中国における実現性には態度を保留せざるをえなかった」(同頁)とし、さらに「毛沢東がそういう意味で――『高すぎる理』という意味で(岩間注)――アナキズムも運動論を完全に拒否したかというと、けっしてそうではない」(一五五頁)といわれる。毛にとってアナーキズムがなんであったかが、明晰に示されない憾みを禁じ得ない。

★25　「祭母文」『文稿』四一〇頁。

★26　毛沢東「趙女士的人格問題」『文稿』四一七頁。

★27　毛沢東「婚姻問題敬告男女青年」『文稿』四一八頁。

★28 毛沢東「女子自立問題」『文稿』四二一頁。
★29 「張昆弟記毛沢東的両次談話」『文稿』六三九頁。
★30 毛沢東「女子自立問題」『文稿』四二一頁。
★31 『礼記』内則。
★32 毛沢東「湖南受中国之累以歴史及現状証明之」『文稿』五一三頁。
★33 同前、五一五頁。
★34 毛沢東「湘人為人格而戦」『文稿』四八一頁。
★35 毛沢東「為湖南人自治敬告長沙三十万市民」『文稿』五二八頁。
★36 毛沢東「致向警予信」『文稿』五四八頁。
★37 毛沢東「絶対賛成〝湖南們羅主義〟」『文稿』五一〇頁。
★38 同前、五一一頁。
★39 毛沢東「打破没有基礎的大中国建設許多的中国従湖南做起」『文稿』五〇七—五〇八頁。
★40 同前、五〇八頁。
★41 中屋敷、前掲書、一七一頁参照。
★42 「蕭旭東給毛沢東」『新民学会資料』人民出版社、一九八〇年、一三七頁。
★43 「蔡林彬給毛沢東」『新民学会資料』一三〇頁。
★44 同前、一二九頁。
★45 同前、一三一頁。
★46 毛がマルクス式のプロレタリア独裁を受け入れるにさいして、あわせて、中産階級の愛国が否定的な文脈に位置づけられる点も無視しえない重要かつ深刻な論点であると思われる。
★47 毛沢東給蕭旭東蕭〔蔡〕林彬并在法諸会友、『新民学会資料』一四七頁。
★48 同前、一四八頁。
★49 同前、一四八頁。

★50　同前、一四八頁。
★51　同前、一四九頁。
★52　第一章「楊昌済——東西文明の『融合』と衝突」を参照されたい。
★53　「毛沢東給蕭旭東蕭〔蔡〕林彬并在法諸会友」『新民学会資料』一五〇頁。
★54　毛沢東《倫理学原理》批注、『文稿』一八六頁。第二章「『倫理学原理』批注」参照。
★55　毛沢東「〝駆張〟、〝自治〟与們我的根本主張」『文稿』五七二頁。この書簡は、もともと書かれた時間の明記を欠くものであるが、一九二〇年一二月に刊行された毛沢東編の『《新民学会会員通信集》第二集』に収録されたものである。執筆の時期は明らかでないが『文稿』の編者は、二〇年一一月と推定している。共産主義宣言の時期との関係が微妙ではあるが、宣言後の毛の思考と整合する内容であると考えられる。とりわけ一二月一日づけ宣言書簡の後半部分に示される「求学問題」の記述は、同じ考え方を述べていると思う。
★56　李沢厚著、岩間・魏訳「宋明理学小論」（『岡山大学法学会雑誌』第四九巻第一号）を参照されたい。
★57　「これまで彼が影響を受け、彼の内部に蓄積されている諸思想は、とくに人間と社会の理想にかかわる思想は、マルクス主義を受容したにもかかわらず、そのままの姿で彼の中に残る」との中屋敷氏の指摘（前掲書、一七七頁）は傾聴に値する。しかしながら、氏はそれを資料の乏しさと問題意識の実践性に帰着されるが、私はそれよりも、彼が東西諸思想の「融合」を図り、思想の原理的純化や体系化に重きを置かなかった楊昌済の思考枠に固着していたからだと考える。

第四章
★1　郭華倫『中国共産党史論』矢島鈞次監訳、春秋社、一九九一年、第一巻、ｉ頁。
★2　『レーニン全集』三一巻、マルクス＝レーニン主義研究所レーニン全集刊行委員会訳、大月書店、一九五九年。
★3　『レーニン全集』三一巻、前掲書、一四〇頁。
★4　『レーニン全集』三一巻、前掲書、一四一頁。中略部分は、「共産主義インタナショナルは、すべての遅れた国内の、名称だけの共産党ではない、将来のプロレタリア党の諸分子を結集し、教育して、彼らの特別の任務、彼らの民族内部のブルジョア民主主義的民族運動とたたかう任務を自覚させる条件がある場合にだけ、植民地と遅れた国のブルジョア民主主義的民族運動を支持しなければならない」である。すなわち、将来プロレタリア運動が生まれる余地のないようなブルジョア民主主義的民族運動には荷担すべきでないとしている。逆に言えば、多少なりともその可能性があるなら、ぜひともそれを応援する必要があるというのである。

★5　一九二〇年のコミンテルンの会議に提案されたレーニンの原案が採択される経過と意味については、シュラムの要をえた解説（スチュアート・シュラム『毛沢東』石川忠雄ほか訳、紀伊國屋書店、一九六七年、四一頁）を参照。

★6　郭華倫『中国共産党史論』矢島鈞次監訳、第一巻、三一頁参照。コロンビア大学の東亜研究所主任ウィルバー教授による発見、郭華倫氏による紹介によれば、陳公博（第一回創立大会の参加者で二三年渡米）の修士論文「中国における共産主義運動」（コロンビア大学へ提出）の付録のなかに第一回大会の公式文書と目される「一九二一年中国共産党第一回代表大会綱領」「一九二一年中国共産党第一回代表大会決議」の英訳が収録されている。

★7　陳公博「共産運動在中国」『中国共産党史論』第一巻、一四頁。

★8　「給蔡和森的信」『毛沢東集補巻2』蒼蒼社、一九八四年、一三頁。

★9　中屋敷宏『初期毛沢東研究』蒼蒼社、一九九八年、三六二頁。なお、三六〇頁をも参照。

★10　「中国国民革命与社会各階級」『徳賽二先生与社会主義陳独秀文選』上海遠東出版社、一九九四年、二三六頁。

★11　王実等編『中国共産党歴史簡編』上海人民出版社、一九五八年、三五頁。郭華倫『中国共産党史論』上巻、七八頁。

★12　陳独秀「告全党同志書」『陳独秀著作選』第三巻、上海人民出版社、一九九三年、八六頁。

★13　同前、八七頁。

★14　「為少年中国学会員終身志業調査票項写的一文」『毛沢東集補巻2』前掲書、八七頁。

★15　「湖南自修大学組織大綱」『毛沢東集補巻2』前掲書、七五頁。毛沢東は、これに先立って著した「湖南自修大学創立宣言」のなかで、書院の欠点はその内容が古い「八股」などである点だとし、反対に師弟間の心の交流がある点がその長所だとする。他方新式の学校は、新しい学問が教授される点に最大の長所があるが、そこには金銭主義、機械的教授法、管理主義、学生蔑視、卒業証書目的、加重教科などの欠陥があるとしている。『毛沢東集1』北望社、一九七二年、八一―八二頁。
★16 「湖南自修大学組織大綱」『毛沢東集補巻2』前掲書、八一頁。
★17 『毛沢東集補巻2』は、この時期の毛の文章として、「長沙泥木工人罷工宣言」（一二二年八月一六日）、「長沙木工合章程」（一二二年九月五日）、「粤漢鉄路罷工之宣言」（一二二年九月）、「中国労働組合書記部関于労働立法的請愿書及労働法案大綱」（一二二年九月）、「鉛印活版工全致大公報記者盾書」（一二二年一二月一四日）などを収録している。労働組合書記としての毛の活動の一端がこれらによってもうかがい知られるだろう。
★18 張国燾『我的回憶録』（一）明報月刊出版社、一九七一年、二九七頁。また、中屋敷宏『初期毛沢東研究』前掲書、二一八―二一九頁、参照。
★19 郭華倫『中国共産党史論』矢島鈞次監訳、春秋社、一九八八年、第一巻、一四五頁。毛沢東の発言にたいする印象は、黄李陸「談当年客共一幕」（『台北聯合報』一九五七年六月二九日）のもの。
★20 金沖及主編『毛沢東伝』村田忠禧ほか監訳、みすず書房、一九九九年、九一頁。
★21 張国燾『我的回憶録』（一）、前掲書、一三七頁。
★22 中屋敷宏『初期毛沢東研究』前掲書、二二一頁。
★23 金沖及主編『毛沢東伝』前掲書、九三頁。
★24 中国国民党中央党部第四次合議宣読第三次会議紀事録、『毛沢東集補巻2』一二五頁。このほかにも、毛は国民党員再登録にも携わっている。「毛沢東が着手した党員再登録という仕事は、このようなルーズな政党を革命党として再生させるというものであった。この再登録の原則となったのは、『国民党第一回全国代表大会の決議に理解をもち、賛成し、受入れ、党の規律に絶対に服従し、併せて入党後は物質的にも、自己の生命も、精神的には個人の自由も、すべて犠牲にすることに同意してこそ、国民党員となることができる』……という厳格きわまりない規定である。共産党員の資格を彷彿させるような規定であるが、この規定を読むと、少くとも国民党改組が、革命政党への脱皮をめざしたものであったことが理解できる。毛沢東は誠実に、厳格にこの仕事にとりかかるのである」（中屋敷、二二二三頁）。
★25 スチュアート・シュラム『毛沢東』、前掲書、五五頁。シュラムは、「モスクワ、国民党および中国共産党のこの三角関係のなかで、一九二五—二七年の決定的な時期における毛沢東の立場は、全体として、スターリンの立場でも陳独秀の立場でもなく、国民党の立場に近かった。この事実は、毛自身、および（われわれがまもなくみるように）この時期の毛の活動の記録をゆがめている北京で現在執筆している歴史家たちにとって、明らかにきわめて当惑する資料である」（五七頁）としている。

★26　金沖及主編『毛沢東伝』前掲書、九四—九五頁。

★27　中屋敷宏『初期毛沢東研究』前掲書、二二六頁。

★28　この間について、中屋敷宏『初期毛沢東研究』前掲書、二二七—二二九頁参照。

★29　何幹之主編『中国現代革命史』高等教育出版社、一九五八年、香港版、六三頁。

★30　王実等編『中国共産党歴史簡編』上海人民出版社、一九五八年、五六頁。

★31　陳独秀「告全党同志書」『陳独秀著作選』第三巻、上海人民出版社、一九九三年、八七—八八頁。

★32　中国共産党第二回中央拡大執行委員会議決案。党内協力においても左派と距離を置き、党外においても独自活動を強めようというのであれば、第一項、第二項とも、退出はしないが、内外ともに距離を置こうとしている点では、同じ方向を表現しているものと読むことができる。ただし問題は、こうした形式的な「右傾」「左傾」論でなく、合作の具体的内容そのものにある。

★33　「政治週報発刊理由」『毛沢東集1』前掲書、一一〇頁。

★34　「毛沢東がスノーに語ったところによると……『陳独秀は、……それを共産党の中央機関紙で発表することを拒絶し』たという。……陳独秀が拒絶したことはおそらく事実であろう。毛沢東の論文は、一九二三年（民国一二年）九月以後、嚮導の誌上から姿を消し、その再登場は一七九期（一九二六年一〇月末）すなわち陳独秀の没落後になっているからである。毛沢東は、『態度』を中国農民のために執筆し、『分析』を嚮導に出そうと考えていたが、右の事情のため、改めて『分析』を中国農民にまわしたのではないかと想像される。ついで、同じ論文を中国青年にも発表した。中国青年は中国共産主義青年団の機関誌であるから、これによって『分析』は共産党の準公認の論文になったわけである」（今堀、六六頁）。また、「（一九二五年）一二月一日、国民革命軍第二軍司令部が発行する『革命』第四期に『中国社会各階級の分析』を発表する」（金沖及『毛沢東伝』年譜、三頁）。

★35　中屋敷、前掲書、二一〇―二二二頁。
★36　同前、二一三頁。
★37　同前、二二五頁。中屋敷氏は、初期の毛は、こうしたコミンテルンの「独善性」にまったく気づいていなかったのだが、その実践のなかでそれに気づき、それから「解放」されることによって中国人民の「解放」に成功したのだといわれる。また毛の革命は、マルクス＝エンゲルスの革命思想に依拠しつつもその「観念性」から脱却しえたがゆえに中国革命を成功に導くことができたとされる。本書の所説が、それと異なることはいうまでもない。
★38　緒形康『危機のディスクール――中国革命一九二六―一九二九』新評論、一九九五年、三七頁。
★39　中屋敷、三一八頁。
★40　「中国の民主主義とナロードニキ主義」『レーニン全集』第一八巻、マルクス＝レーニン研究所レーニン全集刊行委員会、一九六八年、一六四頁。
★41　同前、一六五頁。
★42　同前。
★43　同前、一六六頁。
★44　同前、一六七頁。
★45　同前、一六七―一六八頁。
★46　同前、一六九―一七〇頁。
★47　同前、一七〇頁。
★48　同前、一四四頁。
★49　同前、一五〇頁。
★50　同前、一四五頁。
★51　同前、一四六―一四七頁。
★52　同前、一四八頁。
★53　雀部幸隆『レーニンのロシア革命像』未來社、一九八〇年、三〇九頁。

★54　「中国の民主主義とナロードニキ主義」、前掲書、一五一頁。

★55　「農業問題についてのテーゼ原案」『レーニン全集』第三一巻、前掲書、一五一頁、一四八頁。ただし、このように農民的小経営を重視するレーニンではあるが、そのレーニンにとっても「大規模農業が技術的に優れていること」は「議論の余地のない理論的真理」（一五〇頁）であった。だからこのレーニンの注意書きは、政治的状況によっては、安易に無視される可能性がないとはいえない。農業経営における大規模経営なるものが、真に技術的に優れているとは「理論的に」もいえないとすれば、ロシア革命の悲劇の理論的根拠のひとつは、ここにも見いだされるかもしれない。

★56　「国民党是什麼」『陳独秀文選』上海遠東出版社、一九九四年、一九九―二〇〇頁。

★57　「資産階級的革命与革命的資産階級」『陳独秀文選』前掲書、二一〇―二一一頁。

★58　「中国の民主主義とナロードニキ主義」『レーニン全集』第一八巻、前掲書、一八六頁。

★59　「農業問題についてのテーゼ原案」『レーニン全集』第三一巻、前掲書、一四六―一四七頁。

★60　『選集』の冒頭に置かれたことからもわかるとおり、毛沢東はこの文章に強い愛着を抱いていた」（緒形、前掲書、一五四頁）。

★61　今堀誠二『毛沢東研究序説』勁草書房、一九六六年、八頁。なお、今日では、『毛沢東集』によって、オリジナルとそののちの挿入削除については、より詳細に知ることができるが、その挿入削除をテキスト成立時の政治的思想的状況とのかかわりで吟味する作品として、この作品は、いまもなお示唆的であると私は考えている。

★62　今堀誠二、前掲書、八九頁。

★63　註34参照。

★64　「中国社会各階級分析」『毛沢東集1』前掲書、一六一―一六二頁。（　）内は、二五年版にも存在する記述。

★65　今堀誠二、前掲書、六七頁。

★66　「陳独秀の政策にたいする毛沢東の公然たる批判はこの文章から開始される」（緒形、前掲書、一五四頁）。

★67　陳独秀という人物についての総体的な評価をどのように行なうかは別個の問題である。「権力の維持あるいはその獲得のために、自己の犯した誤謬を他者へと転嫁し糊塗する」といった「政治的陰謀と暴力を秘めた、きわめていかがわしいディスクール」すなわち「テロルのディスクール」の「起源」（緒形、九四頁）であるとともに「現代中国の生んだ類稀れな思想家」（三〇八頁）とも称される陳独秀の全体像をいかに描き出すかは、現代中国政治思想史研究の新たな課題である。

★68 「中国社会各階級分析」『毛沢東集1』前掲書、一六二頁。

★69 今堀誠二『毛沢東研究序説』前掲書、六九頁。

★70 『毛沢東選集』第一巻、外文出版社、一九六八年、一二頁。

★71 「中国社会各階級分析」『毛沢東集1』前掲書、一六二―一六三頁。

★72 『毛沢東選集』第一巻、前掲書、一二頁。

★73 今堀誠二『毛沢東研究序説』前掲書、七三―七四頁。

★74 本文中に掲載した表から知られるように、二五年版は、各階級の人数を含む。革命対象が一握りの小数であるのにたいして、革命の味方の側の圧倒的多数が数量的に明示される。それは、こうした革命のパンフレットのなかでは、ある種の効果を収めるかもしれない。むろん、すでに革命に成功した五一年段階では、そのような勇気づけは不要である。とうてい正確を期しがたいそのような数字が削除されるのは当然の処置であろう。

★75 『毛沢東選集』第一巻、前掲書、一二頁。

★76 今堀誠二『毛沢東研究序説』前掲書、七二頁。

★77 『陳独秀文選』上海速東出版社、二〇七頁。

★78 今堀氏は、二五年版（今堀氏のいう「原文」）において歴史的な視点が欠如していることを指摘される。「まず原文になく、新たに書き足した部分や、書き改めた部分からみていくと、第一に工業無産階級にたいして『新しい生産力の代表者であり、近代中国のもっとも進歩的階級である』という説明が挿入され、原文の『工具』を生産手段と書き改めている。これは、無産階級をプロレタリアートにあてはめるために施された補訂であって、これによって、階級規定に重要な変更が生じたわけである。原文では、生産関係についてのべた個所はなく、むしろその点に考慮を払っていなかったと考えるべきである。さもなければ、近代的プロレタリア（工業無産階級）、封建的な日傭労務者（都市苦力）、封建的な雇農（農業無産階級）、匪賊軍人乞食盗賊娼妓（遊民階級）を、ひとつの階級にまとめて、これを無産階級と名づけることは、ありえないからである」（今堀誠二『毛沢東研究序説』前掲書、八三頁）。今堀氏の指摘は、それ自体正当なのであるが、二五年版において、毛は、中国における「無産階級」の反封建的性格を、直感的にはみごとに見抜いていることをも付記しなければならない。

★79 今堀誠二『毛沢東研究序説』前掲書、七四頁、参照。

★80 「中国社会各階級分析」『毛沢東集1』前掲書、一六四頁。

★81 同前、一六六頁。

★82 同前、一六五頁。

★83 同前、一六六頁。

★84 『毛沢東選集』第一巻、前掲書、一三頁。

★85 今堀誠二『毛沢東研究序説』前掲書、七六頁。

★86 中国の集権的封建体制は、その成立の当初から地主佃戸の中間に一定数の自耕農を存続させた。そしてこの自耕農は、明末清初ころから商品的農業を展開し始めるのであるが、牢固たる地主制の枠組みのなかで上昇して地主化する経過を繰り返した。近代的なブルジョア的分解の起点に見えながら、ブルジョワ的農業へ帰結しない中国的範疇として「擬似的小営業」が考えられる。陳独秀においても毛沢東においても、大農についての言及がまったく存在しないのもけっして偶然ではない。またこうした擬似的性格が、国民党の動揺常ない行動形態の根底にあるように思われる。したがってこれら農民層との提携に関しては、ロシアの場合よりもさらに複雑困難な問題が随伴するものと思われる。守本順一郎『東洋政治思想史研究』、岩間一雄『中国政治思想史研究』『中国の封建的世界像』、中尾友則「黄宗羲の商工本業論」（『歴史学研究』第五三〇号、のち『梁漱溟の中国再生構想――新たな仁愛共同体への模索』研文出版、二〇〇〇年に収録）などを参照されたい。

★87 「中国社会各階級分析」『毛沢東集1』前掲書、一七三頁。二五年版には傍点箇所が含まれている。二五年版では中産階級の動揺性について、その危険性可能性まで含めて叙述されているが、二五年版では確定的固定的に叙述されている。

★88 緒形氏によれば、「広東区委の極左プランを忠実になぞったもの」（一五四頁）で、毛沢東の独創性を認めることは「非常に困難である」とされる。本論はいわゆる「独創性」を問題としているのでないこと、広東区委のプランについては、第七章、参照。

第五章

★1　一九二五年、戴季陶批判のための、中共中央一〇月拡大会議の決議にたいする緒形氏の命名。緒形康『危機のディスクール』新評論、一九九五年、三六―三七頁、参照。

★2　同前、一五四頁。

★3　同前、一五五頁。

★4　同前、一五六頁。

★5　広東省档案館・中共広東省委党史研究委員会弁公室編『広東革命資料叢刊広東区委党団研究資料』広東人民出版社、一九八三年、七頁。

★6　同前、二五頁。

★7　同前、二六頁。

★8　同前、六四頁。

★9　同前、七三頁。

★10　同前、二四頁。

★11　同前、八四頁。

★12　同前、一〇二頁。

★13　同前、一〇三頁。

★14　同前、一〇五頁。

★15　同前、一一〇頁。

★16　同前、一一三―一一四頁。

★17　同前、一四二頁。

★18　同前、二九二頁。
★19　同前、三一四頁。
★20　「国民党右派分離的原因及其対于革命前途的影響」『毛沢東集補巻2』蒼蒼社、一九八四年、一四三―一四五頁。
★21　この時点で、毛は、主観的には本気でそう考えていたと思われる。だが、それを真実になしうるレーニン的な方法についてのまっとうな理解にはいたっていなかった。そのため、内外の諸条件に制約されて、彼が批判する籠絡欺瞞の経過と結果的にどこまで異なるかを示すことはむずかしいと思う。
★22　国民党右派の、離合集散ぶりについての毛の指摘は正当である。ただし、それが私たちが指摘する中国的カテゴリー「擬似的小営業」の特性にもとづく、まさに構造的な現象であることについて、毛は気がついていない。だから毛は、中国農業の発展のための不可避的課題、すなわち擬似的小営業の本来的小営業への転轍という課題の存在に、まったく気がつかないのである。擬似的小営業を支えている家族の「安全欲求」（マズロー）を無視してただ「多肥深耕」を真似てみても、そこには、深く掘られてダムのようになった水田を結果するという戯画が生まれるしかないのである。
★23　「関于農民運動決議案」『毛沢東集補巻2』前掲書、一七三頁。
★24　「湖南農民運動目前的策略」『毛沢東集補巻2』前掲書、一七八頁。
★25　「国民革命中之農民問題」『瞿秋白論文集』重慶出版社、一九九五年、二五八―二五九頁。
★26　今堀誠二『毛沢東研究序説』勁草書房、一九六六年、九八―一〇〇頁。
★27　「湖南農民運動視察報告」『毛沢東選集』第一巻、外文出版社、一九六八年、四八―四九頁。
★28　「中国の民主主義とナロードニキ主義」『レーニン全集』第一八巻、一六六頁。
★29　「《湖南農民革命》序」『瞿秋白文集　政治理論編　第四巻』人民文学出版社、一九九三年、五七三―五七四頁。
★30　「毛沢東関于農民闘争決議案的宣言」中共中央党史資料編集委員会中央档案館編『八七会議』党史資料出版社、一九八六年、七三頁。
★31　同前、七四頁。「東君」の原文は、「至于東提出的会党問題、我們不但不利用、併且還応確定其経済地位」である。「東」と名前だけで呼ぶのは、親愛感を表わしたものだといわれるが、「沢東」と名前全部をあげるのが普通だといわれている。「東」だけ呼び捨てにするロミナーゼの語のニュアンスについては、外国人の理解をはるかに超えている。

★32　スチュアート・シュラム『毛沢東』石川忠雄ほか訳、紀伊國屋書店、一九六七年、八六頁。また、シュラムは次のように指摘する。「一九二七年の諸事件を九年後に要約したさい、毛沢東は、もっとも大きな罪を陳独秀に課したが、二人のコミンテルン代表についての判定でも、彼は厳しい態度をとった。『ロイはばかものであり、ボロディンは分別がない、陳は自分では気がつかない裏切者である』と彼は考えた。彼はスターリンのことをのべなかったが、ロシアの指導者がこの破局に果した役割を彼が忘れていなかったことは確実であった。二五年ばかりのちに、フルシチョフとの論争で中国人は次のように強調した。『われわれは、スターリンを弁護するが、彼の誤りは弁護しない。ずっと以前に、中国の共産主義者は、いくつかの彼の誤りをじかに経験した』と」（八八頁）。

★33　シュラムは、八七会議の状況を、次のように簡潔に要約している。「それらの会議でもっとも重要なものは、八月七日に開かれ、『八七緊急会議』として歴史に書かれている。この会議が緊急会議と呼ばれるのは、出席者数が中央委員会総会の開催に必要な定足数に達していなかったことによるのである。しかしそのことは、この会議を開いたグループが新しい中央委員会を選出するのを妨げなかった。毛は中央委員の地位を与えられ、欠席した陳独秀は中央委員会から追いだされた。モスクワの張本人を名ざしにしなかったが、『日和見主義』は厳しく非難された。党の新しい指導者は、ロシア文学に造詣の深い知識人である瞿秋白であった。彼はやがて、極端に急進的な傾向をとり、公式の歴史のなかで、『最初の左翼日和見主義路線』と現在呼ばれているものに党を導くことになった。しかししばらくのあいだ、八七会議で採択された政策は、非常に穏健なものであり、コミンテルン路線と完全に合致していた。国民党（『真に革命的な国民党』）の旗が、ふたたび使われることになった。大地主の土地だけが没収されることになった」（九一頁）。

★34　「新経済政策之意義」『瞿秋白論文集』重慶出版社、一九九五年、八〇一頁。

★35　土地国有論そのものではないが、瞿秋白の獄中記「多余的話」のなかで、彼は、ただ求められた役割を演じただけの、いわば他律的人間であったことを告白している。むろん国民党のもとに囚われ、死を前にした状況での文章であるから、割引して読む必要はあるが、この場での瞿秋白の行動と照らし合わせて読めば、示唆的である。

★36　この点に関しては、岩間「天朝田畝制度」を参照されたい。

★37　雀部幸隆『レーニンのロシア革命像』未來社、一九八〇年参照。

★38　ジョナサン・スペンスは、長征後毛沢東が、留ソ派から「めまいがするほど」の論争を仕掛けられたとし、その論点のひとつが、土地の没収・分配の平等主義であったと指摘している（邦訳『毛沢東』小泉朝子訳、岩波書店、二〇〇二年、一〇八頁）。

★39　拙稿「明末清初における長江デルタの『自作農』経営」（『土地制度史学』九六号、一九八二年、のち『中国の封建的世界像』未來社、一九八二年に収録）参照。

★40　張履祥農業を特徴づける「隔地性」は、現代中国の産業構造にもはるかに受け継がれている。中国の改革開放は、沿海部、大河流域の、いずれも遠隔地目当ての産業活動から端を発している。地域における都市と農村とのあいだの局地的な分業の発展から生まれる富裕化への自然の流れとは異なる動きがそこでは基調となっているように思われる。すなわち、貧困な農村から生み出されるごく低廉な労働力を戦略的武器とする「改革開放」が、現代中国「躍進」の基調であるように思われる。

★41　中尾友則『梁漱溟の中国再生構想――新たな仁愛共同体への模索』研文出版、二〇〇〇年参照。

★42　金冲及主編『毛沢東伝』村田忠禧ほか監訳、みすず書房、一九九九年、二頁。

★43　第七章「延安の光と影」参照。

★44　ジョナサン・スペンス『毛沢東』前掲書、一一六頁。

★45　エドガー・スノーは、根拠地の和気藹々たる雰囲気を示すエピソードとして、次のような情景を描き出している。「しばらくラミィが大いに流行した。婦人たちさえ、外交部の賭博クラブに顔をみせるようになり、土製のわたしの炕は保安上流社会のたまり場になった。夜、蠟燭の灯にてらされた顔の中には、周恩来夫人（鄧穎超）、博古夫人（劉群先）、凱豊夫人（廖施光）、鄧発夫人（陳慧清）、そして毛沢東夫人（賀子珍）の顔さえ見えた。トランプはまたおしゃべりの機会ともなった。

しかし、保安でポーカーが流行するまでは、ソヴェト地区の道徳はおかされなかった。われわれテニスの四人組はポーカーをはじめ、李徳の宿舎と外交部にあるわたしの罪悪の根城とを夜、交互に使うようになった。この罪深い泥沼にわたしたちは博古、李克農、凱豊、洛甫その他尊敬すべき市民をひきずりこんだのである。かけ金は高くなるばかりであった。ついに片腕の蔡樹藩が博古主席から一晩に十二万元まきあげてしまい、博古がこれを支払う唯一の道は国庫を横領する以外にはないようにみえた。わたしたちは、博古が国庫から十二万元ひきだして蔡に支払い、蔡はこの金で存在していないソヴェト空軍のために飛行機を買入れることに衆議一致した。いずれにしてもこれはみなマッチの棒で計算したことだが、不幸にして蔡が買った飛行機もまたマッチの棒で造ったものである」(『中国の赤い星』下、松岡洋子訳、ちくま学芸文庫、一九九五年、一五〇—一五一頁、本書序章)。

他愛のない情景のように見えるが、そこに毛沢東自身の顔がついに見えないことに、私は「和気藹々たる雰囲気」としては不自然なものを感じる。そうした外見のもとに、じつは、毛の「吊し上げ」が進行していたのだとすれば、この情景の意味は、まったく別なふうに見えてくる。着々と権力が毛に集中していくとき、なんの対応もできないいらだちをゲームで紛らわしている博古ら留ソ派の姿である。スノーはそれにどこまで意識的であったのだろうか。

★46 第三章、参照。

★47 第二章、参照。

★48 第二章、参照。

★49 さしあたり神野直彦『人間回復の経済学』岩波書店、二〇〇二年、参照。

第六章

★1 第四章、第五章、参照。

★2 「実践論」『毛沢東選集』第一巻、外文出版社、一九六八年、四二〇頁。

★3 同前、四二三頁。

★4 同前、四二四—四二五頁。

★5 同前、四三〇—四三一頁。

★6 同前、四二五頁。

★7 同前、四三三頁。

★8　同前、四三四頁。
★9　同前、四三三頁。
★10　上山春平『弁証法の系譜』未來社、一九六三年、二四―二六頁。
★11　同前、二七一頁。
★12　同前、二七頁。
★13　同前、二五一頁。
★14　同前、一一七―一一八頁。
★15　カントに関しては、スーパーニッポニカにおける藤沢賢一郎、坂部恵、秋間実らの所説を参照した。
★16　加藤尚武「ヘーゲル」（スーパーニッポニカ）。
★17　岩間一雄『中国政治思想史研究』未來社、一九六八年、二四七―二四八頁。
★18　上山春平、前掲書、二四三頁。
★19　『毛沢東選集』第一巻、前掲書、四二三頁。
★20　同前、四二三―四二四頁。
★21　上山春平、前掲書、一一六頁。
★22　J・ハーバーマス『理論と実践』細谷貞雄訳、未來社、一九七五年、一八頁。
★23　ハーバーマスは、「類としての人間が意志と意識とをもって彼らの歴史を導かずにいる間は、歴史の意味も純粋な理論の立場から規定することができず、むしろ実践的理性によって基礎づけられなくてはならない。しかし、カントによれば実践的理性は各個人の倫理的行動のための規制的理念を示すにすぎず、したがって歴史の意味は少しも歴史の現実を拘束することのできない理念として投企されうるだけであるが、マルクスは、人間たちが歴史の意味を実践的に作成しあるいは完成しようとする態勢をとるにつれて歴史の意味は認識可能になるというテーゼによって前述の拘束力を確立するのである」（『理論と実践』四六〇頁）とする。「思想＝理論形成を主体形成の問題とかかわらしめる」（守本順一郎『東洋政治思想史研究』未來社、一九六七年、二一頁）といわれることが、別の仕方で表現されていると思われる。ただしここでは、主体的な決断の姿勢がかりに真実であったとしても、理論形成に不透明な部分が残されるなら、その決断は混迷に終わるほかないとして、理論形成の達成をこそ主体形成にかかわるものとしている。理論形成が透徹していなければ、主体的決断も挫折に終わるというのである。この点において、毛沢東やハーバーマスの議論と一髪の差異があるように思われる。一九六八年の私は、主体形成を理論形成にかかわらせるという論点に立ちながら、毛のこの欠点になお気づいていなかった。

★24 J・ハーバーマス『理論と実践』前掲書、四六一頁。

★25 『毛沢東選集』第一巻、前掲書、四二〇頁。

★26 同前、四二〇頁。

★27 同前、四二一頁。

★28 同前、四二二頁。

★29 同前、四二七頁。毛は、人間の社会的実践として、生産活動のほかに「階級闘争、政治生活、科学活動、芸術活動」があるとし、「人間の認識は、物質生活のほかに、政治生活、文化生活（物質生活と密接につながっている）」からも発生するとしている。前の文章とのつづきからいえば、文化生活でなく「科学活動」が来るのが自然であるが、文化生活と言い換え、物質生活とのつながりを指摘している。ここに、科学と物質生活との断絶の意識が微かに姿を現わしているのかもしれない。

★30 守本順一郎『東洋政治思想史研究』未來社、一九六七年、二一一頁参照。

★31 『毛沢東選集』第一巻、前掲書、四四〇頁。

★32 同前、四四八頁。

★33 同前。

★34 同前。

★35 同前、四五九頁。

第七章

★1 ジョナサン・スペンス『毛沢東』小泉朝子訳、岩波書店、二〇〇二年参照。

★2　陳永発『延安的陰影』中央研究院近代史研究所、一九九〇年、一四頁。
★3　同前、七頁。
★4　同前、一七頁。
★5　同前、一四六頁。
★6　同前、七四―七五頁。
★7　同前、一九頁以下。
★8　同前、一頁。
★9　同前、一九頁。
★10　同前、一九頁。
★11　同前、二六頁。
★12　同前、二七頁以下。
★13　同前、三三頁。
★14　同前、三九頁以下。
★15　同前、六三頁以下。
★16　同前、一九三頁以下。
★17　同前、二一三頁以下。
★18　同前、二二九頁以下。
★19　同前、二四五頁以下。
★20　回憶類として、利用されている文献は、以下の通りである。

王首道『王首道回憶』北京解放軍出版社、一九八八年、編集組『回憶王稼祥』北京人民出版社、一九八五年、伍修権『我的歴程』北京解放軍出版社、一九八四年、李逸民『李逸民回憶録』湖南人民出版社、一九八六年、金城『延安交際処回憶録』中国青年出版社、一九八六年、徐向前『歴史的回顧』北京解放軍出版社、一九八三年、陳運、蕭華等『回憶中央蘇区』江西人民出版社、一九八一年、華世俊、胡育民『延安整風始末』上海人民出版社、一九八五年、傅

連章「我的自伝」『人物』期一、生活・読書・新知三連書店、一九八一年、謝覚哉『謝覚哉日記』北京人民出版社、一九八四年、聶栄臻『聶栄臻回憶録』北京解放軍出版社、一九八三―一九八四年。陳永発は、大陸出版の中国共産党指導者たちの回想録類をもって自説の根拠としていることによって、自説の客観性が保障されるとしている。

★21 陳永発『延安的陰影』前掲書、九五頁以下。

★22 同前、九七頁以下。

★23 同前、五頁。

★24 同前、一四五頁以下。

あとがき

異質な思想を総合しようとする場合、思想の原理的転換が決定的な意味をもつ。それぞれの思想の優れた点を真に摂取しようとする限り、新しい原理による批判的な包摂が必須だからである。その際、一番重要な点は、その過程が単に思弁的に経過されるのでなく、現実的な場で具体的な実体験として遂行されることである。

封建思想といい、民主主義思想といい、それ自体はいずれも一つの概念であるが、それらが、生産の場でいえばどういうことなのかを身体で捉えているのでない限り、現実には全く別のものがそうだと思い誤られることもまれではない。毛沢東は封建思想と民主主義思想との概念的区別を果たしたが、そのことは、彼が、民主主義とは何であるのかを生産の場で具体的に理解し、それを大衆的規模で現実化するにはどのような生産的条件を用意しなければならないかを理解したことを意味しない。

「一窮二白」（窮乏と文盲状態）こそが革命の条件であり、「固く貧農下層中農に依拠せよ」と繰り返す毛が、民主主義なるものの生産力的基盤を理解していたとは思えない。東西文明の融合を求めた楊昌済の弟子毛沢東は、思想の原理的差異とその大衆的な転換実現のために不可欠な条件を追求するのでなく、朱子学的な人欲懲治・法家的な権謀、マルクス的な「恐怖の方法」――毛はマルクスの中に「恐怖の方法」を見て、その生産力的な視点を捉え損ねた――と陽明学的理想主義実践主義の鼓吹とによって、大衆的な思想転換を果たすことに固着し続けた。それによっては、盲目的服従や敏い機会主義が生まれるだけであるにもかかわらず。

理論の正否を実践によって検証するとしても、検証の基準として、人間が生産の場で実地にある事態を体験することで自立的主体が大衆的に形成されるといった視点そのものがないとすれば、理論の真の正否は検証されようがない。正否は、結局政治目的が達成されたか否かといったレベルでだけ検討されることで終わる可能性が高い。中国共産党史に頻出する「右傾」「左傾」といった単純素朴な二分法が、そのことを暗示している。

検証の基準そのものの発展が、運動の中で生まれないというわけでは決してない。もしも、そうした関心でマルクス文献やレーニン・テーゼが見直されれば、生産力的視点なるものはすぐに目につくとさえいえるだろう。しかし、そうした思考は、「経験主義」的土壌の中では、きわめて難しいことなのかもしれない。まして、目も眩むような政治的大勝利の記憶が充満しているとき、それはおそらく至難の業だったのだろう。あの「一窮二白」は毛がこの経験にしがみついていたことを物語っている。世紀の巨人ですら、この困難を乗り越えることが出来なかった事実は、私たちの前に重い教訓を残している。

ここ数年、私の研究は、毛沢東そのものに集中された。陽明学研究から毛沢東研究への「飛躍」

は、やはり私にとって一つの冒険だった。こうした知的な冒険の背後にあって、いつも私を鼓舞し指導したものは、やはりいまはなき師・守本順一郎先生だった。

むろんそのほかにも多くの人々の学恩を被っている。お礼申し上げなくてはならない人々は多いのだけれども、ここでは、文献その他について親切な示教を惜しまれなかった信州大学教授・後藤延子氏に対して心からなる感謝の言葉を捧げたい。

また、出版に際して示された未來社社長西谷能英社長のご厚情と、小柳暁子氏の編集のご苦労とに深甚の謝意を表したい。

岩間一雄

二〇〇七年一月二十九日

初出一覧

序章　二つの毛沢東神話
「二つの毛沢東神話」「日本の科学者」三七—一、二〇〇二年一月
第一章　楊昌済——東西文明の「融合」と衝突
「東西文明の融合と衝突——最後の変法派・楊昌済」「岡山大学法学会雑誌」四九—三・四、二〇〇〇年三月
第二章『倫理学原理』批注
「毛沢東『倫理学原理』批語序論」「岡山大学法学会雑誌」四九—一、一九九九年一、二月
第三章　共産主義宣言
「毛沢東　一九一九—一九二〇」「岡山大学法学会雑誌」五一—二、二〇〇二年四月
第四章「中国社会各階級の分析」への一考察
「『中国社会各階級の分析』への一考察——毛沢東　一九二一—一九二五」「岡山大学法学会雑誌」五二—三、二〇〇三年三月
第五章「湖南農民運動視察報告」について——毛沢東（一九二六—一九二七）
「『湖南農民運動視察報告』について——毛沢東（一九二六—一九二七）」「岡山大学法学会雑誌」五三—一、二〇〇三年一二月
第六章　毛沢東『実践論』
「毛沢東『実践論』について」「岡山大学法学会雑誌」五四—三、二〇〇五年三月
第七章　延安の光と影——陳永発『延安の陰影』を読む
「延安の光と影」「人権と社会」一、二〇〇五年一〇月

●著者略歴

岩間一雄（いわまかずお）

1936年愛知県名古屋市生。名古屋大学法学研究科博士課程修了（法学博士）。名古屋大学法学部助手、岡山大学法文学部助手、岡山大学法文学部助教授、岡山大学教授を経て、現在、岡山大学名誉教授。1998年、地方出版文化功労賞受賞。

著書に『中国政治思想史研究』（未來社、1969／第二版、1990）『中国の封建的世界像』（未來社、1981）『ナショナリズムとは何か』（大学教育出版、1987）『天皇制の政治思想史』（未來社、1991）『渋染一揆、美作血税一揆の周辺』（手帖舎、1996）『比較政治思想史講義——アダム・スミスと福澤諭吉』（大学教育出版、1997）『日本を考えるための条件』（大学教育出版、1999）、共著に『日本文化論批判』（水曜社、1991）『道徳を問い直す』（水曜社、2003）、編著に『近代とは何であったか』（大学教育出版、1997）『三好伊平次の思想史的研究』（吉備人出版、2004）。

毛沢東　その光と影

発行——二〇〇七年二月二八日　初版第一刷発行

定価——（本体四六〇〇円＋税）

著　者——岩間一雄

発行者——西谷能英

発行所——株式会社　未來社

〒112-0002東京都文京区小石川三—七—二

電話　〇三—三八一四—五五二一（代表）

http://www.miraisha.co.jp/

Email:info@miraisha.co.jp

振替〇〇一七〇—三—八七三八五

印刷・製本——萩原印刷

ISBN 978-4-624-11194-6 C0022